KB263246

THE TOP in TEPS

650 입문편 독해 READING

By Joseph Kim

랭기지플러스

THE TOP in TEPS 650 독해 입문편

초판 발행	2010년 7월 20일
초판 6쇄	2017년 9월 12일
저자	죠셉 킴
펴낸이	엄태상
책임 편집	이효리, 장은혜, 김효은, 정유항
디자인	이건화
마케팅	이상호, 오원택, 이승욱, 전한나, 왕성석
온라인 마케팅	김마선, 유근혜, 심유미
펴낸곳	랭기지플러스
주소	서울시 종로구 자하문로 300 시사빌딩
주문 및 교재 문의	1588-1582
팩스	(02)3671-0500
홈페이지	http://www.sisabooks.com
이메일	sisabooks@naver.com
등록일자	2000년 8월 17일
등록번호	제 1-2718호
ISBN	978-89-5518-190-6

THE
대한민국 TEPS 대표강사 Joseph Kim의
TOP in
TEPS
650
입문편
독 READING 해
대한민국 TEPS 대표강사 Joseph Kim의

대한민국 대표 공인 영어시험 TEPS를 준비하는 수험자들을 위해 국내 어학교육의 핵심 역할을 하고있는 랭귀지 플러스와 대한민국 대표 TEPS 강사 죠셉킴이 오랜시간의 노력과 연구를 통해 단기간 안에 최대 점수를 올려놓을수 있는 텝스 학습교재 시리즈 – The TOP in TEPS 시리즈 12권을 출간하게 되었습니다.

The TOP in TEPS 시리즈 12권은 단순한 참고서들이 아니라 처음으로 텝스를 시작하는 학생들을 위한 입문 시리즈 4권, 800점 이상을 목표로 하는 중급레벨 학생들을 위한 기본 시리즈 4권, 그리고 실제 시험장과 같은 환경에서 본인의 실력을 최종 점검할 수 있는 실전 시리즈 4권으로 구성된 시리즈입니다.

본 교재의 출간 목표는 역대 기출문제를 99% 활용하여 실전 테스트를 통해 실질적인 전략을 키워서 가장 빠른 시간 안에 점수를 획득할 수 있게 하는 것이고, 서울대 언어교육원의 출제 경향의 토대 위에서 실전 레벨의 수준으로 가장 양질의 문제들만을 엄선했다고 자부하는 바입니다. 본 시리즈를 통해 '이것이 바로 TEPS다!'라는 것을 느끼실 수 있으실 것이며, 본 시리즈의 구성에 따라 지속적인 학습을 하면서 990점 만점의 꿈을 키워가시기 바랍니다.

최근 TEPS가 많이 어려워졌고, 이런 상황에서 고득점을 위해서는 모의고사를 스스로 많이 풀어서 문제 푸는 능력과 시간 활용 능력을 키우는 것이 상당히 중요합니다. 특히 TEPS는 다른 시험들과 다른 점들이 많기 때문에 모의고사를 보지 않고 곧바로 시험장으로 향할 경우 예상치 못한 상황들 때문에 많이 당황할 수 있으므로 각별히 유의해야 합니다.

본 시리즈는 실제로 TEPS를 수험생들과 함께 보며 문제 유형을 100% 정확히 파악하고 있는 현직 TEPS 전문강사가 집필했다는 점에서 양질의 TEPS 문제집에 갈급한 수험자들에게 좋은 학습 길잡이가 될 수 있으리라고 믿습니다. 아무쪼록 이 문제집들을 통해서 좋은 결과 얻으시길 바랍니다.

이 책이 나오기까지 정말 많은 기도와 격려로 가장 큰 힘이 되어준 아내, 그리고 나의 모든 것 되신 좋으신 하나님께 이 책을 바칩니다.

2010년 7월
서초동에서
Joseph Kim

CONTENTS

01 Joseph's Skills for TEPS

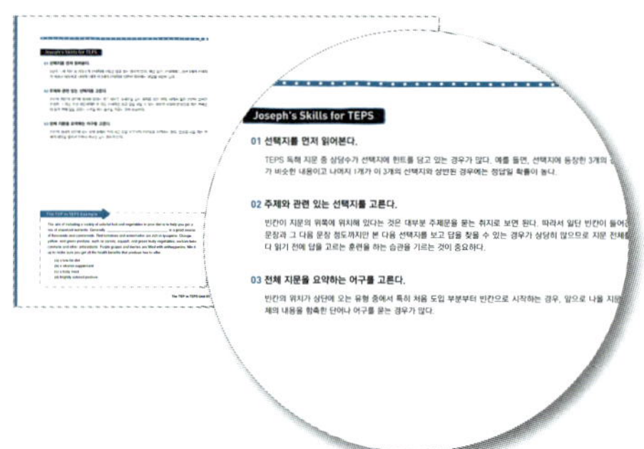

가장 까다롭게 느끼는 TEPS 독해, Joseph Kim이 제시하는 전략과 함께!
본격적인 독해 연습에 앞서, 독해에 접근하는 방법을 차근차근 알려드립니다.

02 The TOP in TEPS Example

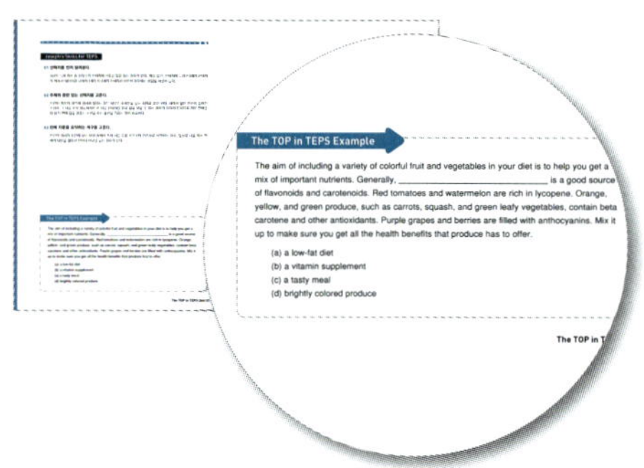

실제 시험과 가장 유사한 문제를 예시로 실었습니다. 각 유형별로 제시된 문제를 풀어본 후에 Joseph Kim이 제시하는 상세한 문제 해결 방법을 만나보세요. 독해 학습에 점차 흥미를 느낄 수 있을 것입니다.

03 Practice TEST

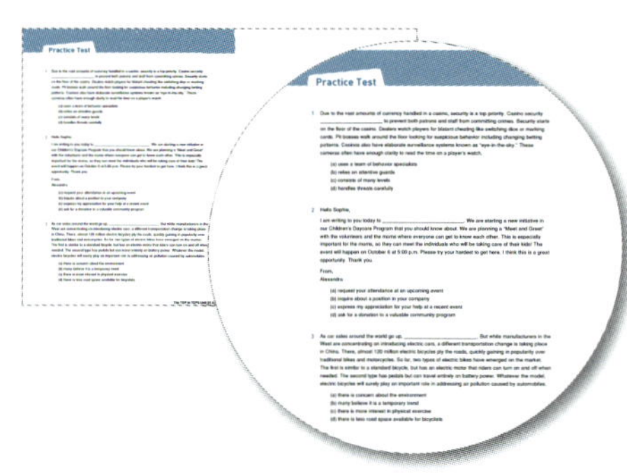

Practice TEST를 통해 각 문제 유형별로 문제를 풀어보는 연습을 할 수 있습니다. 독해는 공식을 숙지한 후에, 반드시 많은 문제를 접하여 실전감각을 키워야 합니다. **The TOP in TEPS** 독해시리즈와 함께, 이제 다양한 문제 풀이를 경험해 보세요.

04 Make-up Vocabulary

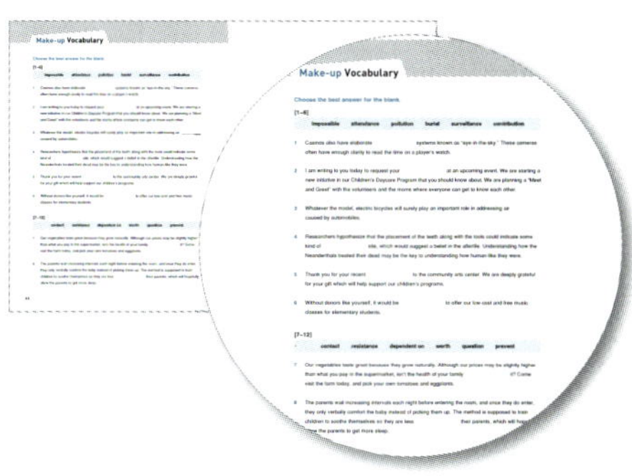

Practice TEST에서 문제풀이를 통해 만난 어휘를 다시 복습하는 공간입니다. 독해 지문에서 사용된 문장들을 다시 복습할 수 있으며, 문장을 통해 어휘가 사용된 의미를 다시 상기하면서 실제 시험에 대비하도록 도와줍니다.

05 Vocabulary list

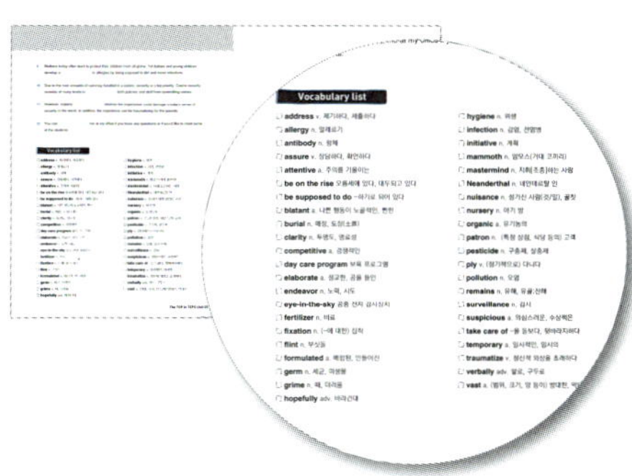

Practice TEST에서 사용된 중요한 어휘들을 다시 정리하여 제시합니다. 어휘 실력이 바탕이 되지 않으면 독해 고득점으로 연결될 수 없습니다. 매번 실제 시험처럼 문제풀이를 한 후에, 다시 한번 어휘를 반드시 복습함으로써 여러분의 TEPS 점수를 높여보세요.

06 논리적 글읽기의 가이드라인 제시

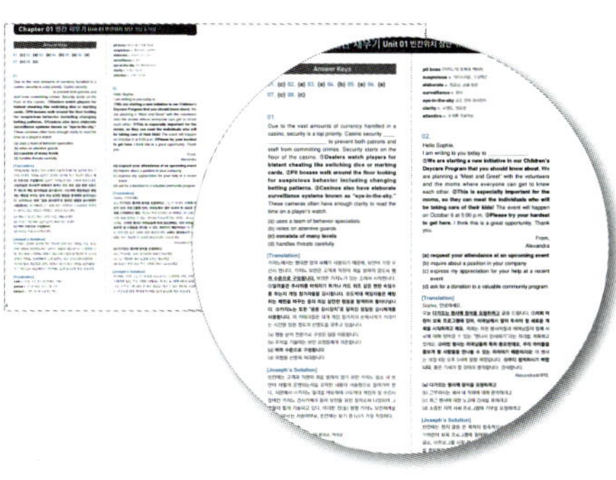

논리적인 글읽기를 하지 못하면, 절대 TEPS 독해 고득점에 이를 수 없습니다. Practice test의 지문을 다시 한번 제공하면서, 지문 속에서 정답이 되는 근거를 찾아줍니다. 차근차근 해설에서 제공하는 가이드 라인을 따라 다시 읽어보면, 점차 논리적인 글읽기에 자신감이 생길 것입니다.

Joseph's Tip for TEPS Reading

Joseph's TEPS Reading 알아보기

TEPS 독해영역에서는 영문의 해석능력은 물론, 글을 읽고 전체적인 의미를 파악할 수 있는 능력이 우선적으로 요구된다. 특히 TEPS 독해영역은 1지문 1문항으로 출제되기 때문에 주어지는 지문의 내용을 빨리 읽고 대의 파악을 할 수 있는 능력이 무엇보다도 절실히 요구된다.

Part I	빈칸에 들어갈 내용을 고르는 문제이며, 빈칸의 위치에 따라 어떤 내용이 나올지 감을 잡을 수 있다. 앞쪽에 들어가면 문단의 주제와 관련된 내용이 주로 나오고, 뒤쪽에는 문단을 요약하고 결론을 짓는 문장이 들어가게 된다. 하지만, 항상 그렇지는 않으며, 빈칸이 뒤쪽에 위치하였을지라도 요약이나 결말이 아니라 이어지는 내용이 들어가야 하는 경우도 있기 때문에 유의해야 한다. 문장들을 연결하는 접속사 문제는 매번 출제되고 있으며 지문의 내용과 문맥의 흐름을 얼마나 잘 이해하는지 묻는 문제들이 대부분이다.
Part II	Part 2에서 가장 많은 문항 수를 차지하는 문제유형은 대의(주제)파악이다. 그 외에도 지문의 내용과 일치하는 선택지를 고르는 문제, 지문의 내용과 일치 하지 않는 문장을 고르는 문제 등이 출제 된다. 이런 문제들은 지문과 4개의 선택문을 모두 읽은 후에 정답을 골라야 하기 때문에 시간이 비교적 많이 걸릴 뿐만 아니라 정확하고도 빠른 독해능력을 요구한다.
Part III	문맥의 흐름상 어색한 부분을 고르는 문제인데, 시험 제일 마지막 부분이다 보니 시간에 쫓기면 쉬운 문제임에도 풀지 못하는 안타까운 일이 생길 수도 있다. 평소에 독해량이 많고 하나의 문단(paragraph)이 어떻게 구성되어 있는지를 안다면 독해 영역에서는 가장 쉬운 부분이 될 것이다.

Joseph's TEPS Reading 학습방법

▶ 모든 영어 독해시험에서 대의 파악에 관한 문제는 항상 출제되는 문제유형이며, 특히 TEPS에서는 그 비중이 높다. 글을 읽고 나서 그 글의 핵심내용이 무엇인지 파악할 수 없다면, 그 글을 읽지 않은 것이라고 해도 틀린 말이 아니다. 그래서 TEPS 독해영역에서는 topic이나 main idea를 묻는 문제가 많고, 또 topic과 main idea를 아는 것은 글의 논리 파악과도 직결되는 것이기 때문에, 이것은 실제 글을 읽을 때도 대단히 중요한 부분이다. 그렇다면 topic이란 무엇이고, main idea란 무엇일까? 우선 topic은 글의 주제를 의미하는데, "What is the reading about? (무엇에 관한 글인가?)"에 대한 대답이라고 생각하면 될 것이다. 그리고 main idea는 "What does the author say or believe about the topic? (글쓴이가 주제에 관해 말하는 바가 무엇인가?)"에 대한 대답이다. 다시 말하면, [Topic+Writer's assertion] 즉, 주제에 관한 글쓴이의 주장이다. 따라서 독해 영역에서는 topic과 main idea에 주의를 기울이며 문제에 접근하자!

▶ 최근 시험에서는 지나치게 전문적인 학술문 보다는 잡지에서 볼 수 있는 학술적인 내용과 실생활에서 자주 보게 되는 지문들이 많이 출제된다. 주로 광고문안, 신문이나 잡지의 기사, 시사적인 내용, 편지, 컴퓨터 지시문, 인문 사회에 관련된 내용들이 많다.

내용면에서 본다면 실무적인 글이나, 신문기사와 같은 시사적인 내용의 글들이 자주 출제되기는 하지만, 논리적인 흐름에 입각한 비전문적 학술문도 많이 출제되는 편이다.

전체적인 TEPS 독해영역에서 고득점을 얻기 위해서는 많은 글을 읽고 각 문단의 주제를 파악하면서 문맥의 흐름을 정확하게 이해하려는 노력이 필요하다. 실용적인 어학 능력을 평가한다고 하면서도 수능시험의 형식을 취하고 있는 독해영역과, TIME지에서나 볼 수 있는 수준 있는 어휘가 자주 나온다는 것은 다독만큼 좋은 독해 학습은 없다는 것을 의미한다.

▶독해 Reading

독해영역은 세 개 Part로 나누어지며, 청해영역과 마찬가지로 400점 만점이다.
Part I에서 16문항, Part II에서 21문항, Part III에서 3문항이 출제되며, 전체 40문항에 45분의 시간이 주어진다.
총점 400점을 차지하기 때문에 전체 TEPS시험에서 40%를 차지하고 있고 문법지식과 어휘 그리고 논리력을 요구하는 독해시험은 실제로 수험자들이 가장 어렵게 느끼는 영역 가운데 하나이다.

지문의 내용은 신문기사, 광고문, 도표와 같은 실용문을 비롯하여 다소 까다로운 학술문에 이르기까지 다양한 영역에서 출제된다. 일반적으로 자주 접할 수 있는 실용문에 가까울수록 저난이도의 문제이고, 전문적인 학술과 관련된 내용일수록 고난이도의 문제이다. 내용에 관계없이 구성되는 어휘나 문장구조에 따라 난이도가 구별되는 경우도 있다. 문장의 길이는 단문으로 분류될 수 있는 것은 많지 않고, 중문에 가까운 비교적 긴 내용도 많이 출제된다.

여타 영어시험이 비즈니스 상황이나 학교생활을 중심으로 출제되고 있는 것과 비교해 다양한 생활영어를 묻는 TEPS는 그만큼 시험에 출제되는 이슈가 다양하다고 할 수 있다. 신문, 잡지, 대학 교양과목 개론 등 시사적인 내용과 서신, 광고, 홍보, 지시문, 설명문, 도표, 양식 등 실용적인 글을 이해하는 데 요구되는 총체적인 독해력을 측정하기 위해서 실용문 및 비전문적 학술문과 같은 독해 지문의 소재를 균형있게 다루고 있다. 따라서 평소에 영문으로 쓰여진 다양한 읽을 거리를 접하는 것은 상당히 중요하다.

학교에서 배운 영어지식과 한국식 영어에서 많이 쓰이는 표현과 단어만으로는 해결되기 힘든 TEPS의 지문을 빨리 읽어 나가기 위해서는 영어 뉴스뿐 아니라 광고문, 설명문, 제품의 매뉴얼 등에 이르는 다양한 종류의 글에 관심을 갖고 눈여겨 볼 필요가 있다.

독해영역에서 최대의 관건은 지문 전체를 얼마나 빨리 읽고 이해할 수 있는 가이다. 1지문 1문항 원칙을 고수하고 있고, 중문 이상의 긴 지문이 주어지기 때문에 속독속해가 절실히 요구되는 부분이다. 문제 하나하나를 훑어본다면 결코 단어가 난해하거나 문장구조가 어려운 것은 아니지만, 짧은 시간에 많은 문장을 이해해야 한다는 것이 부담이 된다.

독해 초보들에게는 기초 부터 차근차근 읽어 내려가는 정독정해를 당연히 권하지만 실상 TEPS시험에서 고득점을 얻기 위해서는 독해문제를 정독한다는 것은 시간낭비가 될 수 있다. 700점대 이상의 고득점을 원하는 수험자는 전체의 내용과 문제의 유형에 따라 지문을 한 눈에 훑어 내려갈 수 있는 내공이 요구된다. 최소한 독해 시험 시간에 주어진 문제 40개를 다 풀기 위해서는 그것이 필수적이다.

이를 위해
1. 질문이 원하는 바를 파악하고
2. 질문에 대한 해답이 될 수 있는 지문의 부분을 찾아서 읽고
3. 질문과 상관 없는 지문의 군더더기는 과감히 skip 하고

4. 답변이 될 수 있는 선택지 한 두개 가운데서 정답을 찾아야 한다.

그러나 TEPS 초보가 시험 시간내에 40개의 문제를 완전히 커버한다는 것은 불가능하므로 500점대 이하의 입문자들은 못 푸는 문제를 포기하더라도 의미를 제대로 이해하며 읽어 나가야 한다는 것을 잊지 말자.

독해영역은 비전문적인 학술문, 도표, 신문기사, 광고문 등 다양한 실용문을 읽고 내용을 올바로 파악했는지를 묻는 문제로 구성되어 있다.

TEPS의 독해영역이 기존시험과 차별되는 가장 중요한 점은 한 지문에 대하여 한 문제만을 묻는다는 것이다. 이것은 한 지문을 잘못 이해해도 한 문제만 틀리면 된다는 뜻이기도 하지만, 또 그만큼 많은 시간이 필요하다는 의미가 된다. 따라서 오래 읽고 생각하며 풀기보다는 읽어 내려가며 이해하고 바로 답을 고를 수 있어야한다. 각각의 지문은 비전문적인 학술문에서부터 도표, 신문기사, 광고문 등의 실용문까지 다양한 영역을 포함한다. 그리고 실제 생활에서 많이 쓰이는 내용일수록 저난이도에 속하고 학술적이거나 전문적인 내용일 경우에는 고난이도로 볼 수 있다.

또한 지문을 구성하는 어휘나 문장구조에 따라 난이도를 구별할 수 있다.

●●● 파트별 고득점 전략 Part I

Part I은 [지문을 읽고 지문의 빈칸에 들어갈 내용 고르기] 형식으로 1번에서 16번까지가 이 유형에 속한다. 이 유형은 일반적인 독해시험에서 가장 흔히 볼 수 있는 형태로 수능, 고시, 대학원, 편-입학시험등에서도 자주 등장하는 형식이다. 빈칸에 들어갈 내용은 단어뿐만 아니라 구, 절, 연결어구(접속사나 부사)등 다양한 내용이 포함된다.

출제경향

16문항이 출제되며, 지문을 읽고 빈칸에 들어갈 적절한 어구를 선택하는 유형이다. Part I은 글의 흐름에 맞추어 단락을 완성할 수 있는 표현을 찾는 유형으로, 글의 전체적인 맥락에 대한 이해도를 측정한다. 이런 관점에서, 밑줄의 위치는 후반부에 있는 경우가 많다. 출제 유형별로 분류하면, 전체 문맥을 파악하는 유형이 주류를 이루고(1-14번 문항), 바로 앞뒤 문장과의 흐름이나 핵심적 어구와의 일관성 여부를 묻는 경우도 있다. (15, 16번 문항)

해결포인트

이 Part의 요점은 전체 내용의 대의파악 능력, 응집력, 이해능력의 측정에 있다. 단어들의 정확한 의미와 그 용례를 이해하는 것도 중요하지만 무엇보다 문장 전체를 이해하는 능력이 최우선의 관건이 된다. 문장에서 빈칸을 완성하는 문제를 해결하는데 있어서 가장 중요한 것은 먼저 글의 대의를 파악하면서 빈칸이 있는 부분까지 빨리 읽고, 빈칸이 들어 있는 문장과 앞뒤 문장을 정확히 읽어 전체의 의미 안에서 부분적인 내용을 이해하는 방법으로 접근해야 한다는 것이다.

고득점 비법

1. 보기를 먼저 읽고 지문을 읽어라!

2. 지문을 읽을 때는 먼저 글의 대의를 파악하면서 빈칸이 있는 부분까지 빨리 읽고, 빈칸이 들어있는 문

장과 앞뒤 문장을 정확히 읽어, 전체 대의 속에서 부분적 논리를 완성하는 방법으로 접근한다.

3. 선택지가 짧을 경우 선택지 먼저 읽고 지문 읽는다. 만약에 선택지가 길다면 지문 먼저 읽는다.

4. 첫 문장 읽고, 빈칸 읽고 답을 선택한다. 그래도 아리송하면 마지막 문장 한번 더 읽고 답을 선택한다. 그리고 지문 중간에 But, Whereas, Although, However, Yet S+V가 있는지 확인한다.

5. 괄호 대원칙 – 괄호가 있으면 괄호를 포함한 문장이 중요하다 .(괄호 안에서 더 설명해주기 때문에) 그 문장에 답의 힌트가 있을 가능성이 높다.

6. 소거법을 이용하여, 답이 아닌 것부터 제외시켜 가면서 정답으로 좁혀가는 방법으로 문제를 푸는 것도 한 방법이다.

7. dash(–)가 한번 나오면 답일 확률이 높고 dash(–)가 두 번 나오면 별로 중요하지 않다.

8. surely, quite a ___ , promptly, new, likewise, like(~와 마찬가지로)를 잘 살펴본다.

9. 관계사는 엄청 중요하다. 다시 설명해주기 때문에 답의 힌트가 될 가능성이 높다.

10. 지문에 의문문 있으면 그 의문문에 답이 될 수 있는 내용이 선택지에서 답이 될 수 있다.

●● 파트별 고득점 전략 Part II

Part II는 [지문을 읽고 질문에 가장 적절한 내용 고르기] 형식으로, 17번에서 37번까지 21문항이 출제된다. 독해 전체 40문항 중에서 절반이 넘는 비중을 차지하고 있으므로 독해영역에서는 이 Part의 문제 유형에 특히 많은 관심을 가져야 한다. 주어진 지문의 내용을 완전히 이해해야만 문제의 내용에 답할 수 있기 때문에 문제를 먼저 읽어보고 지문을 보는 것도 문제 풀이의 한 방법이 된다.

출제경향

지문을 읽고 질문에 대한 가장 적절한 답변의 선택지를 고르는 유형으로, 21문항이 출제된다. 질문의 종류에 따른 출제 유형을 살펴보면, 세부 내용 파악 문제가 가장 많고, 그 다음 대의 파악 문제가 5~8문제, 그리고 추론 문제가 3~5문제 정도 출제되고 있다. 최근에는 지문의 길이가 점점 짧아지고 난이도가 상대적으로 쉬워지는 경향이 있다.

해결포인트

이 Part에서 다루고 있는 글의 내용은 세부내용 파악(진위 파악), 내용과 관련한 추론 문제, 글의 대의 파악, 적당한 제목 고르기 등이 주를 이루며 도표, 상업서한, 광고문 등의 형식도 종종 출제되고 있다. 이 Part를 접근할 때는 글의 첫 부분에 오는 주제문에서 핵심어구와 대의를 추론해 보고 연차적으로 문장을 읽어 나가면서 글을 요약하고 추가되는 정보를 입수하는 방식이 좋다. 동시에 획득한 각각의 정보를 서로 연관시켜 글 속에 내포된 의미를 파악해 낸다면 좋은 점수를 기대할 수 있을 것이다.

고득점 비법

1. 먼저 문제를 읽고 문제가 요구하는 관점에서 지문을 읽어 답을 구하는 방법으로 시간을 단축하는 능력을 키우자.

2. 지문을 읽을 때 첫 문장에 주목하라.

3. 평소 다독과 속독 훈련을 꾸준히 한다.

4. which, what를 제외한 who, where, why, how를 포함한 Question은 지문에서 주제로 언급되기 때문

에 절대로 틀리면 안 된다.

5. 광고는 미괄식이므로 뒤쪽을 자세히 보고 특히 광고 끝에 괄호가 있으면 그 괄호 안이 답이 될 확률이 높다.

6. 지문에 all, every, only, never가 나오면 답일 확률이 높고, 단 선택지에 나오면 오답일 확률이 높다.

7. 세부내용 문제에 연도가 언급되었으면 자세하게 읽어야 한다.

8. 추론 문제에서 지문에 결론이 없으면 선택지에서 결론을 찾아주면 되고, 지문에 결론이 나와 있으면 선택지에서 결론보다 좀 upgrade된 문장을 찾는다.

9. 추론 문제에서는 제 2 또는 제 3의 인물을 잘 파악해야 한다.

10. 'A then B, A soon B, A into B'와 같은 표현은 변화를 암시한다.

●● 파트별 고득점 전략 Part III

독해영역의 마지막 부분인 Part III는 [지문을 읽고 문맥상 어색한 내용 고르기] 형식으로 38번에서 40번까지 총 3문제가 출제된다. 문제의 형태는 문법영역의 Part IV와 비슷하다고 보면 된다. 이어지는 문장 중에서 전체적인 대의에서 내용상 벗어나는 것을 고르는 문제이다.

출제경향

지문을 읽고 문맥상 어색한 내용을 고르는 유형으로, 3문항이 출제된다. 글의 일관성을 파악하는 논리적 추론 능력이 주된 측정 포인트이다. Part I이나 II에서 적절한 시간 안배를 해두지 않아서, Part III에서 그냥 찍고 말아야 하는 안타까운 경우가 종종 있다. 이 Part는 오랜 시간동안 긴장 상태로 문제를 풀다가, 집중력이 흐트러지는 마지막 부분에 등장한다는 점에서, 평소에 글의 흐름이나 문맥을 따라잡는 독해 훈련을 게을리 했을 경우, 매우 힘들게 느껴질 수 있는 부분이다.

해결포인트

이 Part는 전체 독해영역에서 차지하는 문항수 자체는 적지만, 독해문제 하나에 대한 배점이 높다는 점을 생각하면 결코 간과해서는 안 될 부분이다. 이 Part에서는 글의 응집, 즉 일관성(coherence)을 파악하는 논리적 추론 능력이 주된 측정 point라고 할 수 있다. 따라서 주어진 글에 대해 집중력을 가지고 문맥 사이의 연결 고리를 생각하면서 접근하는 것이 좋다. 조심할 것은 전체 지문의 내용과 반대되는 문장을 찾는 단순한 문제만 출제되는 것이 아니라는 점이다. 전체적으로 세부사항을 이야기하고 있는 지문일 경우에는 같은 내용이라도 포괄적인 내용을 이야기하다가 세부적인 내용이 나오면 흐름이 어색해지기 때문이다.

고득점 비법

1. 두괄식이므로 첫 문장을 정독한다.

2. 문제가 점점 쉬워지고 있다.

3. 글의 전체적인 어조를 파악하라.

4. 주어, 시제, 어감이 갑자기 바뀌는 부분에 유의하라.

5. 끝까지 읽고 답을 고르자.

6. 평소 독해 공부를 할 때 구문 분석이나 문법적 이해보다는, 글의 논리전개와 대의 파악 쪽으로 많은 연습을 해두자.

마지막으로 TEPS 독해를 준비하는 수험생을 위해 반드시 숙지해야할 시험당일 유의사항으로 글을 마무리 하고자 한다.

1. 어려운 문제는 과감하게 포기하자.

독해영역의 문제를 앞에서부터 순서대로 풀다보면 시간이 모자라 Part III는 제대로 읽어보지도 못하고 놓치는 경우가 종종있다. 좋은 점수를 얻기 위해서는 각 Part별로 문제를 골고루 푸는 것이 중요하지만 어차피 시간이 부족하다면 쉬운 문제와, 쉽게 풀 수 있지만 배점이 높은 문제는 놓치지 말고 풀어야 하므로 가능하다면 Part III → Part I → Part II의 순서대로 문제를 풀어나가도록 하고, 스스로 생각해도 너무 어려운 문제는 과감하게 포기하는 것도 전략이다.

2. 당황해서 실수하는 일이 없도록 하자.

전체 40문제를 45분 안에 풀어야 한다. 답안지에 표시하는 시간을 빼고 계산해보면 1문항에 60초라는 시간이 주어진다. 따라서 시험 종료 10분전이라는 안내방송이 나오더라도 10문제를 풀 수 있다는 계산이 나온다. 마지막 10분을 잘 이용해서 당황하지 말고 침착하게 대응하여 실수하는 일이 없도록 하자.

3. 답안지를 바꾸지 말자.

답안지를 바꾸어 다시 표기하는 데 5분에서 10분 정도의 시간이 소요된다. 그 시간이면 5~10문제를 풀 수 있다. 답안지 자체를 바꾸어야 할 만큼 큰 실수나 표시가 난 경우가 아니라면 미리 수정테잎을 준비해 수정하는 것이 좋고, 처음부터 답안지 작성을 잘 하는 것이 더 좋다는 것은 말할 필요도 없을 것이다.

●● TEPS를 알아보다!

TEPS는 Test of English Proficiency developed by Seoul National University의 약자로 서울대학교 언어교육원이 오랜 시간에 걸쳐 집중적인 연구를 통해 개발한 한국인의 실용 영어능력 평가시험이다. Proficiency는 '숙달도'라는 뜻으로서 그 사람의 영어 실력이 얼마나 몸에 배어 있고 익숙한가를 측정한다. 따라서 단순한 암기와 요령만으로 고득점을 얻을 수 있는 시험이 아니라 꾸준하게 폭넓은 학습을 통하여 영어에 대한 전체적인 이해력이 바탕이 되어야 하는 시험이다. 또한 TEPS는 한국인들의 살아 있는 영어 실력을 가장 효과적이고 정확하게 측정해주며, 변별력에 있어서 수험자의 정확한 실력 파악에 실제적인 도움이 된다. TEPS 성적표는 수험생의 영어 능력을 파트별로 세분화하여 평가, 첨삭하여 주기 때문에 수험자에게 있어 어느 부분이 강하고 약한지를 쉽게 파악할 수 있게 해줄 뿐만 아니라 효과적인 영어공부 방향을 제시해주기도 한다. TEPS는 다양하고 일반적인 영어능력을 평가하는 시험으로 서울대 진학뿐만 아니라 최근에는 신대원, 사관학교, 유학시험, 공무원시험, 인사고과 등 다양한 목적으로 사용되고 있다.

●● TEPS의 특징을 살펴보다!

✚ 편법과 눈속임이 통하지 않는 시험

개인의 어학능력은 결코 단기간에 급속도로 향상되지 않는다. 그럼에도 불구하고 실력배양은 아랑곳하지 않고 영어성적만을 올리기 위해 요령과 편법을 가르치는 교육기관이 현재 난무하고 있는 현실이다. TEPS는 수험자의 영어능력을 있는 그대로 정확하게 판단하기 위해 다양한 테스트 방법을 적용했다. 듣기시험에서 인쇄된 질문지를 주지 않고 방송으로 직접 들려주기 때문에 미리 문제를 보고 감을 잡는 편법과 요령이 통하지 않는다. 독해시험에서도 1지문 1문항 원칙을 지켜 한 문제의 답을 알면 그 뒤에 연결된 문제들의 답을 유추할 수 있는 가능성을 원천적으로 배제하였다.

✚ 속도화 시험

TEPS는 기존의 다른 시험에 비해 많은 지문을 주고 이를 짧은 시간 내에 이해하여 풀어낼 수 있는지를 측정하는 형태이다. 이는 실제 생활에서 활용할 수 없는 단순암기 위주의 영어가 아니라 완벽히 습득하여 자유롭게 구사할 수 있는 "살아있는" 영어실력을 평가하기 위한 것이다.

✚ 첨단 테스팅 기법 도입

TEPS는 첨단 어학능력 검증기법인 문항반응 이론『IRT: Item Response Theory』를 도입했다. 문항반응 이론은 문항을 개발할 때 각 문항별로 1차 난이도를 정의하고 다시 시험 시행 후 전체 수험자들이 각각의 문항에 대해 맞고 틀린 것을 종합해 그 문항의 난이도를 2차로 재조정해 이를 근거로 다시 한 번 채점하여 성적을 산출하는 방식이다. 이 과정에서 최고점은 990점, 최하점은 10점으로 조정된다. 특히 문항반응 이론은 맞은 개수의 합을 총점으로 하는 고전적인 평가방식과는 달리, 각 문항의 난이도와 변별력에 대한 수험자의 반응 패턴을 근거로 영어 능력을 추정하는 확률이론이다. 결국 같은 개수의 정답을 맞추더라도 난이도가 높은 문제를 많이 맞춘 수험자가 좋은 점수를 취득하게 되어 있다. 문항반응 이론을 적용할 경우, 낮은 난이도의 문제를 많이 틀린 수험자가 높은 난이도의 문제를 맞출 경우 실력에 관계없이 추측(Guessing)이나 우연히 맞출 가능성이 높다고 판단하여 감점처리를 한다. 이러한 문항반응 이론은 가장 선진적인 검정방식으로서 TEPS는 이 이론에 기초한 국내 최초의 영어능력 평가시험이다.

●● TEPS 시험 진행에 관한 사항 『서울대학교 TEPS 관리위원회 홈페이지 기준』

TEPS 정기시험은 주로 일요일에 시행되지만 매년 1월, 5월, 7월, 10월에는 토요일(오후 3시)에 시행된다. 매년 11월 중에 다음 해 응시 일정이 발표되는데 시험은 일요일의 경우, 오전 9시30분에 치르게 되며, 대개 9시까지 고사실에 입실하여야 한다. 오전 9시30분부터 치르는 일요일 시험이 진행되는 과정을 정리하면 다음과 같다.

AM 09:20	입실 완료
AM 09:30~09:50	답안지 오리엔테이션 『각종 기재사항 기재』
AM 09:50~10:00	10분간 휴식 『시험 중간에 휴식시간 없음』
AM 10:00~10:05	문제지 배포
AM 10:05	시험 시작
AM 12:25	시험 종료

※ 시험 당일 사정에 따라 분 단위로 조금씩 변동이 있을 수 있다.

✚ 시험 시간

영역	파트	내용	문항 수	시간	배점
청해 Listening Comprehension	Part I	질의 응답	15	55분	400점
	Part II	짧은 대화	15		
	Part III	긴 대화	15		
	Part IV	담화문	15		
문법 Grammar	Part I	구어체	20	55분	100점
	Part II	문어체	20		
	Part III	대화문	5		
	Part IV	담화문	5		
어휘 Vocabulary	Part I	구어체	25	15분	100점
	Part II	문어체	25		
독해 Reading Comprehension	Part I	빈칸 채우기	16	45분	400점
	Part II	내용 이해	21		
	Part III	흐름 찾기	3		
			200문항	140분	990점

➕ **TEPS 원서 접수**

인터넷 접수	www.teps.or.kr 접속 후 '온라인 접수'메뉴 이용 (사진파일, 응시료를 결제 할 신용카드 및 인터넷 뱅킹 계좌)
방문 접수	가까운 접수처 이용 (3×4cm 사진 한 장, 응시료) *일반 접수 응시료: 일반 33,000원 / 군인 17,000원 (대상: 현역 간부, 군무원, 　　　　　　　　　　　　육사 / 해사 / 간호사관 생도) *추가 접수 응시료: 일반 36,000원
정기 시험	연 12회

➕ **환불규정**

접수 후 개인적인 사정으로 시험에 응시할 수 없는 경우, 접수를 취소할 수 있다.
(차기 회차로 연기는 불가능함.)

➕ **취소신청 방법**

- 인터넷 취소신청: 회원만 가능하며 비회원은 회원가입 후 취소신청이 가능하다.
- 접수처 취소신청: 수험표와 신분증을 소지하고 가까운 접수처를 방문하여 취소신청을 할 수 있다.
  (접수처 취소는 TEPS 접수 취소만 가능)
- 시험별 취소 환불금

『정기접수자』
– 정기접수기간 내: 33,000원 환불
– 익일 ~ 1주: 23,000원 환불
– 익일 ~ 시험 전일 15시 (토요일 시험: 전일 24시): 11,000원 환불

『추가접수자』
– 추가접수기간 내: 36,000원 환불
– 익일 ~ 시험 전일 15시(토요일 시험: 전일 24시): 11,000원 환불

➕ **성적 확인**

정기시험의 성적은 시험일로부터 15일 이후 텝스 홈페이지(www.teps.or.kr)에서 확인이 가능하다. 정기시험 성적표는 시험일로부터 대략 20일 안에 우편으로 발송되고, 특별시험 성적표는 시험일로부터 7일 이내에 해당 기관이나 단체로 통보된다. 정기시험 응시자 중 텝스 성적표가 급히 필요한 사람은 텝스 사업본부(02- 886-3330)를 방문하여 성적표를 직접 수령해 갈 수 있다. 방문하여 성적표를 수령해 가고자 하는 경우 응시일로부터 12~13일이 지난 후 추가 수수료 2,000원과 신분증을 준비하여 방문하면 된다. 경우에 따라 성적 처리가 늦어지는 경우도 있으므로 방문 전에 성적표 수령 가능 여부를 전화로 확인하고 방문해야 한다.

✚ 시험 전날 점검 사항

TEPS는 보안이 철저히 유지되고 기출된 문제가 공개되지 않는다. TEPS시험을 여러 번 보다 보면 대략적으로 그 방향과 성격을 어느 정도 파악할 수 있을 것이다. 실제로 시험을 본 사람만이 정확히 어떤 문제가 나오는지 체감할 수 있다. 그러므로 실제 시험에 응시하여 어느 정도의 유형과 경향, 분위기 등을 체험해 보는 것이 도움이 된다. 하지만 여러 가지 사정으로 상황이 여의치 않을 경우 실제 출제경향에 맞춘 적중률 높은 실전문제를 가능한 한 많이 풀어는 것도 시간을 절약하고, 심리적인 부담감을 줄일 수 있는 한 방법이다. 실전문제를 풀 때는 실제 시험을 볼 때와 똑같은 긴장감과 똑같은 시간으로 집중하여 문제를 풀어야 한다. 오히려 실제 시험의 120% 정도의 긴장감과 120% 정도의 집중력으로 문제를 풀라고 권하고 싶다. 실제 시험에서는 더욱 더 긴장되고 예기치 않은 여러 변수가 작용할 수 있기 때문이다. 또한 청해 시험을 보는 동안은 "내가 어떤 방법으로 청취를 해야겠다"는 생각조차 잡념이 된다는 사실을 명심해야 한다. TEPS 청해는 어떠한 내용도 주어지지 않는다. 자칫하여 한 마디를 놓치게 되면 결국 그 문제뿐만 아니라 전반적인 시험에 영향을 끼치게 된다. 마음을 완전히 비우고 한 문제 한 문제에 대해 순간순간 정확한 판단을 하면서 최선을 다해 풀어야 할 것이다.

✚ 시험 당일

TEPS는 청해, 문법, 어휘, 독해 네 가지 영역으로 구성되어 있다. 시험은 청해 55분, 문법 25분, 어휘 15분, 독해 45분으로 진행된다. TEPS는 다른 영어시험과 달리 각 영역별로 주어진 시간에 그 영역의 문제만 풀도록 규정되어 있다. 정해진 시간 안에 정확하게 문제를 풀어내는 능력을 테스트하는 속도 시험이기 때문이다. 이 때문에 한 영역의 문제를 모두 끝냈다 하더라도 다른 영역의 문제를 풀 수 없다. 각 영역별 시간이 바뀔 때마다 방송이 나오고, 또 감독관이 칠판에 시간을 써놓기 때문에 수험생 본인이 시간 안배를 잘 해야 한다. 감독관 몰래 다른 영역의 시험을 풀어볼 수 있겠지만, 이 행위는 TEPS 규정에 따르면 명백한 부정행위이다. 참고할 것은 TEPS 시험 시 수정 테이프 사용이 가능하므로, 답안지를 바꾸지 않고 감독관에게 요청해 수정 테이프로 수정해도 아무런 문제가 없다.

시험에 들어가기 전 영문 이름, 주민등록번호, 주소 등 개인 신상에 관한 정보를 OCR 답안지에 입력할 때 실수하지 않도록 침착하고 정확하게 표기해야 한다. 만약 실수를 했을 경우에는 감독관에게 답안지를 바꾸어 달라고 요청하여 모든 정보를 새로 입력하면 된다. 실제 시험 전에는 모든 것이 불필요하게 긴장을 유발하는 요인이 될 수 있으므로 시험장에 여유 있게 도착하여 최상의 컨디션을 유지할 수 있도록 철저한 자기관리가 필요하다.

✚ 시간 안배

LC의 경우에는 TOEIC처럼 사진이나 문제가 미리 주어지지 않고 문자 그대로 들려주기만 하기 때문에 듣는 그 순간순간 내용포착을 잘 하는 것이 중요하다. 어휘의 경우 50문제를 15분에 풀어내야 하므로 한 문제당 15초 정도 이상을 할애하면 안 된다. 문법과 독해의 경우 뒤에 있는 문제부터 풀어나가는 것이 중요하다. 문법의 경우 50문제를 15분에 풀어내야 하므로 한 문제당 25초를 넘기면 안 된다. 특히 독해의 경우 38, 39, 40번 문제(파트 3)가 배점이 가장 높기 때문에 먼저 풀고, 그 다음 빈칸 채우기 형식의 파트 1(1-16번)을 푼 다음 파트 2(17-37)를 마지막으로 푸는 순서로 하는 것이 고득점을 얻을 수 있는 한 방법이다.

TEPS는 청해, 문법, 어휘, 독해 4개 영역에 걸쳐 총 200문항으로 구성되어 있으며 시험시간은 140분이다.
문항반응이론(IRT)에 따라 채점하기 때문에 전부 맞추어도 만점은 990점이고 모두 틀려도 10점은 나온다.

✚ 청해 (Listening Comprehension) 60문항

정확한 청해 능력을 측정하기 위하여 문제와 보기문항을 문제지에 인쇄하지 않고 들려줌으로써 자연스러
운 의사소통의 인지과정을 최대한 반영하였다. 다양한 의사소통 기능(Communicative Functions)의 대화
와 다양한 상황(공고, 방송, 일상 업무 상황, 대학 교양수준의 강의 등)을 이해하는 데 필요한 전반적인 청
해력을 측정하기 위해 대화문(Dialogue)과 담화문(Monologue)의 소재를 균형 있게 다루었다.

PART 1 (15문항)

Choose the most appropriate response to the statement. (1-15)

M: Do you think you could turn down the volume on the television?

W: _______________________________________

   (a) I certainly didn't mean anything by it.
   (b) I can't believe that you turned down the offer.
   (c) I didn't realize it was disturbing you.
   (d) No, I don't think he'll mind at all.

해석
남: TV의 볼륨을 좀 내려주실 수 있으세요?
여: _______________________________________

(a) 전 분명히 아무런 뜻도 없었어요.
(b) 당신이 제 제안을 거절 했다니 믿을 수 없어요.
(c) 당신을 방해하고 있는지 몰랐어요.
(d) 아니요, 그는 개의치 않아 할 것 같아요.

Part 1은 질의응답 문제를 다루며 한 번만 들려준다. 내용 자체는 단순하고 기본적인 수준의 생활 영어 표현으로 구성
되어 있지만 교과서적인 지식보다는 재빠른 상황 판단 능력을 요구한다. 따라서 이 파트에서는 속도 적응 능력뿐만 아
니라 순발력 있는 상황판단 능력이 요구된다.

PART 2 (15문항)

Choose the most appropriate response to complete the conversation. (16-30)

W: Hello, I have an appointment with Dr. Summers.
M: OK. You must be Kate. I need you to fill out this form on your medical history.
W: All right. Here you go.
M: _______________________________________

   (a) Have you ever had these symptoms before?
   (b) I keep sneezing and my nose is runny all day.
   (c) Stay warm and drink plenty of water.
   (d) Please have a seat and the nurse will call your name soon.

해석
여: 안녕하세요, Summers선생님과 진료 예약을 했는
데요.
남: 네, Kate 맞으시죠? 병력에 대해 이 양식을 작성
해 주시겠어요?
여: 알겠어요. 여기 있어요.
남: _______________________________________

(a) 이런 증세가 이전에도 있었나요?
(b) 계속 재채기가 나고 하루 종일 콧물이 흘러요.
(c) 몸을 따뜻하게 하시고 물을 충분히 마시세요.
(d) 자리에 앉아 계시면 간호사가 곧 호명할 거예요.

Part 2는 짧은 대화 문제로서 두 사람이 A-B-A-B 순으로 보통 속도로 대화하는 형식이며, 소요 시간은 약 12초 전후로 짧게 구성되어 있다. Part 1과 마찬가지로 한 번만 들려주는 부분이다.

PART 3 (15문항)

Choose the option that best answers the question. (31-45)

W: Have you decided what you're going to buy for your mother's birthday?

M: Not yet. She's very picky, so it's very hard to shop for her.

W: Well, you'd better decide soon. You only have a week.

M: I'm thinking about getting her this vase she saw in the mall the other day.

W: That's a good idea. Since she already saw it, you know she will like it.

M: The only problem is, they're out of stock in the store and will have to special order it.

W: Oh. Will it get here in time?

M: They said it shouldn't take any longer than three days, but maybe I'll find something else.

Q: Which is correct according to the dialogue?
  (a) The man wants the gift to be a surprise.
  (b) The man isn't sure what he's going to buy.
  (c) The woman wants to buy the man a gift.
  (d) The vase will take a week to arrive.

해석

여: 엄마 생일 선물로 뭘 살지 결정했니?

남: 아직. 우리 엄마는 아주 까다롭거든 그래서 엄마 선물을 사는 건 아주 어려워.

여: 빨리 결정을 해야 할 거야. 일주일 밖에 안 남았잖아.

남: 지난 번에 엄마가 쇼핑 몰에서 본 꽃병을 살까 생각 중이야.

여: 그거 좋은 생각이네. 엄마가 보셨으니까 좋아하실 거라는 걸 알잖아.

남: 문제는 가게에 재고가 없어서 특별 주문을 해야 한다는 거야.

여: 그러면 제 시간에 도착할까?

남: 3일 이상은 안 걸릴 거라고 했는데, 아마도 다른 걸 찾아야겠지.

문제: 대화의 내용과 일치하는 것은?
(a) 남자는 선물이 깜짝 선물이 되길 바란다.
(b) 남자는 무엇을 살 지 잘 모른다.
(c) 여자는 남자에게 선물을 사 주고 싶어한다.
(d) 꽃병은 도착하는데 일주일이 걸릴 것이다.

Part 3는 앞의 두 파트에 비해 다소 긴 대화를 들려준다. 대화 부분과 질문을 들려준 뒤 다시 한 번 대화 부분을 들려주기 때문에 대화의 길이가 길어진 것에 비하여 많이 어렵다고 할 수 없다.

PART 4 (15문항)

Choose the option that best answers the question. (46-60)

Thanks for your interest in Happy Times Foods, a leading manufacturer of custom-made food products. Our main goal is to make sure you're always satisfied with our service and the selection we provide. We understand that the restaurant industry is highly competitive and that's why our premium breads, sauces, desserts, and other specialty items are prepared with you in mind. We even tailor our recipes and ingredients to your company's needs. So

해석

일류 주문 생산 식품 제조업체인 Happy Times Foods에 관심을 가져 주셔서 감사합니다. 저희의 주요 목표는 귀하께서 저희가 제공하는 서비스와 선택에 확실히 만족하도록 하는 것입니다. 저희는 식당 업계가 매우 경쟁이 심하다는 것을 알고 있기 때문에 저희의 고급 빵, 소스, 후식과 다른 별미 제품들은 귀하를 염두하여 준비되고 있습니다. 저희는 귀사의 필요에 맞도록 저희 조리법과 재료들을 맞춤 제공하기도 합니다. 귀사의 식당이 성공을 이루도록 Happy Times Foods에 한 번 기회를 주시면 어떨까요?

why not give Happy Times Foods a chance to make your eatery a success?

Q: What is the announcement about?
    (a) an inquiry about an order
    (b) a complaint about a product
    (c) a follow-up to a potential customer
    (d) a proposal for an advertisement

문제: 공지 사항은 무엇에 관한 내용인가?
(a) 주문에 대한 문의
(b) 제품에 대한 항의
(c) 잠재적 고객에 대한 권유
(d) 광고에 대한 제안

Part 4는 담화문을 다룬다. 영어권 나라에서 영어로 뉴스를 듣거나 강의를 들을 때와 비슷한 상황을 설정하여 얼마나 잘 이해하는지를 측정하는 부분이다. 이야기의 주제, 목적, 화제, 세부 사항 및 이를 근거로 한 추론의 문제들이 출제된다. 직청 직해 실력, 즉 들으면서 곧바로 내용을 이해할 수 있는지를 평가하는 부분이다.

✤ 문법 (Grammar) 50문항

밑줄 친 부분 중 오류를 식별하는 유형 등의 단편적이며 기계적인 문법지식 학습을 조장할 우려가 있는 분리식 시험 유형을 배제하고, 의미 있는 문맥을 근거로 오류를 식별하는 유형을 통하여 진정한 의사소통 능력의 바탕이 되는 살아 있는 문법, 어법능력을 문어체와 구어체를 통하여 측정한다.

PART 1 (20문항)

Choose the best answer for the blank. (1-20)

A: How was Felicia when you went to visit her yesterday?
B: I could tell she _________________ although she tried to pretend that everything was OK.

    (a) have cried
    (b) had been crying
    (c) was crying
    (d) would be crying

해석
A: 네가 어제 방문했을 때 Felicia는 어땠어?
B: 그녀는 모든 게 괜찮은 척 하려고 노력했지만 울고 있었다는 걸 알 수 있었어.

Part 1은 A, B 두 사람의 짧은 대화를 통해 전치사 표현력, 구문 이해력, 품사 이해도, 시제, 접속사 등 문법에 대한 이해력을 묻는 형태로 되어 있다. 주로 후자(B)의 대화에 빈칸이 있으며, 이에 적절한 표현을 고르는 형식의 문제이다.

PART 2 (20문항)

Choose the best answer for the blank. (21-40)

_________________ performed some of the most popular songs in the history of music, the Beatles are

해석
음악 역사상 가장 인기 있는 노래들을 연주했기 때문에 비틀즈는 여전히 세계에서 가장 유명한 밴드들 중의 하나이다.

still one of the most celebrated bands in the world.

(a) As
(b) Have
(c) Had
(d) Having

Part 2는 문어체 질문을 다룬다. 서술문 속의 빈칸을 채우는 문제로 총 20문항으로 구성된다. 이 파트에서는 문법 자체에 대한 이해도는 물론 구문에 대한 이해력이 중요하다.

PART 3 (5문항)

Identify the option that contains an awkward expression or an error in grammar. (41-45)

(a) A: I'm really bored. How about going out and seeing a movie or something?
(b) B: I don't know about that. Why do we always have to go out lately at night?
(c) A: Oh, come on. It's only 10:30 and the night is still young.
(d) B: Well, I guess it is Saturday and I feel kind of restless myself.

해석
- (a) A: 정말 지루해. 나가서 영화를 보든지 하는 게 어때?
- (b) B: 좋은 생각이 아닌 것 같아. 왜 꼭 밤 늦게 외출을 해야 하는데?
- (c) A: 그러지 말고 가자. 이제 겨우 10시 30분이고 아직 이른 시간 이잖아.
- (d) B: 하긴, 토요일이고 나도 잠이 안 오니까 괜찮겠지.

Answer
(b) lately → late

Part 3는 대화문에서 어법상 틀리거나 어색한 부분이 있는 문장을 고르는 문제로 구성된다. 이 영역 역시 문법뿐만 아니라 정확한 구문 파악, 회화 내용의 식별능력이 대단히 중요하다.

PART 4 (5문항)

Identify the option that contains an awkward expression or an error in grammar. (46-50)

(a) There is a widespread misconception that it is necessary to exercise for long periods of time every day in order to stay fit. **(b) Some people would be surprising to find that this is not necessarily the case.** (c) Many studies have shown that exercising for just thirty minutes a day, three times a week has significant health benefits. (d) The most important thing is to be faithful to a routine, rather than only hitting the gym sporadically.

해석
(a) 건강을 유지하기 위해서 매일 오랜 시간 동안 운동을 하는 것이 필요하다는 보편적인 오해가 있다. (b) 어떤 사람들은 이것이 사실이 아니라는 것을 알고 놀랄 것이다. (c) 많은 연구들에 의하면 하루에 30분 동안, 일주일에 세 번 운동을 하는 것이 상당한 건강상의 혜택이 있다는 것을 보여준다. (d) 가장 중요한 것은 어쩌다 한 번씩 체육관에 가는 것 보다는 꾸준한 일상을 유지하는 것이다.

Answer
(b) surprising → surprised

Part 4는 한 문단을 주고 그 가운데 문법적으로 틀리거나 어색한 문장을 고르는 다섯 문항으로 구성된다. 틀린 부분을 신속하게 골라야 하므로 속독 능력이 굉장히 중요하다.

✚ 어휘 (Vocabulary) 50문항

문맥 없이 단순한 동의어 및 반의어를 선택하는 시험 유형을 배제하고 의미 있는 문맥을 근거로 가장 적절한 어휘를 선택하는 유형을 문어체와 구어체로 나누어 측정한다.

PART 1 (25문항)

Choose the best answer for the blank. (1-25)

A: So I hear the tightrope walker is performing here tonight.
B: Yeah, his name is "Amazing Sam" and he's going to walk between two ten-______________ buildings.

(a) story
(b) degree
(c) level
(d) layer

해석
A: 줄타기 꾼이 오늘 여기서 공연을 한다고 들었어.
B: 맞아. 그 사람의 이름은 "놀라운 Sam"인데 두 개의 10**층** 건물 사이를 걸을 거야.

Part 1은 구어체로 되어 있는 A, B의 대화 중 빈칸에 가장 적절한 단어를 고르는 25문항으로 구성된다. 단어의 단편적인 의미보다는 문맥에서 쓰인 상대적인 의미를 더 중요시 한다.

PART 2 (25문항)

Choose the best answer for the blank. (26-50)

After stealing money from the company over the past five years, the accountant was arrested on a charge of ______________ , and if convicted, he could face serious jail time.

(a) deception
(b) embezzlement
(c) entrapment
(d) transmission

해석
지난 5년 동안 회사로부터 돈을 훔치고 나서 회계사는 **횡령** 혐의로 구속되었고 만일 유죄 판결을 받을 경우에 심각한 실형을 받게 될 수도 있다.

Part 2는 하나 또는 두 개의 문장으로 구성된 글 속의 빈칸에 들어갈 가장 적당한 단어를 선택하는 문제로 구성되어 있다. 어휘를 학습할 때 한 개씩 단편적으로 암기하는 것보다는 하나의 표현으로, 즉 의미구로 알아 놓는 것이 15분이라는 제한된 시간 내에 어휘 시험을 정확히 푸는 데 많은 도움이 될 것이다.

교양 있는 수준의 글(신문, 잡지, 대학 교양과목 개론 등)과 실용적인 글(서신, 광고, 홍보, 지시문, 설명문, 도표, 양식 등)을 이해하는 데 요구되는 총체적인 독해력을 측정하기 위해서 실용문 및 비전문적 학술문과 같은 독해 지문의 소재를 균형 있게 다루었다.

PART 1 (16문항)

Read the passage. Then choose the option that best completes the passage. (1-16)

It's common knowledge that smoking, eating the wrong foods, and failing to get enough exercise are all contributors to poor health. But not many people truly understand that one of the most serious threats to well-being is stress. Medical professionals have known for years that stress can lead to serious physical and mental disorders. Research has shown that individuals who experience high levels of stress have high blood pressure, which affects cardiovascular health. In addition, stress not only worsens preexisting medical conditions, such as diabetes, but it may also suppress the body's ability to fight off illness. _________________ , it is important to understand the risks associated with life's pressures.

(a) Likewise
(b) In contrast
(c) Therefore
(d) However

해석

흡연과 나쁜 음식을 먹는 것, 그리고 충분한 운동을 하지 않는 것은 모두 건강을 해치는데 기여하는 요인들이라는 것은 상식이다. 그러나 건강에 가장 심각한 위협중의 하나는 스트레스라는 것을 진정으로 이해하는 사람들은 많지 않다. 의학 전문가들은 수 년 동안 스트레스가 심각한 신체적 정신적 장애를 일으킬 수 있다는 것을 알고 있었다. 연구에 의하면 높은 스트레스를 경험하는 사람들은 혈압이 높은 것으로 나타났는데 높은 혈압은 심장혈관 질환에 영향을 끼친다. 게다가 스트레스는 당뇨병과 같은 기존의 질병을 악화시킬 뿐만 아니라 질병을 물리치는 신체의 능력을 억제시킬 수도 있다. **그러므로** 삶의 압박감과 연관된 위험들을 이해하는 것이 중요하다.

(a) 이와 같이
(b) 대조적으로
(c) 그러므로
(d) 하지만

Part 1은 빈칸 넣기 유형이다. 한 단락의 글을 주고 그 안에 빈칸을 넣어 알맞은 표현을 고르는 16문항으로 구성된다. 글 전체의 흐름을 파악하여 문맥상 빈칸에 들어갈 내용을 찾는 문제이다.

PART 2 (21문항)

Read the passage. Then choose the option that best answers the question. (17-37)

Even if the rest of your body is lean and mean, researchers now say that extra fat around the middle often referred to as "love handles" increases the risk of early death. Just two inches of excess flesh around the waist increased the chance of dying sooner by thirteen to seventeen percent. While the link between fat around the middle and health problems is not a

해석

당신 몸이 군살 없고 말랐어도, 현재 연구자들은 흔히 "러브 핸들"이라고 불리는 허리 부분의 군살이 조기 사망의 위험을 증가시킨다고 주장한다. 허리 둘레가 평균보다 2인치 초과하는 것만으로도 일찍 사망할 가능성이 13에서 17퍼센트까지 증가한다. 허리 둘레의 지방과 건강 문제간의 관련성이 새로운 것은 아니지만 가장 최근의 연구는 의사들에게 단순히 일반적인 체질량 지수를 사용하는 것이 심장질환과 같은 건강상의 위험을 평가하는데 있어 꼭 최고의 방법은 아니

new one, the newest study gives doctors much more evidence that simply using the standard body mass index (BMI) is not necessarily the best way to assess health risks such as cardiovascular disease. In fact, the study showed that adults with a healthy BMI but larger than average waists were still candidates for early deaths.

Q: Which of the following can be inferred from the passage?

(a) The group involved in the study was composed of male adults.
(b) Cardiovascular disease does not just affect the overweight.
(c) Doctors still need to study how body mass affects longevity.
(d) Losing excess fat around your waist can add years to your life.

라는 많은 증거를 제공한다. 실제로 연구에 의하면 건강한 체질량 지수를 가졌지만 평균 이상의 허리 둘레를 가진 성인들이 여전히 조기 사망을 할 수 있는 후보자들이라는 것을 보여주었다.

문제: 지문의 내용에서 유추할 수 있는 것은?

(a) 연구에 참가한 집단은 남자 성인들로 구성되어 있었다.
(b) 심장 질환은 반드시 과체중인 사람에게만 발생하지 않는다.
(c) 의사들은 어떻게 체질량 지수가 수명에 영향을 끼치는지 연구할 필요가 있다.
(d) 허리 둘레의 과 지방을 없애는 것이 수명을 연장시킬 수 있다.

Part 2는 글의 내용 이해를 측정하는 문제로 21문항으로 구성되어 있다. 주제나 대의 혹은 전반적 논조 파악, 세부내용 파악, 논리적 추론 등이 있다.

PART 3 (3문항)

Read the passage. Then identify the option that does NOT belong. (38-40)

A breakthrough scientific discovery made in Germany may one day offer hope to millions of people affected by HIV. (a) Doctors say that a man who received a bone marrow transplant from a donor who had a genetic resistance to the virus appears to have been cured. **(b) HIV first came to the public's attention in the 1980s after French and American scientists discovered the infection.** (c) Although the patient's response to the transplant was highly unusual, doctors believe it may increase interest in gene therapy for the disease. (d) However, experts still maintain that to suggest that this case will lead to a cure would be a dangerous stretch.

해석
독일에서의 획기적인 과학적 발견은 HIV에 감염된 수백만명의 사람들에게 희망을 제공해 줄지도 모른다. (a) 의사들은 이 바이러스에 유전적인 항체를 지니고 있는 기부자로부터 골수 이식을 받은 한 남자가 완치된 것으로 보인다고 말한다. **(b) HIV는 1980년대 프랑스와 미국 과학자들이 감염을 발견한 후 대중의 이목을 받게 되었다.** (c) 이식에 대한 환자의 반응이 매우 특이하긴 했지만 의사들은 이것이 에이즈에 대한 유전자 치료법에 대한 관심을 증가시킬 것이라고 믿는다. (d) 그러나 전문가들은 여전히 이 경우가 치료법에 이르게 될 것이라고 주장하는 것은 위험하다는 입장을 고수한다.

Part 3는 한 문단의 글에서 내용의 흐름상 어색한 곳을 고르는 문제로 3문항으로 구성되어 있다. 전체 흐름을 파악하여 흐름상 필요 없는 내용을 고르는 문제이다. 이런 유형의 문제는 응집력 있는 영작문 실력을 간접적으로 측정한다.

등급	점수	영역	능력검정기준
1+급	901-990	전반	교양있는 원어민에 버금가는 정도로 의사소통이 가능하고 전문분야 업무에 대처할 수 있음.
	361-400	청해 독해	교양있는 원어민에 버금가는 수준의 청해력 교양있는 원어민에 버금가는 수준의 독해력
	91-100	문법 어휘	교양있는 원어민에 버금가는 수준으로 내재화된 문법능력 교양있는 원어민에 버금가는 수준으로 내재화된 어휘력
1급	801-900	전반	단기간 집중 교육을 받으면 대부분의 의사소통이 가능하고 전문분야 업무에 별 무리 없이 대처할 수 있음.
	321-360	청해 독해	다양한 상황의 수준 높은 내용을 별 무리 없이 이해할 수 있는 정도의 청해, 독해력
	81-90	문법 어휘	다양한 구문을 별 무리 없이 신속하게 이해할 수 있을 정도로 내재화된 문법, 어휘 능력
2+급	701-800	전반	단기간 집중 교육을 받으면 일반 분야업무를 큰 어려움 없이 수행할 수 있음.
	281-320	청해 독해	일반적 소재에 보통수준의 내용을 별 무리 없이 이해하는 정도의 청해력과 독해력
	71-80	문법 어휘	일반적인 구문을 별 무리 없이 이해하는 정도의 문법능력, 어휘력
2급	601-700	전반	중장기간 집중 교육을 받으면 일반분야 업무를 큰 어려움 없이 수행할 수 있음.
	241-280	청해 독해	일반적 상황에 보통수준의 내용을 대체로 이해하는 정도의 청해력과 독해력
	61-70	문법 어휘	일반적인 구문을 대체로 이해하는 정도의 문법 능력 일반적인 표현을 대체로 이해하는 정도의 어휘력
3+급	501-600	전반	중장기간 집중 교육을 받으면 한정된 분야의 업무를 큰 어려움 없이 수행할 수 있음.
	201-240	청해 독해	일반적 상황에 보통 수준의 내용을 다소 이해하는 정도의 청해력 일반적 소재에 보통 수준의 내용을 다소 이해하는 정도의 독해력
	51-60	문법 어휘	일반적인 구문에 대한 의미파악이 어느 정도 가능한 문법 능력 일반적인 표현에 대한 의미파악이 어느 정도 가능한 어휘력
3급	401-500	전반	중장기간 집중 교육을 받으면 한정된 분야의 업무를 다소 미흡하지만 큰 지장없이 수행할 수 있음.
	161-200	청해 독해	일반적인 상황에 보통수준의 내용을 이해하기 다소 어려운 정도의 청해력과 독해력
	41-50	문법 어휘	일반적인 구문에 대한 신속한 의미파악이 다소 어려운 정도의 문법능력 일반적인 표현에 대한 신속한 의미파악이 다소 어려운 정도의 어휘력
4+급	301-400 201-300	전반	장기간의 집중 교육을 받으면 한정된 분야의 업무를 대체로 어렵게 수행 할 수 있음.
5+급	101-200 10-100	전반	단편적인 지식만을 갖추고 있어 의사소통이 거의 불가능함.

● ● TEPS 관련시험 소개

1. i-TEPS (Integrated Test of English Proficiency developed by Seoul national University)

i-TEPS는 서울대학교 언어교육원에서 출제하고 서울대학교 TEPS관리위원회에서 주관, 시행하는 통합 영어능력평가 시험이다. i-TEPS는 별도로 시행되며 기존 TEPS와 TEPS-Speaking & Writing 시험은 현행과 같이 유지된다. 듣기, 읽기, 말하기, 쓰기 능력은 서로 밀접한 관계를 가진 요소로 듣기, 읽기 능력 혹은 말하기, 쓰기 능력의 측정만으로는 정확한 영어능력을 평가하기 어려우므로 i-TEPS는 유기적인 연관성을 지닌 이 네 가지 의사소통능력을 통합적으로 측정하여 수험자의 영어능력에 대한 정확한 평가를 하는 것을 목적으로 한다. i-TEPS는 국내 최고 권위의 영어능력평가로 듣기, 읽기 분야에서 탁월한 변별력을 인정받은 TEPS와 국내 최초 CBT방식의 영어 말하기, 쓰기 시험인 TEPS-Speaking & Writing의 성공 노하우를 바탕으로 개발되었다. 실전 영어능력을 보다 정밀하게 측정할 수 있도록 세분화된 채점 요소를 적용하고 있으며, 출제자와 채점자를 어학분야의 최고 전문가들로 선정하여 높은 신뢰도와 탁월한 변별력을 지니고 있다. 한번의 시험으로 듣기, 말하기, 읽기, 쓰기 능력을 종합적으로 평가함으로써 각각의 영역을 별도로 평가해야 하는 여타 시험과 비교하여도 응시료 부담이 적다. i-TEPS는 최소의 시간과 비용으로 수험자의 영어능력을 정확히 측정하는 효율성이 높은 시험이다.

i-TEPS는 Listening, Grammar & Vocabulary, Reading, Speaking, Writing의 5개 영역에 걸쳐 총 143문항으로 구성되어 있으며 시험시간은 약 2시간 45분이다. 총점은 각 영역의 점수를 합산하여 400점 만점으로 채점된다.

* i-TEPS 에 관한 더 자세한 정보는 TEPS 관리위원회 홈페이지 (www.teps.or.kr)에서 얻을 수 있다.

2. TEPS Speaking & Writing

TEPS-Speaking & Writing 은 서울대학교 언어교육원에서 출제하고 서울대학교 TEPS관리위원회가 주관, 시행하는 영어 말하기, 쓰기 시험이다. 대규모로 치러지는 영어능력검정에서 평가하기 어려운 말하기, 쓰기 능력을 보다 정밀하게 측정하기 위해 세분화된 채점 요소를 적용하고 있으며, 출제자와 채점자 모두 어학분야의 최고 전문가로 구성되어 탁월한 변별력을 지니고 있다. 보다 객관적인 채점을 위해 분석적 채점과 종합적 채점이 포함된 5 단계 채점체계와 문항별 채점방식을 채택하였다. TEPS-Speaking & Writing 은 컴퓨터 모니터를 통해 지문과 그림이 제시되면 수험자가 이에 대해 답변을 하는 CBT 방식으로 시행된다. 편리한 인터페이스와 화면구성을 개선하고 테스트의 전 과정을 자동화하여 수험자의 편의를 증대시켰다. 한국수출입은행, 외교통상부 등의 기관에서 신입사원 모집 및 해외파견직원 선발시험에 TEPS-Speaking & Writing을 채택하고 있다.

3. SNULT

SNULT는 Seoul National University Language Test의 약자로, 서울대학교 언어교육원에서 개발하여 TEPS 관리위원회에서 시행하는 시험이다. SNULT 정기시험은 7개 언어(영어, 일본어, 중국어, 프랑스어, 독일어, 스페인어, 러시아어)로 구성되어 있다. 완벽한 보안 속에서 해당 언어의 박사 학위를 소지한 연구원, 원어민, 교수 등 최고의 전문가들이 출제와 검토 후 녹음과 인쇄를 거쳐 시행하고 있으며, 지난 30여 년간의 시험 데이터와 성과를 바탕으로 한 신뢰도와 타당도가 매우 높은 시험이다.

근래에는 신입사원 선발과 각급 기관 단체의 직원 인사 고과를 위한 교육훈련, 성적평가 등의 용도로 어학능력 평가에 대한 요구가 증가하여 연간 200,000명 정도가 외국어 능력을 검정 받고 있다.

* i-TEPS 및 SNULT 에 관한 더 자세한 정보는 TEPS 관리위원회 홈페이지 (www.teps.or.kr)에서 얻을 수 있다.

전문강사가 알려드리는 변화하는 TEPS 시험의 올바른 이해

TEPS는 수험자의 영어능력을 있는 그대로 정확하게 판단하기 위해 다양한 테스트 방법을 적용했습니다. 예를 들어 듣기시험에서 인쇄된 질문지를 주지 않고 방송으로 직접 들려주기 때문에 미리 문제를 보고 감을 잡는 요령이 통하지 않으며 독해 시험도 1 지문 1 문항 원칙을 지켜 한 문제의 답을 알면 그 뒤에 연결된 문제들의 답을 유추할 수 있는 가능성을 원천적으로 배제했습니다.

TEPS의 채점기준은 상대평가이며 해당 시험의 난이도, 응시인원에 따라 채점기준이 달라질 수 있습니다. 작년 10월 부터 새로운 텝스시험인 i-TEPS가 시작되었는데, 기존 텝스시험과는 별도로 시행됩니다. 이 시험은 Intergrated Test of English Proficiency developed by Seoul National University의 약자로 듣기, 읽기, 말하기, 쓰기 능력을 종합적으로 측정하는 통합영어능력평가 시험입니다. i-TEPS는 영어능력평가로 듣기, 읽기 분야에서 탁월한 변별력을 인정받은 TEPS와 국내 최초 CBT방식의 영어 말하기, 쓰기 시험인 TEPS-Speaking & Writing 을 기본으로 구성이 되어있으며 기존의 TEPS와 TEPS - Speaking & Writing을 통합하여 한번에 보는 것이라고 생각하면 됩니다.

최근 들어 중고생들 사이에서 특히 TEPS에 대한 관심이 높아지면서 TEPS 인지도가 예전보다 크게 높아졌음을 느낄 수 있습니다. 하지만, 정작 TEPS가 어떤 의미를 가진 시험인지는 TEPS 학습자들 상당수가 올바로 이해하고 있지 못한 것이 현실입니다. 따라서 TEPS 공부를 TOEFL-TOEIC 공부할 때처럼 그냥 단어장 암기하고, 시중 참고서 한번 훑어보고, 실전모의고사 문제집 한 두권 풀어서 틀린 문제 정리하는 식으로 학습하면서, 거의 대부분의 학습자들이 몇 개월 동안 성적 향상이 되지 않아서 매우 스트레스를 받습니다. "지피지기(知彼知己)면 백전백승(百戰百勝)"이라고 했습니다. TEPS를 올바로 이해하는 것이 TEPS 고득점을 위한 첩경이 아닐 수 없습니다.

TEPS의 P는 proficiency이며, 이것은 "숙달"이라는 뜻입니다. proficiency와 상대적인 개념이 knowledge(지식)입니다. TOEFL-TOEIC처럼 지식을 측정하는 시험의 특징은 문제의 양은 적고 제한시간이 넉넉해서 충분히 사고(思考)할 시간을 주는 것입니다. 이에 비해, TEPS처럼 '숙달'을 측정하는 시험은 문제의 양은 많고 제한시간이 적어서 사고(思考)할 시간을 주지 않습니다. 따라서 TEPS는 제한시간 내에 모두 풀어야 하는 개념이 아니라, 제한시간 내에 얼마만큼 풀 수 있는가를 측정하는 시험인 것입니다. 이런 개념에 익숙지 않은 수험자들은 자신의 능력 범위를 넘어 TEPS의 모든 문제를 풀려고 무작정 서두르다가 문제를 다 풀지도 못하고 푼 문제마저도 틀리는 최악의 경우를 경험하게 됩니다. TEPS처럼 '숙달'을 측정하는 시험에서 과욕은 금물입니다. 풀 수 있는 만큼만 여유 있게 풀겠다는 마음가짐이 더 좋은 결과를 가져옵니다.

정형화된 문제와 반복 출제되는 문제들이 많아서 모의고사 문제풀이를 많이 할수록 유리한 TOEFL, TOEIC 시험들과는 달리 생활영어 및 시사영어 시험인 TEPS는 청해 속도가 TOEFL,TOEIC보다 2배 이상 빠르고, 시사영어를 다루는 시험답게 TEPS RC에서 다루는 주제는 '정치, 경제, 사회, 문화, 건강, 예술, 종교, 환경' 등 상당히 다양하고 포괄적입니다.

이러한 특징의 TEPS를 준비하는 데 있어서 가장 중요한 학습법은 다독입니다. 평소에 다양한 주제의 영어를 접한 사람들은 시험문제의 RC 지문 내용을 모두 읽지 않고도 첫 문장만 가지고 정답을 찾을 수 있는 문제들이 의외로 많기 때문에 시간이 전혀 모자라지 않습니다. 적어도 글을 빨리 읽을 수 있는 능력이 생기게 됩니다. 예를 들어, 지구 온난화와 이상 기온 문제, 국제 분쟁 상황이나 세계의 고대, 근대 역사등에 대해 평소에 영자신문의 시사적인 내용을 관심 있게 읽은 사람들은 그에 관한 독해 혹은 청해 문제를 아주 수월하게 풀 수 있습니다.

파트3,4의 경우 대화나 지문은 그리 어렵지 않은데 선택지에 등장하는 어휘가 난이도가 있어서 힘들게 푸는 문제도 등장했고 또 앞으로도 등장할것이기 때문에 평소에 어휘 공부를 틈틈이 해두는 것이 도움이 될 것입니다. 그리고 기존의 TOEIC이나 TOEFL시험에서 편법에 의존하지 않고 착실히 청해능력을 쌓아 온 응시자라면 크게 걱정할 수준은 아닐 것입니다.

내용면에 있어서 Listening을 공부할 때 지나치게 TEPS라는 시험에 얽매이지 말고, 꾸준히 관심을 갖고 착실하게 준비하면 충분히 고득점이 가능한 영역이 청해입니다. TOEIC이 실무 영어에 편중되어 있고, TOEFL이 학술 영어에 치중하고 있다는 한계를 극복하기 위해 TEPS가 개발되었다는 점을 상기하면서 학습에 임하면 좋은 효과를 거둘 수 있을 것입니다.

청해영역 에 대해서 살펴보면 Part I 에서 Part III 까지는 까다로운 관용표현들을 제외하면 큰 무리가 없다고 하겠으나 Part IV에 자주 등장하는 기사체의 문장에 까다로움을 느끼는 응시자들이 의외로 많은 것으로 보입니다. 이 Part는 특별한 준비 방법보다는 평소에 영자신문을 자주 접하고 빠른 속도로 의미를 생각하면서 읽는 훈련을 꾸준히 하면 좋은 성과를 얻을 수 있을 것입니다.

청해의 비법이란 다름이 아니라 모국어 화자가 말하는 속도에 버금가는 독해 속도를 연마하는 것입니다. 최소한 1분에 160자 정도를 읽고 이해할 수 있으면 여러분의 영어청취 정복은 시간문제라고 해도 과언이 아닙니다. 독해력이 뒷받침이 되지 않은 상태에서 한두 달, 또는 서너 달 만에 청해를 정복할 수 있다는 순진한 생각은 빨리 버리는 것이 좋을 것입니다.

문법영역 의 경우 50문제에 25분이 주어지므로 계산상으로는 문제당 25초를 쓸 수 있지만, 답을 기입하는 시간 등을 감안하면 한 문제를 약 20초 이내에 해결할 수 있어야 합니다.
따라서 문장의 구조를 분석하려 하기 보다는 직감적으로 표현의 옳고 그름을 파악할 수 있는 수준에 이르도록 노력해야 합니다. 또한 TEPS의 문법영역은 기존의 TOEIC이나 TOEFL과는 크게 다른 형식을 취하고 있습니다. 밑줄 친 부분의 오류 파악과 같은 문제는 출제되지 않는다는 점에 유의해야 합니다. 그렇다고 지금까지의 문법지식이 전혀 필요 없다는 것은 아니며, 상당부분 일치하기 때문에 단편적으로 알고 있었던 문법적 내용을 체계화 할 필요가 있습니다. 반드시 활용할 수 있는 문장과 연결해서 학습하도록 해야 합니다.

그리고 TEPS 문법영역에서는 반드시 실용문법에 숙달되어 있어야 좋은 점수를 기대할 수 있습니다. 여기서 실용문법이라고 하는 것은 독해는 물론 의사소통 능력에 직결되는 문법을 말합니다.

분야별로 보면 TEPS 문법영역에서 중요하게 다루어지는 내용 중 한 가지가 화법에 대한 이해문제입니다. 지금까지 치러진 TEPS시험에서 화법 문제가 빠진 적이 거의 없었습니다. 화법문제는 관용표현과 겹쳐서 출제가 되므로 평소에 청해나 어휘표현을 암기할 때 각 상황과 표현에 대한 명확한 이해가 필요합니다.

그리고 수동분사구문과 능동분사구문을 직감적으로 파악할 수 있는 수준에 도달하도록 많은 예문을 접하고, 능동적으로 활용해 보아야 합니다. 수동 구문에 대한 이해는 관계사와 더불어 영어를 공부하는 데 있어 가장 기본적인 사항이므로, 반드시 숙지하고 넘어가야 합니다.
다음으로 부정사, 동명사의 쓰임에도 눈여겨 볼 필요가 있습니다. 이 부분도 TEPS 문법영역에서 자주 출제되는데, 단편적으로 to부정사를 목적어로 취하는 동사 내지는 동명사를 목적어로 취하는 동사를 암기하기 보다는 다양한 표현을 접하면서 to부정사나 동명사가 나올 때마다 관심을 갖고 하나씩 익혀 나가는 것이 효과적입니다.

지금까지 치러진 일반 시험의 내용을 토대로 TEPS 문법영역의 문제의 성격을 분석해본 결과, 수동표현과 능동표현의 이해를 묻는 문제도 여러 형식으로 출제된 것으로 파악됩니다. 이 부분은 능동태와 수동태에 대한 이해를 철저히 한 다음, 준동사 구문에서도 이를 자유롭게 활용할 수 있느냐 하는 것이 관건이 됩니다.

어휘영역에서는 쉬운 단어에 특히 주목할 필요가 있습니다. 우리가 익숙하다고 주의를 기울이지 않지만, 실상은 정확한 쓰임을 몰라서 실수할 수 있는 단어들이 TEPS 어휘영역의 주요 출제 대상이 됩니다. 그리고 철자가 비슷한 단어들이나 모양이 비슷한 단어들을 구별하는 문제들도 매회 거의 빠지지 않고 출제되고 있습니다. 흔히 동의어라고 생각되지만, 쓰임이 각각 다른 단어들이 많이 있으므로, 양적인 면에서 너무 집착하지 말고 개별단어의 정확한 쓰임을 의미 있는 문장을 통해 착실히 익혀두는 습관이 필요합니다.

중고생들의 경우 가급적이면 예문이 풍부한 영영사전을 이용하는 것이 좋고, 이러한 실용영어능력에 추가하여 SAT나 TOEFL 수준의 어휘력으로 보강한다면 TEPS 어휘영역에서 큰 어려움은 없을 것입니다.

개인적인 목적이 있다면 모르겠지만, 몇 년이 가도 한 번 볼까 말까한 난해한 어휘를 공부하는데 더 이상 시간을 낭비하지 않는 것이 좋습니다. TEPS에서는 실제 영어에서 활용 빈도가 낮은 표현이나 구문은 출제를 꺼리는 경향이 있다는 점을 명심해 두기를 바랍니다.

지금까지 TEPS 어휘영역에서 출제된 단어의 수준은 기존의 다른 영어 시험들과 비교할 때 결코 어렵다고 할 수는 없으나, 한 문제당 주어지는 시간이 총 15초 밖에 안되므로 기본적으로 속도 감각이 뒷받침 되어야 좋은 점수를 얻을 수 있습니다. 신속한 문제 해결 능력을 위해서는 정확한 표현이 내재화되어 있어야 하므로, 쉬운 의미라고 하더라도 반복적으로 활용하는 습관이 중요합니다.

그리고 informal한 영어 표현들에도 익숙해져야 합니다. 여기서 informal이라는 말은 경의 없이 일반 구어체에서 빈번하게 사용되는 표현으로, 저속한 표현과는 다른 개념입니다.

문어체 표현과 관련해서는 기존의 다른 시험과 큰 차이를 나타내지 않고 있습니다.

TEPS 어휘영역에서는 문제를 빠른 속도로 해석하지 못하면 정답을 맞출 수 없습니다. 개별적인 단어의 뜻을 아는 것만으로는 부족합니다. 따라서 이 영역은 독해와 청해의 기초를 쌓는다는 마음으로 접근하기를 바랍니다.

독해영역 에서는 한 문제의 길이는 평균적으로 6~7줄 정도이고, 단어 수도 100단어를 넘지 않는 것이 보통입니다. 그렇지만 여기에 질문을 읽는 시간과 문제를 푸는 시간을 더한다면 기본적으로 1분에 200단어 이상을 소화해낼 수 있어야 합니다. 내용면에서 볼 때, 전문적인 학술문은 출제되지 않고 있는데, 앞으로도 이러한 경향은 지속되리라고 판단됩니다.

실무적인 내용의 문제로 상품판매, 예약편지, 광고 등을 소재로 한 것들이 있고, 시사적인 내용과 관련해서 유럽의 금융 관련 기사, UN의 위상 약화에 대해 언급한 글 등이 있습니다. 글의 수준은 영자신문을 무리 없이 읽을 수 있는 정도면 된다고 봅니다. 영자신문은 꼭 시사적인 내용에 익숙해진다는 차원보다는 일반적인 교양을 위해서도 가까이할 만합니다.

최근 독해영역에서는 정보를 전달하는 목적의 글이 자주 등장하는 편입니다. 하지만 명심하실 것은 회를 거듭하면서 한 분야에 치중된 내용의 출제는 가급적 피할 것으로 예상되기 때문에, 특정 분야의 글이나 문체에 편중된 독서를 하지 말고 가급적 다양한 내용의 글을 접하는 것이 좋습니다.

여전히 과학 및 의학 분야의 글도 꾸준히 등장하고 있으므로, 지구 이상기후나 인간 복제 등과 같은 시사성이 있는 내용들에도 관심을 가지고 읽어두면 도움이 되며, 상업적인 글의 한 부분도 3-4문제 정도 출제가 되고 있는데, 서식 자체에 대한 이해뿐만 아니라, 편지의 내용에 대한 것도 이해하고 있어야 원활하게 문제를 풀어 나갈 수 있습니다.

독해영역에서 좋은 점수를 얻으려면 글의 대의 파악 능력이 절대적으로 요구됩니다. 이를 위해서는, 영어로 된 책이나 신문 등을 읽을 때, Paragraph별로 요지를 파악해보는 연습을 하는 것이 좋습니다. 글을 읽고 내용을 요약할 수 없다면, 사실상 글을 제대로 읽었다고 할 수 없습니다. 대의 파악 능력 자체가 바로 독해능력이고, 실질적인 자신의 영어 실력인 것입니다.

아무쪼록 대한민국 제1의 출판사 랭귀지 플러스와 TEPS 1등 강사 저 조셉 킴과 함께 최선을 다해서 최고의 결과를 얻으시길 바랍니다.

Joseph Kim

Chapter 01

PART I 빈칸 채우기

Part 1은 한 단락의 글을 주고 그 안에 빈칸을 만들어 알맞은 표현을 고르는 16문항으로 이루어져 있다. 주제가 있는 글 전체의 흐름을 파악하는 유형과 선택지에 나온 어휘의 용례에 대해 묻는 유형이 주를 이룬다.

▶ Joseph's TIP for TEPS

빈칸의 위치에 따라 다음에 이어지는 내용을 유추할 수 있다. 앞쪽에는 문단의 주제와 관련된 내용, 뒤쪽에는 문단을 요약하고 결론을 짓는 내용으로 전개된다.

원칙은 이렇지만 요즘 시험에서는 반드시 원칙을 따르지 않는 경우가 많다. 빈칸이 뒤쪽에 위치하여도 요약이나 결말이 아니라 내용이 연속되는 부분이 많이 출제된다. 문장들을 연결하는 접속사 문제는 빠지지 않고 등장하는데, 지문의 내용과 문맥의 흐름을 얼마나 잘 이해하는지를 묻는 문제들이 대부분이다.

Unit 01
빈칸위치 상단

빈칸의 위치가 지문 앞쪽 즉, 상단에 위치하면 문단의 주제와 관련된 내용이 정답이 될 확률이 높다.
지문 전체의 흐름을 파악하는 것과 선택지에서 제시한 어구의 정확한 의미를 파악하는 것이 중요하다.

01 선택지를 먼저 읽어본다.

TEPS 독해 지문 중 상당수가 선택지에 힌트를 담고 있는 경우가 많다. 예를 들면, 선택지에 등장한 3개의 선택지가 비슷한 내용이고 나머지 1개가 이 3개의 선택지와 상반된 경우에는 정답일 확률이 높다.

02 주제와 관련 있는 선택지를 고른다.

빈칸이 지문의 위쪽에 위치해 있다는 것은 대부분 주제문을 묻는 취지로 보면 된다. 따라서 일단 빈칸이 들어간 문장과 그 다음 문장 정도까지만 본 다음 선택지를 보고 답을 찾을 수 있는 경우가 상당히 많으므로 지문 전체를 다 읽기 전에 답을 고르는 훈련을 하는 습관을 기르는 것이 중요하다.

03 전체 지문을 요약하는 어구를 고른다.

빈칸의 위치가 상단에 오는 유형 중에서 특히 처음 도입 부분부터 빈칸으로 시작하는 경우, 앞으로 나올 지문 전체의 내용을 함축한 단어나 어구를 묻는 경우가 많다.

The TOP in TEPS Example

The aim of including a variety of colorful fruit and vegetables in your diet is to help you get a mix of important nutrients. Generally, _________________________________ is a good source of flavonoids and carotenoids. Red tomatoes and watermelon are rich in lycopene. Orange, yellow, and green produce, such as carrots, squash, and green leafy vegetables, contain beta carotene and other antioxidants. Purple grapes and berries are filled with anthocyanins. Mix it up to make sure you get all the health benefits that produce has to offer.

(a) a low-fat diet
(b) a vitamin supplement
(c) a tasty meal
(d) brightly colored produce

[Translation]

당신의 식단에 다양한 형형색색의 과일과 채소를 포함시키는 목적은 당신이 중요한 영양소의 혼합물을 얻는데 도움을 주기 위함이다. 일반적으로, **선명한 색의 농산물**은 생리적 보호물질의 일종인 플라보노이드와 카로티노이드 화합물의 좋은 공급원이다. 붉은 토마토와 수박은 리코펜을 많이 함유하고 있다. 당근, 호박, 녹색 잎이 무성한 채소 등과 같은 오렌지색, 노란색, 초록색 농산물들은 베타 카로틴과 다른 산화방지제를 함유하고 있다. 자주색 포도와 딸기는 안토시아닌을 많이 함유하고 있다. 농산물이 제공하는 모든 건강상의 이점을 확실히 얻을 수 있도록 혼합하라.

    (a) 저지방 다이어트
    (b) 비타민 보조식품
    (c) 맛좋은 식사
    (d) 선명한 색의 농산물

[Joseph's Solution]

빈칸이 위치한 문장은 뒤에 이어지는 내용들을 포괄하는 주제문이 되어야 한다. 건강에 좋은 다양한 색깔의 과일과 채소에 대해 언급하고 있으므로, 빈칸은 이러한 구체적 진술을 포괄하는 일반적 진술의 내용이 들어가야 하기 때문이다. 과일과 채소는 농산물에 해당되므로 빈칸에 (d)brightly colored produce가 가장 적절하다.

[Vocabulary]

aim n. 조준, 목표 **diet** n. 식단, 식이요법 **include** v. ~을 포함하다, 함유하다 **a variety of** 다양한, 여러 가지의 **mix** n. 혼합(물) **nutrient** n. 영양(분), 영양제 **flavonoid** n. 플라보노이드(생리적 보호물질의 일종) **carotenoid** n. 카로티노이드(동·식물에 함유된 황·적색 색소) **produce** n. 농산물, 수확물 v. 생산하다 **lycopene** n. 리코펜 (이소프레노이드 계열에 속하는 유기 화합물. 토마토·들장미의 열매와 그 밖의 각종 과일이 적색을 띠게 하는 원인물질) **carotene** n. 카로틴 (당근 등에 들어 있는 적황색의 탄수화물) **squash** n. 호박 **green leafy vegetables** 녹색 잎이 무성한 채소 **contain** v. ~을 포함하다, 수용하다, 함유하다 **beta carotene** 베타 카로틴 (체내에서 비타민 A로 전환됨) **antioxidant** n. 산화방지제 **anthocyanin** n. 안토시아닌, 화청소(花靑素)(꽃에 빨강에서 파랑까지의 색을 주는 수용성 색소의 총칭) **purple** n. 자주색(의) **be filled with** ~으로 가득 차다(=be full of) **mix up** 잘 섞다, 혼란시키다, 오인하다 **make sure** (~에 대해서) 확인하다, 다짐하다 **health benefit** 건강에 좋은 점 **tasty** a. 맛있는 **low-fat** a. 저지방의 **supplement** n. 추가, 보충

1   Due to the vast amounts of currency handled in a casino, security is a top priority. Casino security
_____________________ to prevent both patrons and staff from committing crimes. Security starts
on the floor of the casino. Dealers watch players for blatant cheating like switching dice or marking
cards. Pit bosses walk around the floor looking for suspicious behavior including changing betting
patterns. Casinos also have elaborate surveillance systems known as "eye-in-the-sky." These
cameras often have enough clarity to read the time on a player's watch.

   (a) uses a team of behavior specialists
   (b) relies on attentive guards
   (c) consists of many levels
   (d) handles threats carefully

2   Hello Sophie,

I am writing to you today to _____________________________. We are starting a new initiative in
our Children's Daycare Program that you should know about. We are planning a "Meet and Greet"
with the volunteers and the moms where everyone can get to know each other. This is especially
important for the moms, so they can meet the individuals who will be taking care of their kids! The
event will happen on October 6 at 5:00 p.m. Please try your hardest to get here. I think this is a great
opportunity. Thank you.

From,
Alexandra

   (a) request your attendance at an upcoming event
   (b) inquire about a position in your company
   (c) express my appreciation for your help at a recent event
   (d) ask for a donation to a valuable community program

3   As car sales around the world go up, _____________________. But while manufacturers in the
West are concentrating on introducing electric cars, a different transportation change is taking place
in China. There, almost 120 million electric bicycles ply the roads, quickly gaining in popularity over
traditional bikes and motorcycles. So far, two types of electric bikes have emerged on the market.
The first is similar to a standard bicycle, but has an electric motor that riders can turn on and off when
needed. The second type has pedals but can travel entirely on battery power. Whatever the model,
electric bicycles will surely play an important role in addressing air pollution caused by automobiles.

   (a) there is concern about the environment
   (b) many believe it is a temporary trend
   (c) there is more interest in physical exercise
   (d) there is less road space available for bicyclists

4 Since the remains of Neanderthals were first discovered over 150 years ago in Belgium, scientists
_____________________. The recent discovery of three Neanderthal teeth in a cave in Poland may
provide some clues. The teeth were uncovered north of the Carpathian Mountains, together with
some flint tools and the bones of woolly mammoths and cave bears. Researchers hypothesize that
the placement of the teeth along with the tools could indicate some kind of burial site, which would
suggest a belief in the afterlife. Understanding how the Neanderthals treated their dead may be the
key to understanding how human-like they were.

    (a) have not been able to find tools they used
    (b) have debated their relationship to humans
    (c) have determined that they didn't bury their dead
    (d) have concentrated on collecting their teeth

5 Dear Ms. Jones,

Thank you for your recent contribution to the community arts center. We are deeply grateful for your
gift which will _____________________. Without donors like yourself, it would be impossible
to offer our low-cost and free music classes for elementary students. We hope that you will attend our
annual spring concert on April 30 where you will be able to hear for yourself our young musicians.
There will be thirty students, grades 2 through 6, performing on piano, violin, flute, and guitar. We
do hope you will attend. You can contact me at my office if you have any questions or if you'd like to
meet some of the students.

Best regards,
James Roberts
Director, Smithville Community Arts Center

    (a) help support our children's programs
    (b) provide money for building repairs
    (c) allow us to charge less for our art classes
    (d) increase attendance at our spring concert

6 When you buy direct from Sunshine Farms, you can be assured that you are getting the best locally
grown produce in the region. That's because we _____________________, which are developed
right on our farm. Our vegetables taste great because they grow naturally. Although our prices may
be slightly higher than what you pay in the supermarket, isn't the health of your family worth it? Come
visit the farm today, and pick your own tomatoes and eggplants. Also come try our latest endeavor:
100% pure organic honey. Put a little Sunshine on your table today!

    (a) use only organic, environmentally friendly fertilizers
    (b) purchase all of our seeds from local distributors
    (c) encourage the use of chemical pesticides
    (d) emphasize using competitive business practice

7   Dr. Richard Ferber is the mastermind behind a ________________________. The ferberizing method
    involves waiting a certain amount of time before going in the nursery to comfort a crying baby. The
    parents wait increasing intervals each night before entering the room, and once they do enter, they
    only verbally comfort the baby instead of picking them up. The method is supposed to train children to
    soothe themselves so they are less dependent on their parents, which will hopefully allow the parents
    to get more sleep. However, experts question whether the experience could damage a baby's sense
    of security in the world. In addition, the experience can be traumatizing for the parents.

    (a) a specially formulated medicine for babies
    (b) unique disciplinary method for children
    (c) controversial parenting technique
    (d) program to help parents cutout naptime

8   Allergies are a nuisance that many people have to endure. Despite improved medical care, it appears
    that allergies are on the rise. The causes are many, but some doctors ________________________.
    A fixation with germs, in part driven by advertisements for cleaning products, could be the problem.
    Mothers today often want to protect their children from all grime. Yet babies and young children
    develop a resistance to allergies by being exposed to dirt and minor infections. Without germs to
    battle against early in life, T- helper cells, which are crucial to building a strong immune system, are
    not activated. As a result, children don't develop the antibodies that prevent later allergic reactions.

    (a) are against treating childhood allergies
    (b) want more effective hygiene practices
    (c) are now convinced that people are too clean
    (d) want allergy testing to start at younger age

Make-up Vocabulary

Choose the best answer for the blank.

[1~6]

impossible	attendance	pollution	burial	surveillance	contribution

1 Casinos also have elaborate _________________ systems known as "eye-in-the-sky." These cameras often have enough clarity to read the time on a player's watch.

2 I am writing to you today to request your _________________ at an upcoming event. We are starting a new initiative in our Children's Daycare Program that you should know about. We are planning a "Meet and Greet" with the volunteers and the moms where everyone can get to know each other.

3 Whatever the model, electric bicycles will surely play an important role in addressing air __________ caused by automobiles.

4 Researchers hypothesize that the placement of the teeth along with the tools could indicate some kind of _________________ site, which would suggest a belief in the afterlife. Understanding how the Neanderthals treated their dead may be the key to understanding how human-like they were.

5 Thank you for your recent _________________ to the community arts center. We are deeply grateful for your gift which will help support our children's programs.

6 Without donors like yourself, it would be _________________ to offer our low-cost and free music classes for elementary students.

[7~12]

contact	resistance	dependent on	worth	question	prevent

7 Our vegetables taste great because they grow naturally. Although our prices may be slightly higher than what you pay in the supermarket, isn't the health of your family _________________ it? Come visit the farm today, and pick your own tomatoes and eggplants.

8 The parents wait increasing intervals each night before entering the room, and once they do enter, they only verbally comfort the baby instead of picking them up. The method is supposed to train children to soothe themselves so they are less _________________ their parents, which will hopefully allow the parents to get more sleep.

9 Mothers today often want to protect their children from all grime. Yet babies and young children develop a ________________ to allergies by being exposed to dirt and minor infections.

10 Due to the vast amounts of currency handled in a casino, security is a top priority. Casino security consists of many levels to ________________ both patrons and staff from committing crimes.

11 However, experts ________________ whether the experience could damage a baby's sense of security in the world. In addition, the experience can be traumatizing for the parents.

12 You can ________________ me at my office if you have any questions or if you'd like to meet some of the students.

Vocabulary list

- ☐ **address** v. 제기하다, 제출하다
- ☐ **allergy** n. 알레르기
- ☐ **antibody** n. 항체
- ☐ **assure** v. 장담하다, 확언하다
- ☐ **attentive** a. 주의를 기울이는
- ☐ **be on the rise** 오름세에 있다, 대두되고 있다
- ☐ **be supposed to do** ~하기로 되어 있다
- ☐ **blatant** a. 나쁜 행동이 노골적인, 뻔한
- ☐ **burial** n. 매장, 토장(土葬)
- ☐ **clarity** n. 투명도, 명료성
- ☐ **competitive** a. 경쟁적인
- ☐ **day care program** 보육 프로그램
- ☐ **elaborate** a. 정교한, 공을 들인
- ☐ **endeavor** n. 노력, 시도
- ☐ **eye-in-the-sky** 공중 전자 감시장치
- ☐ **fertilizer** n. 비료
- ☐ **fixation** n. (~에 대한) 집착
- ☐ **flint** n. 부싯돌
- ☐ **formulated** a. 배합된, 만들어진
- ☐ **germ** n. 세균, 미생물
- ☐ **grime** n. 때, 더러움
- ☐ **hopefully** adv. 바라건대

- ☐ **hygiene** n. 위생
- ☐ **infection** n. 감염, 전염병
- ☐ **initiative** n. 계획
- ☐ **mammoth** n. 맘모스(거대 코끼리)
- ☐ **mastermind** n. 지휘[조종]하는 사람
- ☐ **Neanderthal** n. 네안데르탈 인
- ☐ **nuisance** n. 성가신 사람(것/일), 골칫
- ☐ **nursery** n. 아기 방
- ☐ **organic** a. 유기농의
- ☐ **patron** n. (특정 상점, 식당 등의) 고객
- ☐ **pesticide** n. 구충제, 살충제
- ☐ **ply** v. (정기적으로) 다니다
- ☐ **pollution** n. 오염
- ☐ **remains** n. 유해, 유골;잔해
- ☐ **surveillance** n. 감시
- ☐ **suspicious** a. 의심스러운, 수상쩍은
- ☐ **take care of** ~을 돌보다, 뒷바라지하다
- ☐ **temporary** a. 일시적인, 임시의
- ☐ **traumatize** v. 정신적 외상을 초래하다
- ☐ **verbally** adv. 말로, 구두로
- ☐ **vast** a. (범위, 크기, 양 등이) 방대한, 막대한

Unit 02

빈칸위치 중간

지문 중반부에 빈칸이 위치한 경우는 반드시 주제와 관련 있는 선택지가 정답이 되는 것은 아니다. 따라서 빈칸 주위의 문맥을 살펴서 문장의 가장 논리적인 흐름을 완성하는 선택지를 정답으로 고르도록 하자.

01 역접어 뒤에 빈칸이 이어지는 경우는 주제문을 완성하는 문제이다.

빈칸위치가 중간인 유형은 글의 구조를 묻는 것이므로, 주제문의 핵심 어구가 빈칸에 해당하는 경우가 많다. 지문의 도입부에서 빈칸까지의 내용과 상반되는 내용의 선택지를 고르면 정답일 확률이 높다.

02 주제문 이후에 빈칸이 등장한 경우는 주제문을 보충하는 내용이 정답이다.

주제문이 주어진 다음 그 주제문을 지지할 만한 문장에 빈칸을 만들어 정답을 묻는 유형이다. 일단 등장한 주제문에 나왔던 어구들과 관련 있는 어휘들이 선택지에 정답으로 등장하는 경우가 많으므로 이에 유의하여 정답을 고른다.

03 글의 논리적 흐름을 완성하는 유형은 빈칸 주위를 잘 살핀다.

빈칸이 지문 중간에 위치한 유형의 경우 글의 흐름을 완성하는 문제가 대부분이므로 빈칸을 기준으로 앞뒤로 이어지는 문장에 대부분의 정답이 되는 단서가 있다. 결국 이 단서들을 얼마나 잘 찾아낼 수 있는지가 정답을 찾아내는 능력이다. 단서들을 놓치지 않기 위해서는 문법을 통해 철저히 다진 문장 구조 지식과 어휘력이 관건이 된다. 더불어 빈칸의 앞뒤 문장의 관계가 인과, 역접, 대조, 순접인지를 빠르게 파악하여 정답을 고르는 훈련이 필요하다.

The TOP in TEPS Example

If you can grab more than an inch of fat when you pinch your waist or arm, then you need to do something about your weight. For most people overeating is a fixed response to a situation — anger, stress, boredom, or the stimulus created by the sight or smell of food. Recognizing the situations to which ______________ is necessary to break the cycle. For example, if you realize your greatest weakness for food occurs when you are angry, you can take the first important step towards changing that fixed response. Let the anger out in a physically active way and try to avoid food.

    (a) you deny by ignoring
    (b) you respond by eating
    (c) you react by dieting
    (d) you retort with violence

[Translation]

만약 당신이 허리나 팔을 잡았을 때, 군살을 1인치 이상 잡을 수 있다면 당신은 체중을 위해 무엇인가 할 필요가 있다. 대부분의 사람들에게 과식은 분노, 스트레스, 지루함 혹은 음식을 보거나 냄새를 맡는 데서 오는 자극과 같은 어떠한 상황에 대한 고정적인 반응이다. 당신이 <u>**먹음으로써 반응하는**</u> 상황을 인식하는 것은 이러한 주기를 깨기 위해서 필요하다. 예를 들어, 당신의 음식에 대한 가장 큰 약점이 당신이 화가 났을 때 발생한다는 것을 인식한다면, 고정된 반응을 바꾸는데 가장 중요한 첫 번째 발걸음을 내디딜 수 있다. 육체적으로 적극적인 방법으로 화를 분출하고 음식을 피하려고 시도해 보라.

    (a) 무시함으로 부인하는
    (b) 먹음으로써 반응하는
    (c) 식이요법으로 반응하는
    (d) 폭력으로 되받아 치는

[Joseph's Solution]

빈칸이 중간에 위치한 유형으로 빈칸 뒤에 구체적인 예가 등장하고 있으므로, 이를 요약한 내용이 빈칸에 들어가는 것이 적절하다. 과식을 하게 될 수밖에 없는 상황을 정확히 인식해야 과식을 피할 수 있는 첫 번째 조치를 취할 수 있다고 했다. 따라서 빈칸은 'realize your greatest weakness for food occurs when you are hungry'와 의미가 가장 자연스럽게 연결되는 내용의 (b)가 들어가야 한다.

[Vocabulary]

grab v. 움켜쥐다, 부여잡다 **fat** n. 지방, 비만, 군살 **pinch** v. (신체 한 부분을) 꼬집다, 잡다, 죄다 **fixed** a. 고정된, 일정한, 확고한 **response to** ~에 대한 반응 **boredom** n. 지루함, 지루한 일 **stimulus** n. 자극, 격려 (복수형은 stimuli) **recognize** v. 인정하다, 인지하다 **take steps** 조치를 취하다, 방법을 강구하다 **overeating** n. 과식 **physically** adv. 육체적으로 **by -ing** ~함으로써 **react** v. (자극, 반응 등에) 대응하다, 반응하다 **retort** v. 복수하다, 되받아 치다

Practice Test

1   Most students know that the act of reviewing is vital for committing new information to memory. The first review, however, should not occur on the day the student learns the material. Instead, the optimal time is 3 to 7 days after the first exposure and even longer for the next review. Students should aim to review the material right before it fades from memory. The learning technique of ________________________________ incorporates increasing time intervals between subsequent reviews. This strategy maximizes long-term memory while minimizing the amount of review time.

    (a) early review
    (b) spaced repetition
    (c) frequent reiteration
    (d) maximum exposure

2   People spend countless hours and large sums of money trying to break their bad habits, but many do not achieve success. While there is no magic cure, two key steps are examining the behavior and ________________________________. Since bad habits are often done unconsciously, you must first examine why you have the habit. Regardless of the negative outcome, bad habits provide a payoff like easing anxiety. After determining the payoff, examine the trade off, and then make your choice. Are constant raw, painful cuticles worth a minute of distraction? Finally, substitute a new, positive behavior that makes you feel good about your choice.

    (a) eliminating the temptation
    (b) condemning your negative actions
    (c) determining the reasons behind it
    (d) regaining the ability to make choices

3   Ferdinand Magellan is a famous explorer known for becoming the first European to lead an expedition around the globe. However, Magellan died before completing the entire voyage. In the spring of 1521, Magellan and his troops left Spain and landed at Homonhon Island, becoming the first Spaniards to arrive in the Philippines. Magellan befriended the tribal chief of Cebu, who ordered the other chiefs to provide food supplies for the ships; the Lapu-Lapu chief ________________________________. As a result, Magellan's men and the Lapu-Lapu tribe went to war. During the resulting Battle of Mactan, Magellan was surrounded and killed.

    (a) refused to accept the command
    (b) welcomed them with open arms
    (c) did not notice the newcomers
    (d) expected them to help his tribe

4 Vaccines are the world's most cost-effective public health measure. The expense of producing and administering common vaccines is very small in proportion to the lives they save. Almost 80 percent of children in the world are immunized against the major childhood diseases, like measles and polio. But with rapidly increasing birthrates and obstacles like natural disasters and wars in developing nations, health workers are constantly struggling to ensure that vaccination programs ______________________________. The development of new vaccines against rotavirus and pneumococcal disease, which are major killers of malnourished children, is also important if medical workers are to save children affected by these diseases. A worldwide effort to ensure universal vaccination will help save the lives of millions of children.

   (a) are affordable for those in poor countries
   (b) reach the majority of children everywhere
   (c) are created in areas affected by war
   (d) are consistent with public health goals

5 Dear Faculty,
   Please be advised that next week's staff meeting will start at 4:00 p.m. The focus of the meeting will be end-of-year activities, including our commencement ceremony and drama production. We need ten teachers to ______________________________. Responsibilities will include directing team members, organizing schedules, arranging for any necessary purchases, handling mailings and publicity, and writing final reports for the senior management team. Team directors will not receive extra financial compensation, but will be given two additional vacation days. Bring any questions, as well as suggestions, to the meeting. You may also talk to me in advance if you have any concerns.

   Sincerely,
   Lawrence Katz
   Principal

   (a) create new student programs
   (b) schedule activities for next year
   (c) lead committees for final events
   (d) organize final staff meetings

6   Dear Friend of the Library,
In response to numerous requests from library patrons, we would like to inform you of our new summer schedule. Beginning on June 1, the library will remain open until 7:00 p.m. on Fridays and Saturdays. The additional two hours on these days will give families participating in our summer Read for Fun program _____________________________. As Friday and Saturday are our busiest days, we also hope the extended hours will alleviate long lines at the checkout counter. Be sure to check the library website for the latest schedule of Read for Fun program activities for children as well as readings and book groups for adults. See you at the library!

Joann Schwartz, Director
Walhalla Central Library

   (a) a better choice of books
   (b) a way to occupy their children
   (c) a reason to use the library
   (d) more time to select books

7   Do you suffer the agony of itchy, dry skin every winter? Have you tried product after product without success? Then it is time that you tried Farmer Smith's Herbal Cream. Hundreds of customers who have tried it rave about its ____________________. Farmer Smith's range of skin products includes both a concentrated and regular version of the Herbal Cream as well as Foot Cream and Eye Balm. We guarantee all our products and will give you a full refund if your skin doesn't feel and look softer and smoother within two weeks. Look for our products in your local specialty shop, or visit us online at www.farmersmith.com.

   (a) packaging and price
   (b) availability in stores
   (c) unusual odor and texture
   (d) soothing effects and instant relief

8   Today, the state government announced sweeping campaign finance reform. The legislation
    includes the creation of an independent, investigative body that will oversee ethics. Additionally, this
    body will provide greater enforcement of campaign finance laws. With the passing of the bill, the
    governor's office announced that it must always ___________________________. A spokesperson
    for the governor stated that public officials must be held accountable and that for years, the state's
    constituents have viewed the capitol as a place lacking in transparency. It is hoped that the reforms
    will rebuild the public's trust. The new bill will go into effect on July 1.

> (a) control financial measures
> (b) strive to serve its citizens
> (c) oversee the creation of new laws
> (d) promote political reform

9   Over the past ten years, the Internet has revolutionized how we communicate and exchange
    information, from journalism to banking. Yet the most common reason people use the Internet today
    is ___________________________. With the development of new technology, people who love to
    play online games can now compete with other players all over the world. These games, which allow
    thousands of people to play simultaneously, competing individually or as part of a team, usually
    revolve around a fantasy world where players must complete a variety of tasks to gain points. The
    endless creative possibilities and competitive nature of Internet games often cause people to spend
    hours a day online.

> (a) for social and recreational purposes
> (b) to search for alternative pastimes
> (c) to develop their own Internet games
> (d) for accessing their personal bank accounts

Make-up Vocabulary

Choose the best answer for the blank.

[1~6]

alleviate	compensation	expedition	immunized	negative	maximizes

1   Students should aim to review the material right before it fades from memory. The learning technique of spaced repetition incorporates increasing time intervals between subsequent reviews. This strategy _______________ long-term memory while minimizing the amount of review time.

2   Since bad habits are often done unconsciously, you must first examine why you have the habit. Regardless of the _______________ outcome, bad habits provide a payoff like easing anxiety.

3   Ferdinand Magellan is a famous explorer known for becoming the first European to lead an _______________ around the globe. However, Magellan died before completing the entire voyage.

4   Almost 80 percent of children in the world are ___________ against the major childhood diseases, like measles and polio. But with rapidly increasing birthrates and obstacles like natural disasters and wars in developing nations, health workers are constantly struggling to ensure that vaccination programs reach the majority of children everywhere.

5   Team directors will not receive extra financial _______________, but will be given two additional vacation days. Bring any questions, as well as suggestions, to the meeting. You may also talk to me in advance if you have any concerns.

6   As Friday and Saturday are our busiest days, we also hope the extended hours will _______________ long lines at the checkout counter.

[7~12]

guarantee	surrounded	competitive	vital	announced	success

7   Farmer Smith's range of skin products includes both a concentrated and regular version of the Herbal Cream as well as Foot Cream and Eye Balm. We _______________ all our products and will give you a full refund if your skin doesn't feel and look softer and smoother within two weeks.

8   Most students know that the act of reviewing is _______________ for committing new information to memory.

Make-up Vocabulary

9 People spend countless hours and large sums of money trying to break their bad habits, but many do not achieve ______________.

10 As a result, Magellan's men and the Lapu-Lapu tribe went to war. During the resulting Battle of Mactan, Magellan was ______________ and killed.

11 Today, the state government ______________ sweeping campaign finance reform. The legislation includes the creation of an independent, investigative body that will oversee ethics.

12 The endless creative possibilities and ______________ nature of Internet games often cause people to spend hours a day online.

Vocabulary list

☐ **accountable** a. (해명할) 책임이 있는

☐ **administer** v. (약 등을) 투여하다, (처치 등을) 집행하다

☐ **affordable** a. 줄 수 있는, 입수 가능한

☐ **agony** n. 극도의 (육체적, 정신적) 고통

☐ **aim to do** ~할 작정이다, 하려고 노력하다

☐ **alleviate** v. 덜다, 완화하다

☐ **anxiety** n. 불안(감), 염려

☐ **arrange for** 준비하다, 계획을 짜다

☐ **banking** n. 은행업무

☐ **be advised** 숙지하다

☐ **be consistent with** ~와 일치하다, 일관되다

☐ **befriend** v. 친구가 되어 주다

☐ **campaign finance reform** 선거자금 개혁

☐ **capitol** n. 주 의회 의사당

☐ **checkout counter** 대출대

☐ **commencement ceremony** 학위 수여식, 졸업식

☐ **commit (sth) to memory** ~을 마음에 새기다, 기억하다

☐ **concentrated** a. 농축된

☐ **condemn** v. 규탄[비난]하다

☐ **constituent** n. 주민[유권자]

☐ **cost-effective** a. 비용 효율[효과]이 높은

☐ **course of (sth)** ~의 추이, 전개

☐ **cuticle** n. 단단한 피부층, 소피

☐ **determine** v. 알아내다, 밝히다, 확정[결정]하다

☐ **developing nation** 개발도상국

☐ **distraction** n. 집중을 방해하는 것, 기분전환, 오락 (활동)

☐ **ease** v. (고통, 불편 등이[을]) 덜해지다[덜어 주다]

☐ **eliminate** v. 없애다, 제거[삭제]하다

☐ **enforcement** n. (법률의) 시행, 집행

☐ **expedition** n. 탐험[원정]대

☐ **faculty** n. (대학의 한 학부의) 교수단, (대학-고교의) 교직원

☐ **financial compensation** 금전(재정)적 보상금

☐ **food supplies** 비상 식량

☐ **go into effect** 시행[발효]되다

☐ **in proportion to[as]** ~에 비례하여

☐ **investigative** a. 조사[수사]의

☐ **itchy** a. 가려운, 가렵게 하는

☐ **legislation** n. 제정법, 법률의 제정

☐ **long-term memory** [심리] 장기기억

☐ **malnourished** a. 영양 불량[실조]의

☐ **management** n. (사업체, 조직의) 경영[운영/관리]진

☐ **measles** n. 홍역

☐ **oversee** v. (활동이 제대로 이뤄지는지) 감독하다

☐ **patron** n. 후원자, 지지자

☐ **payoff** n. 지불(일), 결정적 사실[요소]

☐ **pneumococcal** a. 폐렴 쌍구균의

- [ ] **polio** n. (척수성) 소아마비
- [ ] **public health measure** 공중 보건법[조치]
- [ ] **public official** 공무원
- [ ] **publicity** n. 홍보[광고](업)
- [ ] **rave** v. 열변을 토하다, 격찬[극찬]하다
- [ ] **raw** a. 다듬어지지 않은, 피부가 벗겨져[까져서] 쓰라린
- [ ] **reading** n. 읽기, 낭독
- [ ] **regardless of** ~에 상관없이[구애받지 않고]
- [ ] **reiteration** n. (특히 강조하기 위한) 반복, 되풀이
- [ ] **revolutionize** v. 대변혁[혁신]을 일으키다
- [ ] **revolve around** ~중심 제목으로 삼다, 초점을 맞추다
- [ ] **rotavirus** n. 로터바이러스
- [ ] **simultaneously** adv. 동시에, 일제히
- [ ] **space** v. (사물들 사이에 일정한) 간격을 두다
- [ ] **spaced repetition** 간격 효과, [심리] 시간적 간격을 둔 반복 학습법
- [ ] **subsequent** a. (시간적으로) 뒤의, 그 이후의
- [ ] **substitute** v. 대신하다, 대치[교체]되다, 대용하다
- [ ] **transparency** n. 투명도[투명성]
- [ ] **tribal chief** 부족[종족]의 장
- [ ] **unconsciously** adv. 무의식적으로, 무심결에
- [ ] **universal vaccination** 일괄 접종
- [ ] **voyage** n. 여행, 항해
- [ ] **welcome sb with open arms** ~를 대환영하다

Unit 03

빈칸위치 하단

빈칸이 하단에 위치한 유형의 문제는 일단 지문 전체를 모두 읽고 난 후에 정답에 접근할 수 있다. 따라서 시간이 가장 많이 소요되는 문제 유형이기 때문에, 다른 빈칸 유형보다 배점이 높다고 볼 수 있다.

01 글 전체의 결론을 요약할 수 있는 선택지를 고른다.

세부적인 내용의 선택지가 정답이 되는 경우도 가끔 있으므로 주의해야 하지만, 세부적인 내용보다는 글 전체의 내용을 파악해야 정답을 고를 수 있는 유형이 대부분이므로 글의 결론에 해당되는 내용이 정답이 될 확률이 높다.

02 역접 어구에 주의한다.

빈칸이 하단에 위치하더라도 빈칸 앞부분에 역접 어구가 등장하면 전체 글의 내용과 정반대의 선택지가 정답이 되는 경우가 많다. 따라서 항상 역접 어구에 주의한다.

03 문단 첫머리의 주제문을 재진술하는 선택지를 고른다.

빈칸이 하단에 나오는 유형의 상당수는 지문의 첫 부분에 등장한 주제문을 다시 한번 재진술하는 경우가 많다. 따라서 이 경우에 지문 중간에 있는 부연 설명에 너무 신경 쓰지 말고 첫 문장의 내용과 관련성이 큰 어구를 나타내는 선택지를 정답으로 고를 수 있어야 한다.

The TOP in TEPS Example

A great way to avoid high winter heating bills is to spread that cost over the rest of the year with balanced billing. Most of your gas costs for the entire year often come in just two or three heating season bills. Balanced billing helps you avoid this by providing a monthly payment similar to a mortgage payment. You will still pay for the exact amount of gas you use, but you'll be able to _______________________________.

(a) lower the cost of heating bills
(b) use less gas during the cold season
(c) budget for the cost more effectively
(d) avoid paying for heat in the summertime

[Translation]

겨울철 높은 난방비 청구서를 피할 수 있는 좋은 방법은 그 비용을 나머지 기간 동안의 난방비용과 균형에 맞게 배분하는 것이다. 대부분의 일년의 가스요금은 종종 난방을 하는 두세 달의 청구서에 나온다. 균등 분할 청구는 융자 상환금과 비슷한 월 청구금액을 제공함으로써 당신이 이것을(높은 난방비를 지불하는 것) 피하도록 도와준다. 당신은 여전히 당신이 사용한 정확한 가스의 양에 대한 요금을 내지만, __비용에 대한 예산을 보다 효과적으로 책정할__ 수 있다.

> (a) 난방 청구서의 비용을 낮출
> (b) 추운 계절 동안 가스를 덜 사용할
> **(c) 비용에 대한 예산을 보다 효과적으로 책정할**
> (d) 여름기간 동안의 난방에 대한 지불을 피할

[Joseph's Solution]

빈칸이 하단에 위치한 문제 유형이며, 빈칸은 지문 전체의 내용의 결론 부분에 해당된다. 겨울 2-3개월 동안 가스비가 부담이 되므로 분할 납입을 권하고 있다. 균등 분할납입을 통해서 얻을 수 있는 효과는 예산을 보다 효과적으로 책정할 수 있다는 점일 것이다. 따라서 (c)가 빈칸에 가장 적절하다.

[Vocabulary]

balanced billing 가스비, 난방비와 같이 계절과 날씨에 영향을 크게 받는 공공 요금에 대하여 1년 동안의 사용분을 12달로 나누어 지불하는 방법. 결국 매달 사용한 만큼 요금을 지불하는 방법과 지불액은 같으나 겨울철에 높은 난방비 지출에 대한 부담을 줄일 수 있다. **avoid** v. ~을 피하다 **bill** n. 청구서 **spread** v. (일, 돈 등을) 분배하다, 분담하다 **cost** n. 비용 **the rest (of)** (~의) 나머지, 잔여 **balanced** a. 균형 잡힌, 안정된 **entire** a. 전체의 **help A + 동사원형** A가 ~하도록 도와주다 **monthly** a. 매달의, 한 달에 한 번의 **payment** n. 지불 금액, 상환금액 **similar to** ~와 유사한, 비슷한 **mortgage** n. 융자 **pay for** ~에 대한 대금을 지불하다 **budget** v. 예산을 세우다 **effectively** adv. 효과적으로, 효율적으로 **lower** v. 낮추다, 떨어뜨리다

1   Toy manufacturers are always coming up with innovative ideas hoping to introduce the next big trend. One of the latest toy crazes is Webkinz, stuffed animals that come with a code that allows access to the "Webkinz World" website. The code allows the user to own a virtual version of their stuffed animal for online play. Webkinz targets a generation that grew up using computers and is comfortable in online environments. Though previous toys have used technology, no other toy has combined the online experience with a cuddly stuffed animal the child can play with. Webkinz started a trend in children's products that _______________________________.

   (a) tie virtual environments to real-world merchandise
   (b) ignore their growing computer knowledge
   (c) allow users to create virtual copies of their toys
   (d) provide kids toys that have worked for generations

2   Over the course of history, civilizations fall — some leaving behind a wealth of information about the past and others disappearing forever without a trace. The ancient Italian city of Pompeii was lost to history for over 1,500 years until its accidental rediscovery in 1748. The city of Pompeii thrived until 79 CE when the volcano Mount Vesuvius erupted. The entire city, including 20,000 residents, was covered in 60 feet of ash and pumice. The volcanic debris preserved people and artifacts in the exact positions they were in at the time of the eruption. Today, tourists can walk amongst the preserved ancient city and gain valuable insight into _______________________________.

   (a) daily life in an ancient civilization
   (b) the conditions that caused the eruption
   (c) the effect of volcanoes on cities
   (d) the transformation of a forgotten city

3   When creativity fails and writer's block hits, take inspiration from the ancient Greeks and try to summon a muse. According to Greek mythology, a group of nine goddesses, known as muses, controlled inspiration for all artistic forms. One myth says that a boastful man named Thamyris claimed he could sing better than all the muses. After losing the competition, the muses punished Thamyris for his insolence by removing his ability to see and to sing. Since then, the muses have figuratively blinded writers who are trying too hard to create on their own. Writers stay this way until they give up their mental efforts and relinquish control back to the muse. Thamyris' story not only warns of the dangers of being arrogant, but also _______________________________.

   (a) refutes the idea of independent thinking
   (b) offers a solution for writer's block
   (c) aids in creating literary works
   (d) provides a new source of inspiration

4 Discovered in Egypt in 1799, the Rosetta Stone was influential in the modern understanding of Egyptian hieroglyphic writing. The ancient Egyptian stone had three types of writing, which were discovered to be three translations of a single passage. One was written in classical Greek and the other two were written in Egyptian scripts: hieroglyphic and demotic. Scholars translated the Greek, which helped them decipher the demotic; this ultimately led to the translation of the hitherto unknown hieroglyphics. The text was a decree repealing various taxes for the temple priests. The term "Rosetta Stone" is now used to describe any bilingual text that has helped _______________________________.

    (a) reveal a hidden society
    (b) create a new language
    (c) destroy ancient artifacts
    (d) decipher an unknown language

5 Now, I'll try just about anything, but growing up I drove my mother crazy because I was a picky eater. Every night she would make a nice dinner, and I would insist on a peanut butter sandwich. The food I hated most of all was spinach, and I wouldn't try anything that had spinach in it. One night, my family went out to a Greek restaurant. I couldn't understand the menu, but I ordered a dish called spanakopita, which the waiter recommended. When it came, it was a flaky pastry with a delicious filling. I ate the entire dish only to discover later that the filling was primarily made of spinach! From then on, I learned to _______________________________.

    (a) be cautious about what I ate
    (b) read the menu more carefully
    (c) be adventurous in my food choices
    (d) ignore the waiter's suggestions

6 In the early 18th century, the landscape park became a popular type of garden in Great Britain and quickly replaced the more geometric French style, which had dominated western Europe in the 17th century. The typical English garden was less formal and often inspired by the work of contemporary landscape painters who presented a romantic ideal of nature. This new natural style was also easier to maintain than the French garden because it required less labor. The English garden _______________________________ and spread throughout Europe in the 19th century.

    (a) was unsuccessful at making a lasting impact on garden design
    (b) greatly influenced the design of public parks and gardens
    (c) appeared in many later works by landscape painters
    (d) became more popular as it took on geometric characteristics

7 The 19th century German philosopher Friedrich Nietzsche questioned the customs of his time and considered it misguided to focus on anything not grounded in reality. He even debated the purpose of logic, a reasoning method that uses facts and truth to form the basis for arguments. But according to Nietzsche, even truth was impossible to prove. Although he believed that logic could be a useful tool for human survival, he felt that absolute truth did not exist since the world could only be interpreted from a certain position at a certain point in time. Therefore, logic itself was_______________________
_______________________.

    (a) useful for in-depth philosophical discussions
    (b) based on assumptions that constantly changed
    (c) not understood by the general public
    (d) a reflection of universal reality and facts

8 The American Transcendentalist movement that emerged in the early 19th century had a profound impact on literature, religion, culture, and philosophy in the U.S. The Transcendentalists were frustrated with many social issues, particularly religious and educational ones. The movement eventually came to include a belief in a type of spiritualism that "transcended" the physical and which must be developed through intuition, rather than logic or reasoning. The aims of the Transcendentalists varied as some saw the movement as exclusively focused on the individual and others saw it as an agent to bring about social change. The movement dwindled by the mid-19th century as _______________________.

    (a) Americans developed more exciting spiritual movements
    (b) science replaced intuition as a dominant force in American society
    (c) its participants were never united by a cohesive philosophy
    (d) harsh criticism of the Transcendentalists ended their activities

9 Migraine headaches afflict millions of people and are notoriously difficult to treat. Those who suffer from these disabling headaches frequently try a dozen or more medications before finding something that works. The reason migraines are so hard to cure is that they are genetic, and there is no universally effective therapy. One thing is clear: early diagnosis is essential. Medical data indicates that if migraines go untreated, they can lower the threshold for pain and thus make a person even more vulnerable to suffering. On the other hand, migraine sufferers who take painkillers several times a week, month after month, can experience headaches that result from over-medication. _______________________ is the key to helping patients reduce or eliminate their headaches.

    (a) Experimenting with many types of medications
    (b) Receiving proper individualized treatment early
    (c) Determining the sufferer's genetic history
    (d) Discovering a universal therapy for migraines

10 Genes are the building blocks that make us who we are. Scientists are just beginning to understand the role genes play in a variety of inherited diseases. New technology that screens for the risk of passing on rare illnesses could soon become widespread. Although some genetic testing for prospective parents is carried out now, it is limited to certain groups of people predisposed to particular hereditary conditions and tends to be very expensive. The new tests will analyze DNA from saliva samples and cost around $500. But critics argue that these tests only screen for a hundred diseases when there are thousands of genetically based health conditions. _____________________ to uncover the origins of every disease.

    (a) DNA and genes that affect hereditary conditions change too frequently
    (b) There are too many people interested in getting the new tests immediately
    (c) The complexity of genes and DNA is currently not understood well enough
    (d) It is likely that genetic tests for rarer diseases will not be necessary

11 Inventors have created an underwater robot that moves like a fish. After using video and computer programs to analyze typical swimming patterns, they duplicated the motion by creating a structure similar to a fish's skeleton, enclosed in a flexible skin. The purpose of this unusual invention is to help researchers better understand the effects that ships have on coastal erosion. The propellers of large boats play a significant role in environmental degradation in areas with heavy maritime traffic. Obviously, the motion of a fish does not have the same effect, so engineers are trying to find a practical way to apply the robot's motions to ship design. If applied to propellers, the undulating movements of the fish robot could _____________________________.

    (a) influence a change in ocean currents near the coast
    (b) reduce maritime traffic near animal populations
    (c) cause marine life to move away from the shore
    (d) protect coastlines and marine animal populations

Make-up Vocabulary

Choose the best answer for the blank.

[1~6]

removing	erupted	comfortable	insist	decipher	replaced

1   The code allows the user to own a virtual version of their stuffed animal for online play. Webkinz targets a generation that grew up using computers and is ______________ in online environments.

2   The city of Pompeii thrived until 79 CE when the volcano Mount Vesuvius ______________. The entire city, including 20,000 residents, was covered in 60 feet of ash and pumice.

3   One myth says that a boastful man named Thamyris claimed he could sing better than all the muses. After losing the competition, the muses punished Thamyris for his insolence by ______________ his ability to see and to sing.

4   Scholars translated the Greek, which helped them ______________ the demotic; this ultimately led to the translation of the hitherto unknown hieroglyphics.

5   Every night my mother would make a nice dinner, and I would ______________ on a peanut butter sandwich. The food I hated most of all was spinach, and I wouldn't try anything that had spinach in it.

6   In the early 18th century, the landscape park became a popular type of garden in Great Britain and quickly ______________ the more geometric French style, which had dominated western Europe in the 17th century.

[7~12]

apply	emerged	duplicated	understand	frequently	useful

7   Although he believed that logic could be a ______________ tool for human survival, he felt that absolute truth did not exist since the world could only be interpreted from a certain position at a certain point in time.

8   The American Transcendentalist movement that ______________ in the early 19th century had a profound impact on literature, religion, culture, and philosophy in the US.

9   Those who suffer from these disabling headaches ______________ try a dozen or more medications before finding something that works.

Make-up Vocabulary

10 Scientists are just beginning to _______________ the role genes play in a variety of inherited diseases. New technology that screens for the risk of passing on rare illnesses could soon become widespread.

11 Inventors have created an underwater robot that moves like a fish. After using video and computer programs to analyze typical swimming patterns, they _______________ the motion by creating a structure similar to a fish's skeleton, enclosed in a flexible skin.

12 Obviously, the motion of a fish does not have the same effect, so engineers are trying to find a practical way to _______________ the robot's motions to ship design.

Vocabulary list

- **afflict** v. 괴롭히다(=distress)
- **agent** n. 발동자, 행위자
- **allow (sb) to do** ~가 ~을 하도록 허용하다
- **allow access to** ~에 접속을 가능하게 하다
- **amongst(= among)** prep. ~에 둘러싸인, 가운데에
- **artifact** n. 인위 구조, 인공 산물
- **be lost to** ~에서 상실되다, 이미 ~의 수중에 없다
- **blind** v. 멀게 만들다, 시력을 앗아 가다
- **boastful** a. 뽐내는, 자랑하는
- **civilization** n. 문명 (사회)
- **coastal erosion** 해안 침식
- **code** n. 암호, 부호
- **combine A and/with B** (두 가지 이상의 자질, 특성 등을) 갖추다, 겸비하다, 결합하다
- **come up with (sth)** ~을 찾아내다, 내놓다
- **come with** ~이 딸려 있다
- **course of (sth)** ~의 추이, 전개
- **craze** n. (특히 일시적인) 대유행, 열풍
- **cuddly** a. 꼭 껴안고 싶은, (장난감이) 껴안을 수 있게 만든
- **debris** n. (무엇이 파괴된 후의) 잔해
- **decipher** v. 판독[해독]하다
- **decree** n. 법령, 칙령
- **degradation** n. 저하[악화](시키기)
- **disable** v. 장애를 입히다
- **dominant** a. 우세한, 지배적인
- **duplicate** v. 복사[복제]하다
- **dwindle** v. (점점) 줄어들다
- **erupt** v. (화산이) 분출하다
- **exclusively** adv. 독점적으로, 오로지
- **fall** v. 패하다, 함락[몰락]되다
- **figuratively** adv. 비유적으로, 상징적으로
- **filling** n. (파이 등 음식의) 소[속]
- **for generations** 몇 대에 걸쳐서
- **geometric** a. 기하학적 장식의
- **go untreated** 병을 그대로 내버려두다
- **hereditary** a. 유전적인
- **hieroglyphic** a. [신성] 문자, 상형 문자
- **hitherto** adv. 지금까지, 그때까지
- **in-depth** a. 철저하고 상세한, 면밀한
- **influential** a. 영향력 있는, 영향력이 큰
- **inherited disease** 유전성 질환
- **innovative** a. 획기적인, 혁신적인
- **insolence** n. 거만함, 오만
- **introduce** v. (모르던 것을) 내놓다, 도입하다
- **landscape park(= garden)** 조경 공원(정원)
- **lasting** a. 영속적인, 지속적인
- **leave behind** ~을 (뒤에) 두고 가다, 둔 채 잊고 가다
- **logic** n. [철학] 논리학

□ **merchandise** n. 상품, 제품

□ **migraine headache** 편두통

□ **misguided** a. 잘못 이해한(판단한)

□ **muse** n. 음악 및 다른 예술 분야를 관장하는 아홉 여신들 중의 하나

□ **mythology** n. 신화

□ **notoriously** adv. 악명 높게, 주지의 사실로서

□ **picky eater** 식성이 까다로운 사람

□ **predispose** v. 취약하게[잘 걸리게] 하다

□ **preserve** v. 보존(저장)하다

□ **profound** a. 엄청난(깊은)

□ **prospective** a. 장래의, 유망한, 곧 있을

□ **refute** v. 논박[반박]하다, 부인하다

□ **relinquish** v. (마지못해) 포기하다

□ **repeal** v. (법률을) 폐지하다

□ **saliva** n. 침, 타액

□ **screen sb for sth** 특정 질병이 있는지 검진하다

□ **script** n. 문자

□ **spiritualism** n. 강신론, 심령론

□ **summon** v. 호출하다, (오라고) 부르다

□ **take on** (특정한 특질 등을) 띠다

□ **threshold** n. [생리] 역치

□ **thrive** v. 번창하다, 잘 자라다

□ **tie (sb/sth) to (sth/sb)** ~을 ~와 결부시키다

□ **transcend** v. 초월하다

□ **transcendentalist** n. 선험론자, 초월[절]론자

□ **transformation** n. (완전한) 변화[탈바꿈], 변신

□ **ultimately** adv. 궁극적으로, 결국

□ **undulate** v. 파도 모양[기복]을 이루다

□ **unusual** a. 특이한, 흔치 않은

□ **virtual** a. (컴퓨터를 이용한) 가상의

□ **volcano** n. 화산

Unit 04

연결사 넣기 I

빈칸에 들어갈 수 있는 적절한 연결사를 고르는 문제는 TEPS 독해 파트 1의 마지막 부분인 15, 16번에 등장하는 유형이다. 글의 구조나 문장과 문장 간의 논리적 흐름을 파악하는 것이 관건이다.

글의 전체 구조와 흐름을 파악하며 읽는다.

빈칸 앞뒤의 전체적인 글의 흐름을 파악하고 역접, 인과, 부연 설명, 예시 등의 문단 구성 방식을 이해하며 지문을 읽는 연습을 해야 한다.

The TOP in TEPS Example

Many pre-made, instant hot cocoa mixes contain trans fats; a kind of fat linked to heart disease. To keep your intake of trans fats low, make your own hot cocoa mix with unsweetened cocoa powder. You can further reduce fat content by using skim milk or water. ___________________, remember that your sweetened beverage will still be fairly high in calories, so keep your portions small and make adjustments to your diet as necessary to keep your overall calorie count down.

(a) Furthermore
(b) Nevertheless
(c) However
(d) In fact

[Translation]

미리 만들어진 많은 인스턴트 핫 코코아 믹스들은 심장질환으로 연결되는 지방 중의 하나인 전이 지방을 함유하고 있다. 당신의 전이지방 섭취량을 낮게 유지하기 위해서는 무가당 처리된 코코아 분말을 이용하여 당신만의 핫 코코아 믹스를 만들어라. 탈지우유나 물을 이용함으로써 지방함유량을 좀 더 줄일 수 있다. <u>**그러나**</u> 가당 처리된 음료는 여전히 상당히 높은 칼로리이므로 당신의 칼로리 총계를 낮게 유지하려면 음식의 양을 줄이고 필요한 양 만큼으로 식단을 조절해라.

> (a) 더군다나
> (b) 그럼에도 불구하고
> **(c) 그러나**
> (d) 사실은

[Joseph's Solution]

빈칸 앞은 인스턴트 코코아 믹스들은 전이지방을 함유하고 있기 때문에 무가당 처리된 코코아 분말을 이용한 코코아 믹스를 섭취하라는 내용이다. 그러나 빈칸 뒤에서는 '가당 처리된 코코아'에 대한 내용이 언급되었으므로 역접의 관계이다. 따라서 이에 어울리는 적절한 연결사는 (c)However 이다.

[Vocabulary]

pre-made 미리 만들어 놓은 **instant** a. 인스턴트의, 즉석의 **mix** n. 혼합물, 즉석조리 식품 **trans fat** 전이지방 **linked to** ~와 연결된, ~로 이어지는 **heart disease** 심장병 **keep A 형용사/[p.p.]** A를 ~하게 유지하다 **intake** n. 섭취량 **unsweetened** a. 무가당 처리된, 달게 하지 않은 **content** n. 함유량 **skim milk** 탈지우유 **fairly** adv. 꽤, 상당히 **portion** n. 몫, 1인분 **make adjustments to** ~을 조절하다, 조정하다 **diet** n. 식단

Practice Test

1   Antarctica, the Earth's southernmost continent, is the coldest place on the planet. Amongst this land of ice lies Deception Island. This exceptional island is an active volcano off the Antarctic Peninsula. It has a horseshoe shape with an enclosed central lagoon where many marine animals live. In the same view, a visitor may see a seal, a penguin, a volcanic rock, and a glacier. Over 57% of the island is covered by permanent glaciers; __________________, water temperatures can reach 70 °C. The unique combination of steamed ice and frosted lava creates one of the world's most incredible landscapes.

    (a) nevertheless
    (b) similarly
    (c) in fact
    (d) as a result

2   Being popular is often a goal of students during their school years, and one that has many social benefits. ______________, a recent study found that students do not actually have to be popular to experience these benefits. Out of 164 research participants, the students who reported themselves as popular, but in reality were not, and the students who were actually popular experienced similar social benefits. Students who saw themselves as socially accepted and those who were indeed socially accepted acted significantly less hostile compared to students who viewed themselves as outsiders. Thus, a person's perception of popularity and true popularity have the same effects.

    (a) Initially
    (b) Obviously
    (c) Unfortunately
    (d) However

3   In the summer of 2009, the American government started a program to stimulate the economy. The Car Allowance Rebate System, commonly referred to as "cash for clunkers," offered $3,500 to $4,500 to people who traded in an old car for a new one with higher fuel efficiency. The program was created to increase vehicle sales in a failing American auto industry. __________________, government leaders hoped that it would put more energy efficient vehicles on the road. In the end, the money Congress had allotted ran out months earlier than it was supposed to and the program did not live up to its lofty aspirations.

    (a) Nevertheless
    (b) Furthermore
    (c) Consequently
    (d) Similarly

4   People generally feel they are in control of their facial expressions. They are capable of faking a smile when they are feeling sad or pretending to be angry to get an apology. ______________, in a situation where people have something to lose or gain, they display small, involuntary expressions that give away their true emotion. These brief facial expressions, known as micro expressions, show up when a person tries to conceal or repress an emotion. These expressions are almost impossible to fake, but they can occur as fast as 1/25 of a second and take a trained expert to read them.

   (a) First
   (b) Yet
   (c) Consequently
   (d) Additionally

5   Genetic engineering is a process of inserting new genetic information into existing cells. The purpose is to modify the organism's genes in order to alter its characteristics. The technological advancement presents many possible uses including engineering plants for insect resistance and modifying bacteria to produce hormones. While genetic modification can be advantageous, it also has disadvantages. __________________, the science brings up potential ethical issues such as man's right to interfere with natural selection.

   (a) In fact
   (b) Regardless
   (c) On the other hand
   (d) Otherwise

6   Since the beginning of art historical study, there have been innovative artistic movements that have upset the status quo. The 20th century was no exception to this pattern. After the popularity of the impressionists' landscapes in the 1800s, cubism shocked the world in the early 1900s with paintings of objects re-assembled in abstract form. ________________, surrealism created controversy by presenting unexpected juxtapositions and showcasing images of the unconscious mind. Then in the 1960s, pop art, artistic renderings of average consumer products, made people reconsider their definitions of high and low art. These examples demonstrate that changing art forms and controversy often occur together.

   (a) Unfortunately
   (b) Nonetheless
   (c) Next
   (d) Obviously

7   Children can credit their parents for passing down many physical characteristics. Traits whose
    presence is controlled by a single gene are classic examples of Mendelian inheritance. Examples
    of these traits include blood type, freckles and dimples. _________________, the inheritance of some
    physical traits involves more than one gene. Hair and eye color were once thought to be Mendelian
    traits but are actually based on more complex genetic models.

    (a) On the other hand
    (b) Similarly
    (c) Consequently
    (d) In other words

Choose the best answer for the blank.

[1~6]

capable	compared	increase	modify	repress	exceptional

1 Antarctica, the Earth's southernmost continent, is the coldest place on the planet. Amongst this land of ice lies Deception Island. This _______________ island is an active volcano off the Antarctic Peninsula.

2 Students who saw themselves as socially accepted and those who were indeed socially accepted acted significantly less hostile _______________ to students who viewed themselves as outsiders.

3 The program was created to _______________ vehicle sales in a failing American auto industry.

4 People generally feel they are in control of their facial expressions. They are _________ of faking a smile when they are feeling sad or pretending to be angry to get an apology.

5 These brief facial expressions, known as micro expressions, show up when a person tries to conceal or __________ an emotion.

6 Genetic engineering is a process of inserting new genetic information into existing cells. The purpose is to ___________ the organism's genes in order to alter its characteristics.

[7~12]

reality	controlled	efficient	reconsider	creates	traits

7 Then in the 1960s, pop art, artistic renderings of average consumer products, made people _______________ their definitions of high and low art.

8 Children can credit their parents for passing down many physical characteristics. Traits whose presence is _______________ by a single gene are classic examples of Mendelian inheritance.

9 The unique combination of steamed ice and frosted lava _______________ one of the world's most incredible landscapes.

10 Out of 164 research participants, the students who reported themselves as popular, but in _________ were not, and the students who were actually popular experienced similar social benefits.

11 Furthermore, government leaders hoped that it would put more energy ____________ vehicles on the road.

12 Hair and eye color were once thought to be Mendelian ____________ but are actually based on more complex genetic models.

Vocabulary list

- **abstract** a. 추상적인, 관념적인
- **advancement** n. 발전, 진보
- **advantageous** a. 이로운, 유리한
- **allot** v. (돈, 시간 등을) 할당[배당]하다
- **Antarctica** n. 남극 대륙
- **aspiration** n. 열망, 포부, 염원
- **bacteria** n. 박테리아, 세균
- **be in control of** ~을 관리[제어]하고 있다
- **benefit** n. 이익, 혜택
- **bring up** (논거 등을) 내놓다, (문제 등을) 꺼내다
- **clunker** n. 고물차
- **conceal** v. 감추다, 숨기다
- **credit sb for** (공, 명예를) ~에게 돌리다
- **cubism** n. 입체파, 큐비즘
- **dimple** n. 보조개
- **enclosed** a. (담 등으로) 에워싸인, 막혀 있는
- **engineer** v. 유전자를 조작하다
- **freckle** n. 주근깨
- **frosted** a. 서리에 뒤덮인, 반투명인
- **genetic engineering** 유전 공학
- **give something away** ~을 드러내다
- **horseshoe** n. (말굽의) 편자
- **hostile** a. 적대적인, 강력히 반대[거부]하는
- **incredible** a. (너무 좋거나 커서) 믿어지지 않을 정도인
- **initially** adv. 처음에
- **insect resistance** (농생물학) 내충성[해충에 대하여 저항성이 강한 작물의 성질]
- **interfere** v. 개입[참견]하다
- **involuntary** a. (갑자기) 자기도 모르게 하는, 원치 않는
- **juxtaposition** n. 병렬, 병치
- **lagoon** n. 석호
- **lava** n. 용암
- **live up to something** (다른 사람의 기대에) 부응하다
- **lofty** a. 아주 높은, 우뚝한
- **marine** a. 해양의
- **modify** v. 수정[변경]하다, 바꾸다
- **natural selection** 자연 선택[도태]
- **obviously** adv. 확실히, 분명히
- **organism** n. 유기체, 생물(체)
- **pass down** (후대에) ~을 물려주다[전해주다]
- **perception** n. 지각, 자각
- **reassemble** v. 재조립하다
- **rendering** n. (특정한 해석을 가미한) 연주 , 표현
- **repress** v. (감정을) 참다[억누르다, 억압하다]
- **showcase** v. 전시[진열]하다
- **significantly** adv. 상당히, 의미가 있게
- **southernmost** a. 최남단의
- **steam** v. 증기에 쪄지다
- **surrealism** n. 초현실주의
- **the status quo** 현(재) 상태
- **trade in A for B** A로 B를 교환하다
- **trait** n. (성격상의) 특성, 기질
- **unfortunately** adv. 불행하게도

Unit 05

연결사 넣기 II

연결 어구의 정확한 뜻을 미리 숙지하여 시험장에서 당황하지 않도록 하자.

01 역접의 연결어구

but, however, in contrast, on the other hand, conversely

02 양보의 연결어구

while, although, despite, in spite of

03 예시의 연결어구

for example, for instance, to illustrate

04 부연설명의 연결어구

in other words, that is (to say), in fact

05 결과의 연결어구

therefore, consequently, hence, thus, as a result, so, accordingly, besides

06 추가의 연결어구

moreover, furthermore, in addition, what's more

The TOP in TEPS Example

Toxic chemicals get inside the body through the air we breathe, the food we eat, and the water we drink. We also ingest foreign chemicals when taking medications, or when using alcohol or tobacco. ______________ the body is designed to eliminate toxins, it cannot always handle the overload present in today's environment. Many unhealthy substances remain in the body and interfere with normal function of the cells and organs, causing disruption in performance, unpleasant physical symptoms, and even dangerous disease.

(a) Even though
(b) Because
(c) Since
(d) As

[Translation]

유해한 화학물질은 우리가 호흡하는 공기, 먹는 음식, 그리고 마시는 물을 통해서 몸에 흡수된다. 우리는 또한 약을 먹거나, 술을 마시거나 담배를 피울 때 이물질을 흡수하게 된다. **비록** 우리 몸이 독소를 없애도록 만들어졌**을지라도**, 오늘날 환경에 존재하는 그 많은 양을 늘 처리할 수는 없다. 건강에 해로운 많은 물질들이 몸 속에 남아있게 되어, 신체 기능에 방해, 불쾌한 신체적 증상, 심지어는 위험한 질병까지 야기하면서 세포나 장기의 정상적인 기능을 방해한다.

    (a) 비록 ~일지라도
    (b) 왜냐하면
    (c) ~이래로
    (d) ~하면서

[Joseph's Solution]

빈칸은 종속 부사절 접속사 자리이며, 주절의 내용과 종속절의 내용이 대조를 이루고 있다. 따라서 보기의 주어진 접속사 중에서 (a)Even though가 가장 적절하다.

[Vocabulary]

toxic a. 유독한, 치명적인 cf) **toxin** 독소 **chemical** n. 화학 물질 **get inside the body** 몸속으로 들어가다 **breathe** v. 숨 쉬다, 호흡하다 **ingest** v. (음식물 등을) 섭취하다 **foreign** a. 외래의, 이질적인 **take medications** 약을 복용하다 cf) **be on medication** 약물치료중이다 **tobacco** n. 담배 **eliminate** v. 제거하다, 없애다(=remove) **handle** v. 다루다, 처리하다 **overload** n. 과중한 짐, 과적 **present in** ~에 있는, ~에 존재하는 **unhealthy** a. 건강에 해로운 **substance** n. 물질 **remain** v. 남아 있다 **interfere with** ~를 방해하다 **normal** a. 정상의, 보통의 **function** n. 기능 **cell** n. 세포 **organ** n. 기관, 장기 **cause** v. ~를 일으키다 **disruption in** ~의 혼란, 분열, 중단 **performance** n. 수행, 이행, 성능 **unpleasant** a. 불쾌한(↔ pleasant) **physical** a. 육체적인, 신체의 **symptom** n. 증상, 징후 **disease** n. 병, 질병

1   Some of the most difficult patients for therapists are those who suffer from borderline personality disorder (BPD). BPD patients have intense and unstable relationships swinging from love to hate and back again. They typically view themselves as victims of circumstance and take little responsibility for themselves or their problems. People with BPD often present as composed and self-assured patients but later exhibit unexpected behaviors including severe regressions, explosive emotions, self-mutilation, and psychosis. The nature of these symptoms makes it hard for a therapist to gain an accurate clinical perspective of their patients. _______________, BPD was not officially classified as a disorder until the late 1950s.

      (a) As a result
      (b) However
      (c) Nevertheless
      (d) On the other hand

2   The Manchester Bobcats won in an exciting victory Saturday night. They were down 58-57 with just over one minute remaining, and the West High Tigers had the ball. The Tigers shot and missed, and Bobcat senior Eric Addams grabbed the rebound. He passed to teammate Fred Mathis, who dribbled down the court and made a lay-up to tie the two teams. After a suspenseful timeout, the teams came back out on the floor. Addams threw the ball to Mathis, but the Tigers blocked Mathis, and he couldn't take a shot. _______________, Damon Meed, the Bobcat's shooting guard, ran around Mathis' back, grabbed the ball, and made a basket at the buzzer to bring the Bobcats to victory.

      (a) First
      (b) Luckily
      (c) Therefore
      (d) Likewise

3   The ancient Etruscans were a group of people who inhabited central Italy, around the area that is today known as Tuscany. With its own language, religion, and form of government, the Etruscans were gradually absorbed into the Roman Empire. Although scholars have studied Etruscans for years, there are still many mysteries to uncover — in particular, the origin of their language. Researchers speculate that they spoke a non-Indo-European language called Tyrsenian, which is unrelated to any other language in existence. _______________, the Etruscan language has been difficult to analyze as it resembles no other known languages.

      (a) Moreover
      (b) But
      (c) Yet
      (d) Therefore

4   Do you spend hundreds of dollars on expensive running shoes but still have aching feet? Studies have shown that people who run without shoes tend to land on the ball or middle of the foot. _______________, they minimize the repetitive impact to the heel that shoe-wearers experience. People who run with shoes tend to put all their weight on the heel. Researchers in human biology now believe that barefoot athletes may actually sustain fewer injuries than those who wear expensive footwear. While running shoes have only been around for the past 30 years, the human foot has evolved over thousands of years. Barefoot running enabled our ancestors to develop strong arches that support traveling long distances, giving them a significant advantage in evolutionary terms.

    (a) Likewise
    (b) Furthermore
    (c) Thus
    (d) Still

5   In today's unstable economic climate, control over your finances is essential for you and your family's peace of mind. That's why MoneyBoss offers you the personal help you need, all online. Why pay high fees to financial advisers who make promises they can never fulfill? MoneyBoss allows you to take control of your finances by helping you understand how to spend your money, create financial goals, and ensure that those goals are achieved. Our online program is easy to use and available 24 hours a day, seven days a week. _______________, you have the power to control your finances right from your computer, any time you like. Click on the link below to find out more.

    (a) Nevertheless
    (b) On the other hand
    (c) In other words
    (d) Otherwise

6   An accident can happen anytime and anyplace. Surprisingly, most serious accidents happen in the home. But many people assume that their home is their refuge, and don't bother to take a few simple steps to make their living space more secure. Falls, poisoning and choking top the list of the most common residential accidents and unfortunately, the outcome is often fatal. Making sure your home is well-lit, installing railings, keeping dangerous substances locked up, and eating slowly are a few of the simple precautions you can take for a safer home. _______________, make sure you know basic first aid and keep emergency numbers next to your phone.

    (a) Furthermore
    (b) Nevertheless
    (c) Still
    (d) Therefore

7   The Italian Renaissance was a period of great intellectual awakening, noted for its talented painters and their use of perspective. Perspective involves painting one-dimensional surfaces to resemble real-life, with objects getting smaller the further they are from the viewer. _______________, some historians believe that the understanding and use of this artistic technique actually took place over a long period of time. After analysis of the styles of Renaissance artists, it appears that true mastery of perspective was not accomplished until the mid-1500s, many years after the official end of the Renaissance.

  (a) As a result
  (b) However
  (c) Moreover
  (d) Regardless

Make-up Vocabulary

Choose the best answer for the blank.

[1~6]

secure	unexpected	advantage	essential	uncover	responsibility

1   BPD patients have intense and unstable relationships swinging from love to hate and back again. They typically view themselves as victims of circumstance and take little _________________ for themselves or their problems.

2   People with BPD often present as composed and self-assured patients but later exhibit ____________ behaviors including severe regressions, explosive emotions, self-mutilation, and psychosis.

3   Although scholars have studied Etruscans for years, there are still many mysteries to ____________ in particular, the origin of their language.

4   Barefoot running enabled our ancestors to develop strong arches that support traveling long distances, giving them a significant ____________ in evolutionary terms.

5   In today's unstable economic climate, control over your finances is _________________ for you and your family's peace of mind.

6   Surprisingly, most serious accidents happen in the home. But many people assume that their home is their refuge, and don't bother to take a few simple steps to make their living space more ______________.

[7~12]

official	remaining	available	resemble	common	ensure

7   The Italian Renaissance was a period of great intellectual awakening, noted for its talented painters and their use of perspective. Perspective involves painting one-dimensional surfaces to ____________ real-life, with objects getting smaller the further they are from the viewer.

8   The Manchester Bobcats won in an exciting victory Saturday night. They were down 58-57 with just over one minute____________, and the West High Tigers had the ball.

9   MoneyBoss allows you to take control of your finances by helping you understand how to spend your money, create financial goals, and ____________ that those goals are achieved.

10 After analysis of the styles of Renaissance artists, it appears that true mastery of perspective was not accomplished until the mid-1500s, many years after the _________________ end of the Renaissance.

11 Falls, poisoning and choking top the list of the most _________________ residential accidents and unfortunately, the outcome is often fatal.

12 Our online program is easy to use and _________________ 24 hours a day, seven days a week. In other words, you have the power to control your finances right from your computer, any time you like.

Vocabulary list

- **absorb** v. 흡수하다, 받아들이다
- **aching** a. 쑤시는, 아린
- **arch** n. 발바닥의 오목한 부분, 장심
- **ball of the foot** 발의 앞부분; 발 앞의 둥근 부분
- **impact** n. (강력한) 영향, 충격
- **be around** 부근에 있다, 체재하다
- **composed** a. 침착한, 차분한
- **dribble** v. 드리블하다
- **enable** v. (사람에게) ~을 할 수 있게 하다
- **essential** a. 필수적인, 극히 중요한
- **explosive** a. 폭발성의, 폭발하기 쉬운
- **fatal** a. 죽음을 초래하는, 치명적인
- **fulfill a promise** 약속을 실천하다
- **grab** v. (단단히) 붙잡다[움켜잡다]
- **human biology** 인간 생물학
- **inhabit** v. (특정 지역에) 살다[거주/서식하다]
- **intense** a. 극심한, 강렬한
- **lay-up** n. 레이업 숏(한 손으로 하는 숏)
- **mastery** n. 숙달, 정통, 전문적 지식[기술]
- **one-dimensional** a. 1차원의, 깊이가 없는
- **perspective** n. 원근법, 투시 화법
- **psychosis** n. 정신병, 정신 이상
- **railing** n. 난간
- **rebound** n. (공이) 다시 튀어나옴[튀어 오름]
- **refuge** n. 피난처, 도피처, 은신처
- **regression** n. 퇴행, 퇴보
- **resemble** v. 닮다, 비슷[유사]하다
- **running shoes** 운동화
- **self-assured** a. 자신감 있는
- **self-mutilation** n. 자기 학대
- **suspenseful** a. 긴장감을 주는
- **sustain** v. (피해 등을) 입다[당하다]
- **timeout** n. (운동경기 중간의) 타임아웃
- **top** v. 최고이다, 1위를 하다

Chapter 02

PART II 문제 유형별 접근하기

Part 2는 한 단락의 글을 읽고 물음에 가장 적절한 답을 고르는 21문항으로 구성되어 있다. 주제나 대의 혹은 글의 논조파악, 세부내용 이해, 논리적 추론 등과 관련된 유형들이다. 이 유형들은 대체로 지문 길이도 긴 편이고, 선택지도 모두 읽어야 하기 때문에 비교적 시간이 많이 걸리며, 정확하고 빠른 독해능력이 요구된다.

▶ Joseph's TIP for TEPS

Part 2에서 가장 많은 부분을 차지하는 문제는 대의(주제)파악이다. 그 외에는 지문의 내용과 일치하는 선택지나, 지문의 내용과 틀린 선택지를 고르는 문제등이 출제된다.

Unit 01

대의파악 I

대의파악은 Part 2 문제 전 문항 중에서 약 40% 가량을 차지할 정도로 출제율이 높다. 글의 주제를 찾는 능력을 묻는 문제들로 무조건 첫 문장에 주제문이 있다고 생각하지 않도록 한다. [however, but] 등의 역 접어구 다음에 이어지는 내용이 주제문일 가능성이 높다.

01 글 도입부에 주제문이 등장하는 경우가 많다.

영어 지문은 구조가 대부분 두괄식이기 때문에 글 첫머리에 문단 주제문(topic sentence)이 등장하는 경우가 많다. 따라서 도입부를 주의깊게 읽어보면 쉽게 주제문을 찾을 수 있다.

02 역접 어구 뒤를 주목한다.

주제문처럼 보이는 문장이 지문 상단에 등장하여도, [but, however, nevertheless, although] 등의 역접 어구가 중간에 등장하는 경우 그 역접 어구가 이끄는 절이 지문에서 정답을 고르는 데 상당히 중요한 역할을 하는 경우가 많다. 따라서 역접 어구가 이끄는 절은 특히 주의하며 읽도록 한다.

The TOP in TEPS Example

Every young baseball player dreams of being a pitcher in the major leagues, but starting early may be his worst enemy. Overuse of the elbows, shoulders and arms at a young age can cause serious injuries to children whose bodies have not yet fully developed. Since Little League pitchers typically throw nearly twice as many balls as professional players, overuse injuries are a significant risk. The most common problem is called Little League Elbow. This is a painful inflammation caused by the detachment of the growth plate from the elbow joint. It requires surgery to correct.

Q: What is the main topic of the passage?
(a) The dangers of pitching at a young age
(b) How to pitch without getting injured
(c) The development of the arm joints
(d) Common sports injuries in children

[Translation]

모든 어린 야구 선수들이 메이저리그에서 투수가 되는 꿈을 꾸지만 일찍 야구를 시작하는 것은 최악의 적이 될 수도 있다. 팔꿈치, 어깨, 팔의 과도한 사용은 아직 신체가 완전히 성장하지 않은 어린이들에게 심각한 부상을 일으킬 수 있다. 어린이 야구단 투수들은 보통 전문 야구 선수들보다 두 배는 많은 수의 공을 던지기 때문에 과도 사용으로 인한 부상은 심각한 위험이 된다. 가장 흔한 문제점은 '어린이 야구단 팔꿈치'라고 불린다. 이것은 팔꿈치 관절에서 성장판이 떨어짐으로써 발생하는 통증을 유발하는 염증이다. 이것은 치료를 위해 수술이 요구된다.

질문: 지문의 주제로 알맞은 것은?
(a) 어린 나이에 투구를 하는 것의 위험성
(b) 부상을 당하지 않고 적절히 공을 던지는 법
(c) 팔 관절의 발달
(d) 어린이들에게 흔히 발생하는 운동 부상

[Joseph's Solution]

지문의 첫 문장에서 어린 나이에 과도한 운동은 문제가 될 수 있다고 제시하고 있다. 첫 번째 문장이 주제문이고, 두 번째 문장은 주제문을 좀 더 구체적으로 설명한 문장이므로 도입부의 두 문장만 읽어도 정답에 쉽게 접근할 수 있는 유형의 문제이다. (b)와 (c)는 언급되지 않았으며, 운동으로 인한 부상에 대한 일반적인 내용이 아니기 때문에 (d)는 정답이 될 수 없다.

[Vocabulary]

overuse n. 과도 사용 **significant** a. 중요한 **inflammation** n. 염증 **detachment** n. 분리 **surgery** n. 수술

1 Modern chess has grown beyond a board game into an organized sport with structured leagues and international tournaments. In contemporary play, top players are not merely subjected to competition between each other but also to human-computer chess matches. In 1968, international master David Levy said that within ten years, he would be able to beat any chess computer. True to his word, Levy defeated the strongest existing computer in a 1978 match. In 1989, a new computer beat Levy; however, the reigning world chess champion won two games off that computer later in the year. In the 21st century, chess programs have racked up considerable victories against the strongest players, but many believe that true chess expertise requires human thinking and emotion.

    Q: What is the main topic of the passage?
      (a) A comparison between ancient and contemporary chess
      (b) The world's top contemporary chess champions
      (c) The regulations of international chess tournaments
      (d) A history of human-computer chess matches

2 In many vertebrate animals, including humans, the sense of taste combines with the sense of smell to create the brain's perception of flavor. In the West, experts traditionally identified four taste sensations: sweet, sour, salty, and bitter. The East has traditionally listed two other basic tastes; these include piquance, a sensation one feels after eating chili peppers and other similar foods, and savoriness, found in foods like meat, cheese, and mushrooms. Recently, some neuroscientists have suggested making another taste category for the detection of fatty acids. The evidence for a distinct fatty acid taste is not conclusive, but scientists continue to make new discoveries in taste sensation.

    Q: What is the passage about?
      (a) Differences in the way animal species perceive taste
      (b) The growing number of identified taste sensations
      (c) The importance of the connection between senses
      (d) A refutation of the idea that there are only five senses

3 Literature comes in many forms beyond the classic novel. One example that has been around since the 19th century is the comic book. Comic books originated from comic strips printed in magazines. Thus, the term "comic book" arose because the first ones were reprints of humorous news strips. Comic books retained many of the strips' story-telling devices such as dialog in word balloons and brief, descriptive prose. The books, however, did not continue the strips' humorous mode. This makes the term "comic book" misleading.

    Q: What is the passage mainly about?
      (a) The wide variety of literature forms
      (b) The origins of the term "comic book"
      (c) Differences in comic book subject matter
      (d) A comparison of early and modern comic books

4 London has one of the premier theaters scenes in the world; unfortunately, it can also be one of the most expensive. If you know where to look, however, it is possible to obtain discount tickets. One trick is to go to theaters in the morning because some set aside same-day tickets at a lower price. Students and children have the opportunity to get further discounts. London celebrates "Kids Weeks" over the summer where children under 16 receive a free theater ticket when accompanied by a full-paying adult. Many theaters offer discount student tickets, but be sure to ask about the conditions because some have a limited view of the stage or require standing for the duration of the show.

    Q: What is the passage mainly about?
- (a) A comparison of theater prices across the globe
- (b) Various benefits of the London theater scene
- (c) Ideas on how to obtain discount London theater tickets
- (d) Activities young tourists can do in London

5 We all have basic survival needs, but beyond food and shelter, people need other things to make them happy. Sometimes it is the smallest things that can make the biggest difference. A recent poll asked 3,000 British people to rank life's little pleasures. The top fifty items encompassed a wide variety of activities including popping bubble wrap, singing your heart out to your favorite song in the car, and eating a Sunday roast with your family. The number one pleasure was curling up in bed after a long day and waking up feeling completely refreshed.

    Q: What is the main topic of the article?
- (a) An examination of a human's essential needs
- (b) The importance of a good night's sleep
- (c) Ways people survive without basic necessities
- (d) The small things that make life better

6 Saint Nicholas, or Santa Claus, is a widespread figure in Western cultures. He is a mythical figure who is said to bring gifts to good children and coal to naughty children the night of December 24. In various regions of the world, particularly Austria and Hungary, a second figure accompanies St. Nicholas to punish the children who haven't been good. Instead of giving out lumps of coal, legend says that the Krampus whips children and then kidnaps them in a basket on his back. The Krampus is portrayed as a horned, devil-like creature, and parents use the idea of him to warn their children against acting naughty.

    Q: What is the main idea of the passage?
- (a) Portrayals of Saint Nicholas in different cultures
- (b) The transformation of Saint Nicholas into Santa Claus
- (c) An overview of the mythical Krampus figure
- (d) Rewards good children get from Santa Claus

7 Have you ever been in a situation where you recognize someone's face but you cannot remember his or her name? Most people use faces to recognize others, but some do not have that ability. Prosopagnosia is a condition that prevents a person from identifying someone by face. Sufferers can still distinguish between objects with slightly different characteristics, which reveals that the disorder affects an area of the brain specifically devoted to recognizing faces. People with prosopagnosia typically recognize people by their hair, clothes or glasses, but it can be a frustrating life.

Q: What is the main topic of the passage?
(a) Tricks people can use to remember names
(b) A description of a face blindness disorder
(c) A recently discovered cure for prosopagnosia
(d) Proper etiquette after forgetting an acquaintance

Choose the best answer for the blank.

[1~6]

| punish | requires | vertebrate | originated | beat | recognize |

1 In 1968, international master David Levy said that within ten years, he would be able to ____________ any chess computer. True to his word, Levy defeated the strongest existing computer in a 1978 match.

2 In the 21st century, chess programs have racked up considerable victories against the strongest players, but many believe that true chess expertise ________________ human thinking and emotion.

3 One example that has been around since the 19th century is the comic book. Comic books _________ from comic strips printed in magazines.

4 In many ________________ animals, including humans, the sense of taste combines with the sense of smell to create the brain's perception of flavor. In the West, experts traditionally identified four taste sensations: sweet, sour, salty, and bitter.

5 Most people use faces to ____________ others, but some do not have that ability. Prosopagnosia is a condition that prevents a person from identifying someone by face.

6 In various regions of the world, particularly Austria and Hungary, a second figure accompanies St. Nicholas to ___________________ the children who haven't been good. Instead of giving out lumps of coal, legend says that the Krampus whips children and then kidnaps them in a basket on his back.

[7~12]

| widespread | refreshed | duration | distinguish | expensive | retained |

7 Sufferers can still ___________________ between objects with slightly different characteristics, which reveals that the disorder affects an area of the brain specifically devoted to recognizing faces.

8 Saint Nicholas, or Santa Claus, is a ___________________ figure in Western cultures. He is a mythical figure who is said to bring gifts to good children and coal to naughty children the night of December 24.

9 The number one pleasure was curling up in bed after a long day and waking up feeling completely

___________________.

10 London has one of the premier theaters scenes in the world; unfortunately, it can also be one of the most _______________. If you know where to look, however, it is possible to obtain discount tickets.

11 Many theaters offer discount student tickets, but be sure to ask about the conditions because some have a limited view of the stage or require standing for the _______________ of the show.

12 Comic books _______________ many of the strips' story-telling devices such as dialog in word balloons and brief, descriptive prose. The books, however, did not continue the strips' humorous mode. This makes the term "comic book" misleading.

Vocabulary list

☐ **accompany** v. (사람과) 동반하다

☐ **be around** 활동하고 있다, 체재하다

☐ **be subjected to** ~을 받다[당하다]

☐ **be sure to do sth** (명령문으로 쓰여) 꼭[반드시] ~을 해라

☐ **bubble wrap** n. 발포 비닐 랩, 에어비닐 포장지

☐ **come in** 들어오다, 유행하게 되다

☐ **comic strip** (신문·잡지의) 연재 만화

☐ **competition** n. 경쟁, 경기, 시합

☐ **conclusive** a. 결정적인[확실한]

☐ **condition** n. (치유가 안 되는 만성) 질환, 문제

☐ **curl up** (눕거나 앉아서) 몸을 웅크리다

☐ **descriptive** a. 서술[묘사]하는, 기술적인

☐ **detection** n. 발견, 간파, 탐지

☐ **distinct** a. 뚜렷한, 분명한

☐ **distinguish** v. 구별하다

☐ **encompass** v. ~을 포함하다, 싸다

☐ **expertise** n. 전문 지식[기술]

☐ **face blindness disorder** 안면인식 장애

☐ **limited view** 시야장애(석)

☐ **lump** n. 덩어리, 응어리

☐ **misleading** a. 호도[오도]하는, 오해의 소지가 있는

☐ **mythical** a. 가공의, 사실이 아닌

☐ **neuroscientist** n. 신경 과학자

☐ **organized** a. 조직화된, 조직적인

☐ **piquance** n. 시큼털털하며 통감을 주는 매운 맛

☐ **poll** n. 여론 조사

☐ **premier** n. 최고의, 제1의

☐ **rack up sth** (시합에서 점수를) 쌓아 올리다

☐ **recognize** v. (누구인지) 알아보다

☐ **refutation** n. 논박, 논파, 반박, 반증

☐ **reigning** a. 군림하는, 세도를 부리는

☐ **reprint** n. (책 등의) 재판[중판]

☐ **retain** v. (계속) 함유[간직]하다

☐ **savoriness** n. 감칠맛

☐ **sense of taste (=taste sensation)** 미각, 미감

☐ **set aside** 따로 떼어 두다

☐ **shelter** n. 주거, 집

☐ **sing one's heart out to** ~을 마음껏 부르다

☐ **tournament** n. 승자 진출전, 시합

☐ **trick** n. 비결, 요령, 수법

☐ **true to one's word** 약속한 대로 하다

☐ **vertebrate** n. 척추동물 a. 척추가 있는

☐ **widespread** a. 광범위한, 널리 퍼진

Unit 02
대의파악 II

TEPS 독해 Part 2의 대의 파악 유형은 주로 [main idea, main topic, purpose] 등을 고르는 문제로 출제된다. 대의 파악 유형은 보통 단락의 처음이나 마지막 문장(재진술 또는 결론)에 요약되어 있는데 기본적으로 가장 많은 문제들이 글의 상단에 key word를 배치한다. 따라서 글의 전체적인 흐름을 파악해야 하며 출제자의 의도가 무엇인지 짚어나가면서 문제를 푸는 것이 중요하다.

01 반복되는 key word에 주목한다.

지문에서 계속 반복되는 어구들이 주제어인 경우가 많다. 이것은 일부러 글쓴이가 의도했다기보다는 글을 쓰다 보면 글쓴이가 하고 싶은 말이 여러 형태의 비슷한 의미의 단어로 paraphrase되어서 반복 등장할 수밖에 없기 때문이다.

02 문단의 첫 문장과 마지막 문장이 일치하는 경우를 주목한다.

글의 주제나 대의를 파악할 때, 지문의 첫 문장에 등장했던 내용이 문단의 마지막 문장에 paraphrase되거나 재진술(restatement)되어 글의 요지를 명백하게 보여주는 경우가 많다.

03 세부적인 내용의 선택지는 답이 아님에 주의한다.

주제문을 고르는 대의 파악 유형에서는 지문 전체를 다룰 수 있는 핵심 어구를 묻는다. 내용의 일부나 너무 포괄적인 것이 아닌 전체 내용을 확실히 요약한 것이 정답일 가능성이 높다는 것을 기억해 두자.

The TOP in TEPS Example

According to a recent study, employees are sending personal e-mails, playing games, shopping, checking stock prices, and gambling online during working hours. They think these activities are going unnoticed, but with a simple software application, their boss can tap into their computer and see what they're doing in real-time. Reports of companies firing workers for misusing workplace computers are becoming more common due to the increasing use of electronic monitoring software. The growing number of employers who are monitoring their employee's activities is a result of the low cost of the monitoring technology, a growing percentage of employees using their computers for personal use, and an increase in employee's leaking sensitive company information.

Q: What is the main idea of the passage?
  (a) Many office computers are under surveillance.
  (b) Many bosses don't trust their employees.
  (c) Personal use of computers in the workplace is illegal.
  (d) Employees are taking company computers without authorization.

[Translation]

최근 한 연구에 따르면 직원들은 근무 시간에 개인적인 이메일을 보내고, 게임이나 쇼핑을 하며 주식 시세를 확인하고 온라인 도박을 즐긴다고 한다. 그들은 이런 행동들이 발각되지 않는다고 생각하지만, 간단한 소프트웨어를 사용하는 것만으로 그들의 상사는 그들의 컴퓨터에 접근하여 그들이 근무 시간에 무엇을 하는지 알 수 있다. 회사 컴퓨터를 오용한 것에 대해 근로자들을 해고하는 회사들에 대한 기사는 전자 감시 소프트웨어 사용이 증가함에 따라 점점 일반화되고 있다. 직원들의 행동을 감시하는 고용주들의 수가 증가하는 것은 감시 기기의 저렴한 비용, 회사 컴퓨터를 개인적인 목적으로 이용하는 직원들 수의 증가, 그리고 직원들의 회사 기밀 정보 누설의 증가 때문이다.

질문: 지문의 주요 내용은 무엇인가?
(a) **많은 회사 컴퓨터가 감시하에 있다.**
(b) 많은 상사들이 그들의 직원을 믿지 않는다.
(c) 직장에서 개인적인 목적으로 컴퓨터를 사용하는 것은 불법이다.
(d) 직원들은 회사 컴퓨터를 허가 없이 사용하고 있다.

[Joseph's Solution]

주어진 지문은 전자 감시 소프트웨어의 발전과 저렴한 비용으로 인해서 회사들이 직원들이 업무시간에 무엇을 하는지 감시하기가 용이해 졌다는 내용이다. 따라서 이러한 내용을 포괄하는 내용의 (a)가 글의 주제로 가장 적절하다.

[Vocabulary]

stock price 주가, 주식 시세 **gamble** v. 도박을 하다 **unnoticed** a. 발각되지 않는, 주목되지 않는 **application** n. 적용, 사용 **tap into** ~에 접근하다, ~을 활용하다 **real-time** n. 실시간 **electronic** a. 전자의 **monitor** v. 감시[감독]하다 **growing** a. 증가하는, 커지는 **for personal use** 개인적 용도로 **leak** v. 누설하다, 새다 **sensitive** a. 신중을 요하는, 기밀과 관련된 **surveillance** n. 감시, 감독 **authorization** n. 허가, 인가

1   During the Great Depression of the 1930s, thousands of people lost their jobs and were unable to find work. Although the government tended to focus on finding employment for workers, people in the creative fields also needed support. Following a financially unstable career path is challenging even in the best of times, so performing and visual artists got a boost when the Works Progress Administration established federally supported arts programs. The success of these programs marked the beginning of public arts support, helping thousands of artists to enhance our lives with their creativity. Without government funding, many artists would have to turn to other careers to survive, to the detriment of society.

    Q: What is the main topic of the passage?
      (a) The origins of giving public funding to unemployed workers
      (b) Why working in a creative field is a difficult career path
      (c) The effects of federal funding for art in a tough economic period
      (d) How artists continue to get funding for their creative projects

2   We enjoy watching monkeys and gorillas interact with each other because they so often resemble people in their behavior. But unlike most other primates, orangutans lead solitary lives. Studies reveal that while young orangutans are social, when they reach adolescence they move into the forest to establish homes by themselves. Their isolated lifestyle may be related to a need for large quantities of fruit. The small amount of food available over a relatively large area forces orangutans to remain solitary in their search for nourishment, thereby limiting opportunities for social interaction.

    Q: What is the main idea of the passage?
      (a) Factors affecting orangutan behavior
      (b) How orangutans survive without food
      (c) What foods orangutans like to eat
      (d) The hierarchy of orangutan groups

3   Have you ever had a terrifying dream that something was holding you down? If so, you may have been suffering from something known as sleep paralysis. During REM sleep, a natural paralysis of the body occurs. For reasons still unexplained, some people's brains may wake up during this phase, resulting in full consciousness but an inability move. This often provokes strong feelings of panic and fear. This effect is linked to folklore in cultures all over the world. In Japan, the phenomenon is called kanashibari, which means "bound in metal." In Thailand, it is called phi mae mai, or the "widow ghost," in the belief that the spirit of a woman holds the victim down.

    Q: What is the passage about?
      (a) Why the brain stays active during REM sleep
      (b) Various cultural attitudes towards sleep disorders
      (c) A sleep disorder that causes temporary paralysis
      (d) The side effects of not reaching REM sleep

4   In a ten-year study of 40,000 Spanish adults, researchers found that eating a Mediterranean diet significantly reduced the risk of heart diseases. Specific components of the diet vary according to region, but the general trends include olive oil, fruits, vegetables, whole-grains, and legumes. The fat content of the Mediterranean diet is relatively high, however, people who follow the diet are much less likely to develop cardiovascular diseases compared to other populations with high levels of fat consumption. This can be attributed to the fact that Mediterranean diet is low in saturated fat and high in monounsaturated fat and dietary fiber.

Q: What is the main topic of the passage?
(a) Foods that can help you lose weight
(b) Benefits of the Mediterranean diet
(c) Risks factors of heart diseases
(d) Diet differences in world regions

5   In an emergency with many people present, witnesses are not likely to assist those in trouble. This phenomenon is known as the bystander effect. Social psychologists began investigating it after the widely publicized Kitty Genovese murder. Newspapers reported that over the course of an hour, 38 people witnessed Kitty being killed, and none made an effort to help. In lab settings, researchers have found that when someone fakes a seizure more people fail to act when others are around. One explanation for this phenomenon is called "diffusion of responsibility." Everyone assumes someone else is planning to act. People also judge the reactions of those around them, and when everyone else fails to act, they reason they should do nothing as well.

Q: What is the passage mainly about?
(a) Ways to inspire people to help in emergencies
(b) The gruesome murder of Kitty Genovese
(c) The tendency toward inaction when others are nearby
(d) How to judge whether an emergency requires action

6   Beginning an exercise plan is a great step on the road to improving your life, yet some novices end up making counterproductive decisions based on lack of knowledge. Most people strive to add a cardiovascular activity to their workout. While cardio is vital to promoting a healthy lifestyle, too much can create unwanted problems in your fitness and overall health. Over-doing cardio exercises results in the body pulling energy from its muscle stores instead of its fat storage. This weakens the immune system and the brain's mental processes. For a beginner, cardio routines should not extend beyond an average of 45 minutes per day.

Q: What is main topic of the passage?
(a) Too much cardio can be dangerous to your health.
(b) The treatments for overtraining are ineffective.
(c) It is always beneficial to add more cardio activity.
(d) Cardio routines should be combined with stretching.

7   Growing up, what we learn from our siblings significantly influences our social and emotional development. Of course, parents also affect their child's development, and the information parents teach sometimes coincides with behaviors learned from siblings. Nevertheless, the two groups usually provide different types of examples. Parents model social etiquette, such as how to behave in a public setting; siblings model behaviors in everyday situations, like how to act around friends. Children without siblings are more likely to develop social skills through friends.

   Q: What is the passage mainly about?
      (a) Siblings and parents teach social behaviors through example.
      (b) Siblings and parents model the same types of behavior.
      (c) Parents teach their kids about peer interaction.
      (d) Single children have no surrogates for siblings.

Make-up Vocabulary

Choose the best answer for the blank.

[1~6]

boost	consciousness	improving	employment	solitary	extend

1. During the Great Depression of the 1930s, thousands of people lost their jobs and were unable to find work. Although the government tended to focus on finding _______________ for workers, people in the creative fields also needed support.

2. Following a financially unstable career path is challenging even in the best of times, so performing and visual artists got a _______________ when the Works Progress Administration established federally supported arts programs.

3. We enjoy watching monkeys and gorillas interact with each other because they so often resemble people in their behavior. But unlike most other primates, orangutans lead _______________ lives.

4. During REM sleep, a natural paralysis of the body occurs. For reasons still unexplained, some people's brains may wake up during this phase, resulting in full _______________ but an inability move.

5. Beginning an exercise plan is a great step on the road to _______________ your life, yet some novices end up making counterproductive decisions based on lack of knowledge.

6. For a beginner, cardio routines should not _______________ beyond an average of 45 minutes per day.

[7~12]

influences	attributed	promoting	opportunities	reduced	judge

7. The small amount of food available over a relatively large area forces orangutans to remain solitary in their search for nourishment, thereby limiting _______________ for social interaction.

8. Growing up, what we learn from our siblings significantly _______________ our social and emotional development.

9. In a ten-year study of 40,000 Spanish adults, researchers found that eating a Mediterranean diet significantly _______________ the risk of heart diseases.

10 It can be _____________ to the fact that Mediterranean diet is low in saturated fat and high in monounsaturated fat and dietary fiber.

11 One explanation for this phenomenon is called "diffusion of responsibility." Everyone assumes someone else is planning to act. People also _____________ the reactions of those around them, and when everyone else fails to act, they reason they should do nothing as well.

12 Most people strive to add a cardiovascular activity to their workout. While cardio is vital to _____________ a healthy lifestyle, too much can create unwanted problems in your fitness and overall health.

Vocabulary list

☐ **adolescence** n. 청소년기

☐ **assume** v. (사실일 것으로) 추정[상정]하다

☐ **be attributed to** ~에 기인하다, ~의 덕분으로 여겨지다

☐ **boost** n. 격려, (신장시키는) 힘, 부양책

☐ **bystander effect** [심리] 방관자효과

☐ **cardio** n. (달리기 등) 심장 강화 운동

☐ **cardiovascular** a. 심혈관의

☐ **coincide** v. 일치하다, 아주 비슷하다

☐ **consciousness** n. 의식, 자각

☐ **counterproductive** a. 역효과를 낳는

☐ **detriment** n. 손상(을 초래하는 것)

☐ **dietary fiber** 식이성 섬유, 섬유질 식품

☐ **diffusion of responsibility** [심리] 책임 분산

☐ **disorder** n. 장애, 어수선함

☐ **effect** n. 결과, 느낌[인상]

☐ **enhance** v. 높이다, 향상시키다

☐ **fitness** n. 신체 단련, (신체적인) 건강

☐ **folklore** n. 민속, 전통 문화

☐ **gruesome** a. 섬뜩한, 소름 끼치는

☐ **hold down** 억제하다, 제압하다

☐ **inability** n. 무능, 불능

☐ **inaction** n. (보통 못마땅함) 활동 부족, 무대책

☐ **inspire** v. (열의를 갖도록) 고무[격려]하다

☐ **interact** v. 상호 작용하다

☐ **isolated** a. 고립된, 외떨어진

☐ **lead** v. 지내다, (어떻게) 살아가다

☐ **legume** n. 콩과(科) 식물, 꼬투리(pod), 콩류

☐ **mark** v. (새로운 일이 일어날) 전조이다

☐ **Mediterranean** a. 지중해의

☐ **model** v. 모형[견본]을 만들다

☐ **monounsaturated** a. 단일불포화의

☐ **nourishment** n. 음식물, 영양분, 자양분

☐ **novice** n. 초보자

☐ **overdo** v. 지나치게 하다, 과장하다

☐ **provoke** v. 유발하다, 도발하다

☐ **publicize** v. 알리다, 광고[홍보]하다

☐ **rapid eye movement(REM)** (수면 중) 급속 수면 안구 운동

☐ **reason** v. 판단하다, 추리[추론]하다

☐ **reveal** v. 드러내다, 밝히다

☐ **saturated** a. 포화된

☐ **seizure** n. (병의) 발작

☐ **sibling** n. 형제자매

☐ **sleep paralysis** [체육학] 수면 마비

☐ **solitary** a. 혼자만의, 단독의

☐ **strive** v. 분투하다

☐ **surrogate** n. 대리, 대행자(deputy)

☐ **thereby** adv. 그것에 의하여, 그 때문에

☐ **unemployed** a. 실직한, 실업(자)의

☐ **unstable** a. 불안정한

☐ **vital** a. 필수적인

☐ **workout** n. 운동

Unit 03
글의 목적 / 제목 찾기

독해 Part 2에서 글의 목적(purpose)을 물어보는 유형은 거의 대부분 편지나 공지 사항이 대부분으로 난이도가 높은 유형의 문제는 아니지만, 시간 절약을 위해 충분한 연습이 필요한 파트이다. 제목 찾기 유형 역시 자주 빈출 되는 유형이다. 지문 전체의 내용을 가장 잘 요약한 것으로 전체를 포괄할 수 있는 내용의 선택지를 고르는 것이 관건이다.

01 지문의 종류와 용도를 먼저 파악한다.

글의 목적을 묻는 문제는 지문의 종류가 지시 사항인지 매뉴얼인지 편지 글인지 공지 사항인지 지문의 종류와 성격을 먼저 파악하고, 글을 읽어 나가면 보다 쉽게 정답에 접근할 수 있다. 주의할 점은 글의 초반과 중반은 단순한 설명문 형식인 것처럼 진행되다가 마지막 부분에서 글쓴이의 의도가 드러나는 광고 글도 있으므로 각별히 주의할 필요가 있다.

02 제목 찾기 문제는 토픽의 범위가 너무 넓거나 좁은 선택지는 답에서 제외한다.

제목 찾기 문제 역시 대의를 파악하는 문제와 크게 다르지 않다. 그러나 한 가지 주의할 점은 선택지가 굉장히 혼동되는 경우가 자주 있다는 것이다. 이러한 경우는 토픽을 너무 넓고 포괄적으로 제시하고 있는 선택지나, 지문에 등장했지만 너무 세부적인 내용의 선택지를 답으로 고르지 않도록 주의해야 한다.

The TOP in TEPS Example

New scientific research suggests that dinosaurs may have been scorched into extinction by an asteroid collision 65 million years ago; unleashing ten billion times more power than a nuclear bomb. Physicists believe the Earth's temperatures soared and trees all over the planet burst into flames. Among the few survivors would have been animals that lived in water or were burrowed in the ground like turtles, crocodiles and small mammals. Other geologists disagree that the asteroid took out the dinosaurs. They say asteroid debris found embedded in ancient rocks shows a meteorite hit the Earth many millennial before the dinosaurs vanished. Under that argument, academics say the dinosaurs most likely froze or starved to death when a huge cloud of particles kicked up by a meteorite blocked the world's sunlight for months.

Q: What is the best title of the passage?
(a) Dinosaur bone discovery
(b) A threat posed by outer space
(c) The extinction of dinosaurs
(d) The surviving animal species in the dinosaur age

[Translation]

새로운 과학 연구에 따르면 공룡은 6,500만년 전 일어난 소행성의 충돌로 타 죽어 멸종했을지도 모른다고 한다. 이것은 핵폭발보다 100억 배 더 폭발력이 강하다. 물리학자들은 지구의 온도가 급상승했고, 지구의 모든 나무들이 활활 타올랐다고 믿는다. 살아남은 몇 안 되는 생물은 물에서 사는 동물들 또는 거북이, 악어, 작은 포유동물과 같이 땅에 굴을 파서 사는 동물들이었을 것이다. 다른 지질학자들은 소행성이 공룡을 멸종시켰다는 것에 동의하지 않는다. 그들은 고대 바위들에서 발견되는 소행성의 잔해가 공룡이 멸종되기 수천 년 전에 운석이 지구와 충돌했다는 사실을 보여준다고 말한다. 그러한 주장에 따라, 학자들은 운석으로 유발된 엄청난 무리의 입자들이 수개월 동안 태양빛을 가려 공룡이 얼어 죽었거나 굶어 죽었다고 말한다.

질문: 지문의 제목으로 가장 알맞은 것은?
(a) 공룡 뼈의 발견
(b) 외계의 위협
(c) 공룡 멸종
(d) 공룡 시대에 생존한 동물 종

[Joseph's Solution]

지문의 대의를 파악해서 제목을 찾는 문제이다. 내용을 보면 공룡의 멸종원인에 대한 두 가지 이론을 소개하고 있는 글이므로 글의 제목으로 (c)공룡의 멸종이 가장 적절하다.

[Vocabulary]

scorch v. 태우다, 말라 죽게 하다 **extinction** n. 사멸, 절멸 **asteroid** n. 소행성 **collision** n. 충돌 **unleash** v. ~를 폭발시키다[터트리다], ~의 속박을 풀다 **physicist** n. 물리학자 **soar** v. 오르다, 솟구치다 **burst into flames** 활활 타오르다 **survivor** n. 생존자, 유족 **burrow** v. 구멍을 파다, 굴을 파다 **mammal** n. 포유동물 **asteroid** n. 소행성 **debris** n. 파편, 잔해 **embed** v. 깊이 새겨두다 **meteorite** n. 운석 **millennial** a. 천년의 **vanish** v. 없어지다, 사라지다 **academic** n. 학자, 대학 교수 **starve to death** 굶어죽다 **a cloud of** ~ 큰 떼, 집단 **particle** n. 입자, 소립자 **kick up** ~을 일으키다, 벌이다 **outer space** 우주(공간) **pose A to B** A(문제)를 B에게 일으키다 **theory** n. 이론, 가설

1   Blueberries are a popular fruit, enjoyed for their sweet and refreshing taste, their unique aroma and their dark blue color. Blueberries are also excellent for your health since they are rich in vitamins A, C and E, as well as in the minerals potassium, manganese and magnesium. They are high in fiber and low in saturated fat, cholesterol and sodium, factors that contribute to a healthy diet. Recent studies indicate that blueberries, more than any other fruit, provide the most antioxidants, which prevent cancer-causing cell damage, and that they may be effective against aging. This may include boosting the health of your brain cells, thereby preventing memory loss and potentially the age-related problem of Alzheimer's disease.

    Q: Which of the following is the best title of the above passage?
       (a) Components of a Healthy Diet
       (b) The Vitamin Content of Blueberries
       (c) The Benefits of Eating Blueberries
       (d) How Blueberries Prevent Cancer

2   Millions of people suffer from insomnia, the inability to sleep at night. Remedies to help people sleep have been around for centuries, but until recently, many of these treatments were highly addictive and even potentially deadly. New treatments are much safer but can still cause dependence and withdrawal problems. Although people who suffer from chronic pain will require sleep medication for their entire lives, most insomniacs only need medication for a short time. But because sleep medications only address the symptoms of insomnia and not the causes, many doctors believe that the best approach to dealing with sleep problems is cognitive-behavioral therapy, which helps people learn how to have better sleep habits.

    Q: Which of the following best summarizes the passage?
       (a) Long-term treatment with sleep medicines is necessary for all insomniacs.
       (b) In the past, people had more difficulty sleeping due to more stressful lives.
       (c) Insomnia medication is only for short-term treatment of chronic pain.
       (d) Medication helps insomniacs, but treating the root causes is more effective.

3   To Whom It May Concern:
My husband and I recently dined at your restaurant where we were dismayed by some of the changes that have taken place. Oreste's has been our favorite dining establishment for years, but it must be under new management. I cannot imagine another explanation. Although the menu has not changed, we were disturbed by the generally shabby atmosphere. In particular, we noticed that the tablecloths were grimy, the lettuce in our salads was wilted, and there was an unpleasant odor coming from the kitchen. My friend, who dined at your restaurant last week, even saw a cockroach under her chair! We hope that you will take note of our comments and make the necessary changes. We would be very sorry to lose the Oreste's that we know and love.

Regards,
Mr. and Mrs. Wilkinson

Q: What is the purpose of the letter?
(a) To complain about cleanliness at the restaurant
(b) To request new management for the restaurant
(c) To request a refund from the restaurant
(d) To request a menu change at the restaurant

4   Dear Ms. Oglethorpe,
We thank you for your recent submission to Creative Story Journal. Although we have already planned our next six issues, we would like to include your story in the October edition. Upon publication of your work, you will receive the standard fee that we pay all our contributors. We do ask, however, that you provide us with a brief personal biography as well as payment instructions. We would like this information by the end of the month, as we will need to review your profile and our accounting office must set up a record for you. In the meantime, we welcome you to our team of collaborators and look forward to reading your new stories.

Sincerely,
Carl Schachner, Editor

Q: What is the main purpose of the letter?
(a) To set forth publication terms
(b) To ask for additional stories
(c) To thank the writer for her story
(d) To request personal information

5   Being a pilot sounds exciting, but this job requires significant training and a high threshold for stress. The first step requires passing ground school and logging at least 250 hours in the air. The next step involves logging additional flight hours as a regional pilot to build enough experience to be considered by a commercial airline. Even for those with the best training, the current economic situation will greatly affect the availability of jobs, as the aviation industry is particularly influenced by economic factors. If you have the patience and persistence for flight training and can endure grueling schedules and low pay at a commuter airline in the beginning, you may eventually become a pilot with a major airline.

Q: What is the best title for the passage?
(a) Regional Airlines Seeking New Pilots
(b) The Challenge of Becoming a Pilot
(c) Economic Considerations for Pilots
(d) How to Find Work as a Pilot

6   They say a picture is worth a thousand words, and this is especially true of photojournalism. The media and political leaders both recognized the importance of photojournalists during World War II, when pictures from warzones were used to sway public opinion, in support of or against issues. Professional news photographers joined soldiers in combat to capture the consequences of war up close. Although people were often shocked by the images they saw in newspapers and magazines, photography brought the reality of battles home. From then on, photojournalists played an important role in conflicts around the world, keeping the public informed and often influencing political decisions and elections.

Q: What is the best title for the passage?
(a) Famous Photojournalists of World War II
(b) The Media's Portrayal of Violent Battles
(c) The Importance of Photojournalists
(d) Photography's Impact on Politics

Choose the best answer for the blank.

[1~6]

recognized	unpleasant	include	effective	boosting	dismayed

1   Recent studies indicate that blueberries, more than any other fruit, provide the most antioxidants, which prevent cancer-causing cell damage, and that they may be _______________ against aging.

2   This may include _______________ the health of your brain cells, thereby preventing memory loss and potentially the age-related problem of Alzheimer's disease.

3   The media and political leaders both _______________ the importance of photojournalists during World War II, when pictures from warzones were used to sway public opinion, in support of or against issues.

4   My husband and I recently dined at your restaurant where we were _______________ by some of the changes that have taken place.

5   In particular, we noticed that the tablecloths were grimy, the lettuce in our salads was wilted, and there was an _______________ odor coming from the kitchen.

6   We thank you for your recent submission to Creative Story Journal. Although we have already planned our next six issues, we would like to _______________ your story in the October edition.

[7~12]

chronic	approach	reality	influencing	requires	availability

7   From then on, photojournalists played an important role in conflicts around the world, keeping the public informed and often _______________ political decisions and elections.

8   Being a pilot sounds exciting, but this job _______________ significant training and a high threshold for stress. The first step requires passing ground school and logging at least 250 hours in the air.

9   Even for those with the best training, the current economic situation will greatly affect the _______________ of jobs, as the aviation industry is particularly influenced by economic factors.

10 New treatments are much safer but can still cause dependence and withdrawal problems. Although people who suffer from ________________ pain will require sleep medication for their entire lives, most insomniacs only need medication for a short time.

11 But because sleep medications only address the symptoms of insomnia and not the causes, many doctors believe that the best ________________ to dealing with sleep problems is cognitive-behavioral therapy, which helps people learn how to have better sleep habits.

12 Although people were often shocked by the images they saw in newspapers and magazines, photography brought the ________________ of battles home.

Vocabulary list

☐ **address** v. (어려운 문제 등을) 다루다, 처리하다

☐ **antioxidant** n. [생물] 산화 방지제, [화학] (식품의) 방부제

☐ **availability** n. 유효성, 유용성

☐ **aviation** n. 항공

☐ **be around** 부근에 있다, 체재하다

☐ **addictive** a. (약물 등이) 중독성의

☐ **boost** v. 신장시키다, 북돋우다

☐ **cholesterol** n. 콜레스테롤

☐ **chronic** a. 만성적인

☐ **collaborator** n. 공편자(共編者), 합작자

☐ **commercial airline** 상업(사업)용 민간 항공사

☐ **commuter airline** 통근 항공사

☐ **consequence** n. (발생한 일의) 결과

☐ **contributor** n. 기고자

☐ **deadly** a. 생명을 앗아가는[앗아갈], 치명적인

☐ **dependence** n. 의존성, 중독

☐ **fiber** n. 섬유, 섬유질

☐ **from then on** 그때부터 (쭉)

☐ **grimy** a. 때 묻은, 더러운

☐ **ground school** (조종사) 지상 이론 교육

☐ **grueling** a. 녹초로 만드는, 엄한

☐ **insomnia** n. 불면증

☐ **insomniac** n. 불면증 환자, 불면증에 시달리는 사람

☐ **involve** v. 포함하다, (필연적으로) 수반하다

☐ **issue** n. (정기 간행물의) 호

☐ **lettuce** n. 상추

☐ **log** v. 항해[운항/비행]하다

☐ **magnesium** n. 마그네슘(금속 원소)

☐ **manganese** n. 망간(금속 원소)

☐ **odor** n. 냄새, 악취

☐ **photojournalism** n. (잡지에서의) 사진 보도

☐ **portrayal** n. (그림, 책 등에서의) 묘사

☐ **potentially** adv. 가능성 있게, 잠재적으로

☐ **remedy** n. 해결[개선]책, 치료(약)

☐ **root cause** (문제, 난관의) 주요 원인

☐ **saturated fat** 포화 지방

☐ **set forth** 진술하다, 밝히다, 설명하다

☐ **shabby** a. 다 낡은, 허름한

☐ **sodium** n. 나트륨

☐ **standard fee** 표준 수수료

☐ **submission** n. (서류, 제안서 등의) 제출

☐ **sway** v. 흔들리다[흔들다]

☐ **take note of** ~에 주목[주의]하다, 알아채다

☐ **thereby** adv. 그렇게 함으로써, 그것 때문에

☐ **threshold** n. 한계점

☐ **treat** v. 치료하다, 처치하다

☐ **warzone** n. (공해의) 교전 지역

☐ **wilted** a. 살짝 익힌[데친]

☐ **withdrawal** a. (약물 중독 등으로 인한) 금단

Unit 04

세부정보 찾기와 진위파악 I

세부 파악과 진위 파악 유형은 TEPS 독해에서 가장 많이 출제되는 유형으로, 고도의 집중력이 요구되며 시간이 많이 소요되기 때문에 수험생들이 가장 어려워하는 유형이다. 주로 지문에서 특정 정보를 묻는 유형과 지문의 내용과 일치하거나 일치하지 않는 선택지를 묻는 유형이 대부분이다.

01 선택지에 등장하는 극단적인 단어와 표현은 오답 함정이다.

진위 파악이나 세부 파악 유형의 문제에서 가장 흔하게 등장하는 오답 선택지는 [all, only, always] 등의 극단적인 단어나 표현이 들어간 경우가 많다. 따라서 이런 표현이 등장한 선택지는 가급적 답에서 제외시키는 것이 좋다.

02 숫자는 항상 각별히 주의한다.

세부 내용 유형에서 각별히 주의를 기울여서 기억해야 하는 부분이 숫자와 관련된 내용이다. 숫자 정보는 금액이나 시간, 나이, 연도, 통계 수치 등 여러 가지로 등장하는데, 선택지에서 지문과 다르게 제시하거나 반대로 제시하는 경우도 있으므로 각별히 유의하자.

The TOP in TEPS Example

In World War Ⅱ, Nazi U-boats were devastating the ships of allied forces. The Allies decided to strike back. Hunter-Killer Task Forces were organized to find and sink submarines one by one. Quickly, leaders realized this strategy was not resolving the problem, so a classified plan emerged within the Task Force administration: they would capture a German submarine to better understand Nazi sub service. In 1944, Lieutenant Albert L. David and his crew, at great peril to themselves, captured the ultimate prize: U505. Its bounty included top-secret information and technology, such as a coveted Enigma encryption machine. This helped the Allies track and avoid all subsequent submarine movement.

Q: Why was the capture of U505 valuable to the Allies?
(a) It led to the capture of high-ranking Nazis.
(b) It was later used as an Allied war vessel.
(c) It resulted in the destruction of other submarines.
(d) It helped them locate the enemy's submarines.

[Translation]

2차 세계대전에서 나치의 유보트 잠수함들은 연합군의 전함들은 황폐화시켰다. 연합군은 그에 대항하기로 한다. 이 잠수함들을 찾아 하나씩 파괴하기 위해 헌터킬러 특수 부대가 조직되었다. 곧 지도자들은 이러한 파괴 전략이 문제를 해결하지 못한다는 것을 깨닫게 되고 특수 부대 지도층 내부에서 비밀 계획이 등장했다. 그들은 독일의 잠수함 군대를 좀더 잘 이해하기 위해서 잠수함을 함락하기로 한다. 1944년 Albert L. David 대위와 그의 해군병사들은 위험을 무릅쓰고 U505를 함락시킨다. 이것으로 그들이 원하던 암호 해독기와 같은 최고 기밀 정보와 기술을 얻게 된다. 이로 인해 연합군은 그 후 모든 잠수함의 움직임을 살피고 피할 수 있게 된다.

질문: U505의 함락이 연합군에게 귀중했던 이유는 무엇인가?
(a) 나치 고위 관리들을 체포할 수 있었다.
(b) 나중에 연합군의 잠수함으로 사용되었다.
(c) 다른 잠수함들을 파괴할 수 있도록 해주었다.
(d) 적에 잠수함의 위치를 파악하도록 도와주었다.

[Joseph's Solution]

나치의 잠수함을 파괴하는 대신 포획함으로써 정보와 기술을 얻게 되었고, 이를 이용하여 나치 잠수함의 위치를 미리 파악하여 피할 수 있었다고 했으므로 (d)가 정답이다. 세부정보 파악 유형의 문제는 주로 의문사를 이용해서 특정정보를 묻고 있기 때문에, 지문을 모두 읽지 않고도 답을 찾을 수 있는 경우가 대부분이다. 질문지와 선택지를 먼저 읽고 지문은 문제에서 요구하는 세부정보가 언급된 부분만을 읽고 정답을 찾아내는 연습을 하면 시간안배에 도움이 된다.

[Vocabulary]

devastate v. 황폐화시키다 **strike back** 반격하다 **sink** v. 가라앉다 **submarine** n. 잠수함 **strategy** n. 전략 **resolve** v. 해결하다 **emerge** v. 출현하다 **peril** n. 위험 **ultimate** a. 궁극적인 n. **bounty** n. 상금 **covet** v. 원하다 **enigma** n. 수수께끼 **encryption** n. 해독 **subsequent** a. 그 이후의

[Joseph's 강의 노트]

세계 2차대전 당시 나치 잠수함에 대항한 연합군의 전략에 관한 글을 읽고 세부정보를 파악하는 문제입니다. 이런 유형의 문제는 주로 의문사를 이용해서 특정정보를 묻고 있기 때문에, 지문을 다 읽어보지 않아도 답을 찾을 수 있는 경우가 대부분이므로, 반드시 질문지와 선택지를 먼저 읽고 지문은 훑어 읽기(skimming)를 통해서 문제에서 요구하는 세부정보가 언급된 부분만을 정독을 하셔서 시간을 절약하시는 전략을 세우는 게 좋습니다. 이 문제에는 지문의 마지막 문장이 paraphrase되어 정답 선택지로 제시되었습니다.

1 The Black Plague was the one of the worst epidemics in history wiping out one third of the population of Europe during the Middle Ages. The plague is commonly referred to as the Black Death, but the disease came in three distinct forms. The bubonic plague caused victims to have large, inflamed lymph nodes surrounding the neck, groin and armpits. The swollen nodes generally turned black, hence the name of the disease. The pneumonic plague affected the lungs, causing victims to cough up blood. The third strain, septicemic plague, caused high fever and excessive blood clotting which turned sufferers' skin a purple shade.

Q: Why was the plague given the name "the Black Death"?
(a) It wiped out a vast amount of people in the Middle Ages.
(b) The various strains all affected different body parts.
(c) It usually caused victims' skin to change color.
(d) Dark lymph nodes were a symptom of one strain.

2 If you are a busy mom, Wash-It-Right 3-in-1 Laundry Sheets are the answer to your prayers. With Wash-It-Right 3-in-1 laundry has never been easier. One powerful sheet contains a load's worth of detergent, softener, and anti-static. Simply drop the sheet into your washer along with your dirty clothes, and the detergent is released in the wash cycle. Then transfer everything to your dryer. The heat activates the sheet's stripe, which softens and removes static from your clothes. With 3-in-1 sheets, you can say goodbye to the annoyance of bulky bottles, the hassle of measuring, and the cost of separate products.

Q: What are the benefits of Wash-It-Right laundry sheets?
(a) They clean clothes better than other products.
(b) They are non-hazardous and environmentally friendly.
(c) They reduce the number of products needed for laundry.
(d) They cut down the amount of water the washer uses.

3 Archold Products is looking for current college students to be Campus Brand Managers. You will be responsible for creating a buzz and building the Archold brand on your college campus. More specifically, your objective will be to gain 1,000 users through word of mouth, distributing flyers and other grassroots marketing efforts. You'll also raise awareness through digital flyers and social media sites. You will gain great marketing skills as well as public relations experience by talking to campus leaders, student organizations, and local media outlets. With current marketing trends shifting toward social media and personalization, our team will prepare you for a future in business, and you will have fun doing it!

Q: Which is a reason for becoming a Campus Brand Manager?
(a) You will gain skills that can carry over into a career.
(b) You will improve your popularity amongst your peers.
(c) You will become a more involved student on your campus.
(d) You will learn how to network better on social media sites.

4   Lise Meitner was a prominent Austrian physicist who worked in nuclear physics in the early 1900s. She and her colleague, Otto Hahn, discovered nuclear fission; however, in 1944, only Hahn was awarded a Nobel Prize for his achievement. Meitner became another of many women whose achievements were ignored by the Nobel committee. Meitner and Hahn had studied nuclear reactivity together for thirty years, combining her knowledge of physics with his knowledge of chemistry. The Nobel committee never acknowledged any prejudice. Still, Meitner received several notable achievements for her nuclear fission work from other sources, including the Enrico Fermi Award. She even had an element named in her honor.

   Q: What is the reason that Meitner did not win the Nobel Prize?
      (a) She did not do as much work on the project as her colleague.
      (b) Her previous accomplishments put her out of the running.
      (c) As a woman in the sciences, she was a victim of sexism.
      (d) The Nobel committee did not accept work in nuclear fission.

5   Galileo, one of the most famous leaders of the Scientific Revolution, was an inventor, physicist, mathematician, astronomer, and philosopher. His numerous accomplishments brought him fame in his lifetime, and today he is considered the father of modern science. He is best known for his accurate astronomical studies, which generated a lot of controversy in his time. Based on calculations using a telescope, Galileo determined that the Earth and all the planets revolved around the sun. This contradicted the widely held view at the time that everything in the universe revolved around the Earth. The Catholic Church, in response to the publication of Galileo's theory, found him guilty of heresy and confined him to house arrest for the rest of his life.

   Q: According to the passage, what was Galileo's most significant accomplishment?
      (a) He calculated the speed of the Earth's revolutions around the sun.
      (b) He invented many useful tools for astronomical studies.
      (c) He proved that the teachings of the Catholic Church were wrong.
      (d) He determined that the sun was the center of the universe.

6   The powerful Incan Empire constructed the city Machu Picchu on a mountaintop in the mid-1400s.
But it was abandoned a little over 100 years later and remained unknown to the world until it was
rediscovered in 1911. Built 2,340 meters above sea level on a mountain ridge, the purpose of
Machu Picchu has intrigued archaeologists. Some claim that it was built to honor the birthplace
of the Incan sun gods, while others believe that the structure of both the mountains and the city
itself corresponded to important astronomical events. Still another theory asserts that the mountain
city was an Incan prison. The origin of Machu Picchu may never be determined, but the mystery
surrounding it helps make it Peru's most visited tourist attraction.

Q: Why are archaeologists intrigued by Machu Picchu?
(a) Because its function is uncertain.
(b) Because it is high in the mountains.
(c) Because it was abandoned by the Incans.
(d) Because it is a famous tourist attraction.

Make-up Vocabulary

Choose the best answer for the blank.

[1~6]

numerous	epidemics	combining	controversy	removes	affected

1 The Black Plague was the one of the worst ________________ in history wiping out one third of the population of Europe during the Middle Ages.

2 Galileo, one of the most famous leaders of the Scientific Revolution, was an inventor, physicist, mathematician, astronomer, and philosopher. His ________________ accomplishments brought him fame in his lifetime, and today he is considered the father of modern science.

3 He is best known for his accurate astronomical studies, which generated a lot of ________________ in his time.

4 Meitner and Hahn had studied nuclear reactivity together for thirty years, ________________ her knowledge of physics with his knowledge of chemistry.

5 Simply drop the sheet into your washer along with your dirty clothes, and the detergent is released in the wash cycle. Then transfer everything to your dryer. The heat activates the sheet's stripe, which softens and ________________ static from your clothes.

6 The pneumonic plague ________________ the lungs, causing victims to cough up blood. The third strain, septicemic plague, caused high fever and excessive blood clotting which turned sufferers' skin a purple shade.

[7~12]

easier	intrigued	confined	abandoned	structure	awareness

7 The powerful Incan Empire constructed the city Machu Picchu on a mountaintop in the mid-1400s. But it was ________________ a little over 100 years later and remained unknown to the world until it was rediscovered in 1911.

8 Some claim that it was built to honor the birthplace of the Incan sun gods, while others believe that the ________________ of both the mountains and the city itself corresponded to important astronomical events.

9   If you are a busy mom, Wash-It-Right 3-in-1 Laundry Sheets are the answer to your prayers. With
    Wash-It-Right 3-in-1 laundry has never been ______________.

10 Built 2,340 meters above sea level on a mountain ridge, the purpose of Machu Picchu has
    ______________ archaeologists.

11 The Catholic Church, in response to the publication of Galileo's theory, found him guilty of heresy
    and ___________ him to house arrest for the rest of his life.

12 You'll also raise ___________________ through digital flyers and social media sites. You will gain
    great marketing skills as well as public relations experience by talking to campus leaders, student
    organizations, and local media outlets.

Make-up Vocabulary

Vocabulary list

- **abandon** v. 버리다, 떠나다, 유기하다
- **antistatic** n. 정전기 방지제
- **archaeologist** n. 고고학자
- **armpit** n. 겨드랑이
- **assert** v. 역설하다, 강력히 주장하다
- **astronomer** n. 천문학자
- **astronomical** a. 천문(학상)의
- **awareness** n. (무엇의 중요성에 대한) 의식[관심]
- **blood clotting** n. 혈병화, 응혈(凝血) 과정[혈액이 혈관 밖으로 나온 경우에 응고하여 암적색의 단단한 것으로 되는 현상]
- **bubonic** a. 서혜 임파선종의
- **bulky** a. 물건이 부피가 큰[커서 옮기기 힘든]
- **buzz** n. 웅성거림, 소문
- **carry over into** ~에까지 이어지다
- **confine** v. 넣다, 가두다
- **contradict** v. 부정[부인]하다, 반박하다, 모순되다
- **controversy** n. 논란
- **correspond** v. 일치하다, 부합하다
- **cough up** ~을 내놓다[토해 내다]
- **detergent** n. 세제
- **determine** v. 알아내다, 밝히다
- **epidemic** n. 유행병, 유행성 (전염병)
- **friendly** a. 우호적인, 친화적인
- **grass roots** 민초, 보통 사람들[구성원들]
- **groin** n. 사타구니, 서혜부
- **hassle** n. 귀찮은[번거로운] 상황[일]
- **heresy** n. (종교상의) 이단
- **house arrest** 가택 연금
- **in response to** ~에 응하여[답하여]
- **inflamed** a. 신체 부위에 염증이 생긴

- **intrigue** v. 강한 흥미[호기심]를 불러일으키다
- **lymph node** 림프[임파]절
- **media outlet** 언론 매체, 언론사
- **non-hazardous** a. 비유해성의
- **notable** a. 주목할 만한, 중요한, 유명한
- **nuclear fission** [물리] 핵분열
- **nuclear physics** 핵물리학
- **nuclear reactivity** [물리] (원자로의) 핵 반응도
- **out of the running** 이미 고려되지 않는, 실격 당한
- **peer** n. (사회적 · 법적으로) 지위가 동등한 사람, 필적하는 사람
- **personalization** n. 개인화
- **plague** n. 전염병
- **pneumonic** a. 폐렴의, 폐의
- **pneumonic plague** 폐렴형 페스트
- **prayer** n. 기도 (내용)
- **prejudice** n. 편견
- **prominent** a. 두드러진, 유명한
- **public relation** 홍보[공보]
- **revolve** v. (축을 중심으로) 돌다[회전하다]
- **ridge** n. 산등성이, 산마루
- **septicemic plague** 패혈증형 흑사병
- **social media** 사회(적) 매체
- **softener** n. (세탁 때 넣는) 섬유 유연제
- **static** n. 정전기
- **still** adv. 그런데도, 그럼에도 불구하고
- **strain** n. (질병 등의) 종류[유형]
- **swollen** a. (몸의 일부가) 부어오른
- **the Black Death** 흑사병(黑死病)
- **the Black Plague** 페스트
- **wipe (sb/sth) out** ~을 완전히 파괴하다[없애 버리다]

Unit 05

세부정보 찾기와 진위파악 II

진위파악 및 세부 내용 파악 유형은 지문 내용의 일부만 묻기보다는 지문 전체를 범위로 삼아서 선택지가 해당 지문에 등장했던 사항인지 아닌지를 묻는 경우가 많다. 따라서 질문과 선택지를 먼저 읽어서 지문에서 무엇을 요구하는지를 빠르게 파악하자. 시간관리 상 지문을 두 번 세 번 읽지 않도록 평소에 지문을 읽으면서 기억력과 집중력을 기르도록 훈련하고, 다양한 문제를 통해서 오답 함정을 피하는 요령을 익혀두도록 한다.

01 정답은 paraphrase되어 등장함에 유의한다.

세부 내용 파악과 진위 내용 파악에서도 정답은 거의 대부분 paraphrase되어 등장하는 것이 원칙이다. 따라서 평소에 어휘 학습을 게을리하지 말아야 한다.

02 주제와 관련 있는 선택지가 정답으로 등장하는 경우가 많다.

세부 파악이나 진위 파악에서도 주제와 관련 있는 선택지가 정답 선택지로 등장하는 경우가 상당히 많기 때문에 글의 대의를 먼저 파악하고 문제 풀이에 접근하는 것이 바람직하다.

The TOP in TEPS Example

Though cacti vary greatly in size, color, shape and flower, they are easily distinguished from other members of the plant kingdom. One marker is the enlarged stem that stores water and air, and also makes carbohydrates for the plant through photosynthesis. Instead of leaves, cacti have spines or needles. Well-adapted to dry conditions in a home, cacti can tolerate neglect. Yet if given a little attention, cacti will thrive. From March through September, their typical growing season, expect rapid growth.

Q: Which of the following is correct about cacti?
(a) They do not need water.
(b) Most cacti prefer to be outdoors.
(c) Some cacti grow leaves instead of needles.
(d) Cacti need little care.

[Translation]

선인장이 크기, 색상, 모양, 꽃이 다양하긴 하지만 식물계의 다른 일원들과는 쉽게 구분된다. 하나의 다른 점은 물과 공기를 저장하는 커다란 줄기가 광합성을 통해 식물을 위한 탄수화물을 만든다는 점이다. 선인장은 잎 대신에 가시가 있다. 실내의 건조한 조건에 잘 적응하는 선인장은 잘 보살피지 않아도 살아남는다. 하지만 조금 주의를 기울인다면 선인장은 번성하게 될 것이다. 선인장의 전형적인 성장기인 3월부터 9월까지는 빠른 성장을 기대할 수 있다.

질문: 선인장에 대한 내용으로 알맞은 것은?
(a) 물이 필요 없다.
(b) 대부분의 선인장은 실외를 선호한다.
(c) 일부 선인장은 가시 대신 잎이 있다.
(d) 선인장은 관리가 별로 필요 없다.

[Joseph's Solution]

선인장의 다른 식물과의 해부학적 차이점과 그로 인한 화초로 재배시 용이성을 설명한 글을 읽고 진위파악을 하는 문제이다. 이 문제의 경우 진위파악 유형의 문제이지만, 글의 주제와 관련 있는 선택지가 정답으로 출제되었다. 따라서 선인장은 관리가 별로 필요 없다는 (d)가 정답이다.

[Vocabulary]

cacti n. 선인장 (단수형 cactus) **distinguish** v. 구별하다 **plant kingdom** 식물계 **marker** n. 표시 **enlarge** v. 확대하다 **stem** n. 줄기 **carbohydrate** n. 탄수화물 **photosynthesis** n. 광합성 **spine** n. 가시 모양의 돌기 **adapted** a. 적합한 **tolerate** v. 참다 **neglect** n. 무시, 등한시 **thrive** v. 번성하다 **rapid** a. 빠른

1   Dear Customer,

James River Furniture invites you to attend our spring preview sale this weekend. This invitation is going out to our preferred customers only and will give you the opportunity to purchase the latest in home design. We recently returned from our Milan buying trip and are excited to bring you the best in Italian furniture. Among our items are unique lamps and the finest leather sofas, at prices and quality that cannot be found anywhere else. So be sure to take advantage of this special sale, and you'll also receive a surprise gift with each purchase over $500. Drop by and see for yourself why James River Furniture is our city's finest interiors store.

Sincerely,
Mary and Daniel Cobb
Owners, James River Furniture

Q: What information does the letter give about the sale?
(a) A gift will be given to all customers.
(b) The sale is not open to the public.
(c) The items will be deeply discounted.
(d) The items will be shipped from Italy.

2   Dear Neighbors,

Our neighborhood Independence Day celebration will be held on Saturday, July 4 from 4:00 p.m. onwards, at the playground on the corner of Douglas and Spruce Streets. Like last year's event, it is a potluck buffet, but this year we are also asking for volunteers to organize games for children. The Neighborhood Association will provide grills and charcoal plus plates, cups and utensils. Please contact Sherry Underwood for the food sign-up sheet or to handle the games. Whatever you decide to bring, remember that it should be enough for around twenty-five people. We also ask that if you have not paid your association dues yet, please do so before June 30. Your contribution helps make these events possible.

Sincerely,
Bonnie Castelnuovo, President
Spruce Neighborhood Association

Q: What does the letter ask the neighbors to do?
(a) Pick a location for this year's celebration
(b) Pay their association dues before the picnic
(c) Bring grills and charcoal to the celebration
(d) Notify if they will not be able to attend

3 Dance takes numerous forms, but one of the most unusual styles is Kathakali dance from southern India. It combines dance with not only music, but also painting, acting, mime, and literature. Interestingly, Kathakali is believed to have its origins in a political rivalry. When the ruler of a southern Indian city was refused permission to borrow a neighboring city's dance troupe, he decided to assemble a new group of performers, thus giving birth to Kathakali. Originally, Kathakali told 101 different Hindu stories and performances lasted the entire night. The modern public does not have the patience or time for these marathon spectacles, so Kathakali today is usually condensed to two to four hours.

Q: What is special about Kathakali?
- (a) It involves choreographed movement and other artistic forms.
- (b) Performances take place intermittently throughout the day.
- (c) Its themes focus on political satire that mocks current events.
- (d) Contemporary audiences are able to see all the stories performed.

4 Dear Parents,

I'm writing to provide you with an update on the recent outbreak of several contagious diseases on our school campus. As you know, during the winter season everyone is more susceptible to colds and flu. In addition to the usual coughs and fevers we see at this time of the year, five of our students in the elementary school were diagnosed with chicken pox last week and six students in the middle and high schools have come down with mumps. We therefore ask you to be especially vigilant regarding your child's health. If your son or daughter has a fever, or shows any symptoms of these illnesses, please make an appointment with your family doctor immediately before returning to school.

Sincerely,
Gail Gardner
Director

Q: What does the letter request from parents?
- (a) Arrange an appointment with a doctor after school.
- (b) Carefully observe their children for signs of illness.
- (c) Pay attention to reports about mumps and chicken pox.
- (d) Talk to the school director when a student has a fever.

5   Humans have always had an impact on their environment. With an increased world population and continuing development, the effects today are even more significant. This can be seen in the migratory patterns of two types of seabirds. Instead of following the natural patterns of fish in the oceans, these birds now seek out the fish that people throw away. Fishermen are inadvertently transforming the foraging habits of birds by providing them with an easily available food source. Human exploitation of local resources could have serious implications for the worldwide movements of animals and unexpected ecological consequences.

     Q: Which of the following is correct according to the passage?
      (a) Fishing is destroying the seabirds' habitat.
      (b) Humans help animals by feeding them scraps.
      (c) Animals are becoming reliant on humans for food.
      (d) Humans are now consuming less seafood.

6   We are currently organizing an exhibition of original photographs by employees. The theme of the exhibition is "places and faces." We invite all employees who would like to participate to choose two of their favorite photographs that reflect this theme. Photos should not be larger than 24" x 36". Frank's Photos will handle framing and mounting. The opening reception for the exhibition will take place on March 15, with snacks and drinks provided. All employees are welcome to bring up to four guests. During the reception, you will also have the opportunity to vote for your favorite picture. The winner will receive a $100 gift certificate from Frank's Photos.

     Q: Which of the following is correct according to the passage?
      (a) Photos must be of people.
      (b) Guests can submit photos.
      (c) The gift certificate is for framing.
      (d) The reception is open to the public.

Make-up Vocabulary

Choose the best answer for the blank.

[1~6]

organize	unusual	patience	latest	effects	susceptible

1   This invitation is going out to our preferred customers only and will give you the opportunity to purchase the ________________ in home design.

2   Humans have always had an impact on their environment. With an increased world population and continuing development, the ________________ today are even more significant.

3   Like last year's event, it is a potluck buffet, but this year we are also asking for volunteers to ________________ games for children.

4   Dance takes numerous forms, but one of the most ________________ styles is Kathakali dance from southern India.

5   I'm writing to provide you with an update on the recent outbreak of several contagious diseases on our school campus. As you know, during the winter season everyone is more ________________ to colds and flu.

6   The modern public does not have the ________________ or time for these marathon spectacles, so Kathakali today is usually condensed to two to four hours.

[7~12]

exploitation	take place	transforming	illnesses	participate	unique

7   Human ________________ of local resources could have serious implications for the worldwide movements of animals and unexpected ecological consequences.

8   We therefore ask you to be especially vigilant regarding your child's health. If your son or daughter has a fever, or shows any symptoms of these________________, please make an appointment with your family doctor immediately before returning to school.

9   We invite all employees who would like to ________________ to choose two of their favorite photographs that reflect this theme.

10 The opening reception for the exhibition will _______________ on March 15, with snacks and drinks provided.

11 Fishermen are inadvertently _______________ the foraging habits of birds by providing them with an easily available food source.

12 Among our items are _______________ lamps and the finest leather sofas, at prices and quality that cannot be found anywhere else.

Vocabulary list

- ☐ **association** n. 협회
- ☐ **be susceptible to** ~에 걸리기 쉽다
- ☐ **celebration** n. 기념[축하] 행사
- ☐ **chicken pox** 수두
- ☐ **choreograph** v. 안무를 하다, (쇼 등을) 연출하다
- ☐ **come down with** ~(전염)병에 걸리다
- ☐ **condense** v. (글이나 정보를) 압축하다
- ☐ **contagious** a. 전염되는, 전염성의
- ☐ **current events** 시사(時事), 시사 문제 연구
- ☐ **due** n. 회비, 요금
- ☐ **exploitation** n. 개척, 개발
- ☐ **flu** n. 독감
- ☐ **foraging** a. 수렵 채집 (생활)(의)
- ☐ **gift certificate** 상품권
- ☐ **implication** n. 밀접한 관계, 관련
- ☐ **inadvertently** adv. 무심코, 우연히, 부주의로
- ☐ **intermittently** adv. 간간이, 간헐적으로
- ☐ **latest** a. 최근의
- ☐ **marathon** n. 마라톤 같은[오랜 인내/노력을 요하는] 일
- ☐ **migratory** a. 이주[이동]하는
- ☐ **mock** v. (특히 흉내를 내며) 놀리다[조롱하다]
- ☐ **mount** v. 끼우다, 고정시키다
- ☐ **mumps** n. 볼거리, 유행성 이하선염
- ☐ **onwards** adv. (특정 시간부터) 계속
- ☐ **opportunity** n. 기회
- ☐ **outbreak** n. (질병 등의) 발생[발발]
- ☐ **potluck** n. (여러 사람들이) 각자 음식을 조금씩 가져 와서 나눠 먹는 식사
- ☐ **preview** n. 시사평, 시사회
- ☐ **rivalry** n. 경쟁 (의식)
- ☐ **satire** n. 풍자
- ☐ **scrap** n. 쓰레기, 부스러기
- ☐ **seabird** n. 바닷새, 해조(海鳥)
- ☐ **sign-up** n. 신청, 서명
- ☐ **spectacle** n. (굉장한) 구경거리[행사]
- ☐ **troupe** n. 공연단, 극단
- ☐ **unique** a. 독특한, 특이한
- ☐ **utensil** n. (가정에서 사용하는) 기구
- ☐ **vigilant** a. 경계하고 있는, 방심하지 않는

Unit 06

추론

추론은 지문에 등장하지 않은 내용이지만 유추를 통해서 정답을 골라야 하는 유형이며, 상당히 많은 문항 수가 출제된다. 단순한 paraphrase가 아닌 지문 내용을 근거로 해서 다르게 표현한 문장이 등장하므로, 평소에 어휘뿐만 아니라 다양한 글을 읽고 정보를 논리적으로 분석하는 훈련이 필요하다.

01 철저하게 지문에 근거해서 추론한다.

지나친 상상이나 상식을 개입시키는 것은 오답으로 가는 지름길이다. 추론 문제는 지문의 주제나 지문에 언급된 세부 내용을 읽고 논리적인 결론을 내려야 하기 때문에 상식적으로 맞아 보이는 선택지라도 지문에 근거해서 추론이 불가능한 경우는 오답일 확률이 매우 높다.

02 추론 문제 역시 주제 파악은 필수이다.

추론 문제 역시 주제와 관련된 선택지가 정답으로 등장하는 경우가 많기 때문에 글의 요지나 글쓴이의 태도, 어조를 파악할 필요가 있다. 저자가 어떤 태도(attitude)를 갖고 지문을 전개하였는지가 선택지의 정답을 고르는 데 상당히 결정적 역할을 할 때가 많기 때문이다.

The TOP in TEPS Example

The cleaning industry trade group surveyed about 1,000 adults about their cleaning and hygiene habits at work and found that almost 50% don't clean their desks before eating at them. About a third of them don't wash their hands, which may foster the spread of infectious diseases like colds and flu. Germs are spread hand-to-hand, by hands that touch a variety of surfaces we come in contact with every day. Desks, phones, door knobs, conference tables, fax machines, and other common workplace areas can be breeding grounds for bacteria.

Q: What can be inferred from the passage?
   (a) Most offices are not cleaned properly.
   (b) Keeping your hands clean can prevent disease.
   (c) Employees prefer going out to lunch.
   (d) People don't have time to clean off their desks at lunchtime.

[Translation]

청소업계는 약 1,000명의 성인들을 대상으로 직장에서의 청결과 위생습관에 대해 설문조사를 실시했으며, 조사자의 50% 정도가 책상에서 밥을 먹기 전에 책상을 청소하지 않는 것으로 나타났다. 그들 중 약 3분의 1은 손을 씻지 않는데, 이것은 감기나 독감 같은 전염성 질병의 확산을 촉진시킬 수 있다. 세균은 매일 우리가 접촉하는 다양한 표면들을 손으로 만짐으로써, 손에서 손으로 퍼진다. 책상, 전화, 문고리, 회의실 테이블, 팩스기, 그리고 다른 공동 작업공간은 박테리아의 번식지가 될 수 있다.

질문: 지문에서 추론할 수 있는 것은 무엇인가?
(a) 대부분의 사무실은 깨끗이 청소되지 않는다.
(b) 손을 항상 깨끗이 하면 병을 예방할 수 있다.
(c) 직원들은 나가서 점심을 먹는 것을 선호한다.
(d) 사람들은 점심시간에 책상을 청소할 시간이 없다.

[Joseph's Solution]

책상, 전화기, 문손잡이 등에 박테리아가 번식할 수도 있으므로 이러한 표면을 손으로 만져서 세균이 전염되어 질병에 걸릴 수도 있다고 지문에 언급되어 있다. 따라서 손을 깨끗이 씻는 것은 이러한 세균의 전염을 통한 질병을 예방할 수 있다고 추론할 수 있으므로 정답은 (b)이다. (a),(c),(d) 역시 있을 수 있는 상황이지만, 지문을 통해서 추론할 수 있는 내용들이 아니다. 추론 문제 역시 주제와 관련 있는 것이 정답이 될 확률이 높다.

[Vocabulary]

survey v. 조사[검사]하다 **hygiene** n. 위생, 위생 상태 **foster** v. 촉진하다, 조장하다 **infectious disease** 전염병 **flu** n. 독감, 유행성 감기 **germ** n. 세균, 미생물 **hand-to-hand** 손에서 손으로 **a variety of** 갖가지의, 다양한 **come in contact with** ~와 접촉하다, 만나다 **knob** n. 손잡이 **breeding ground** 번식지, 온상, 적당한 환경 **infer** v. ~을 추론하다 **properly** adv. 적절히, 엄밀히 **prevent** v. 예방하다, 막다 **prefer -ing** ~하는 것을 선호하다

Practice Test

1   With over 100 million players in more than 90 countries, bowling is one of the oldest and most popular games in the world. Anthropologists in Egypt unearthed what appear to be primitive forms of a bowling ball and pins. The artifacts date back to 3200 BCE making bowling more than 5,000 years old. However, a German historian claims bowling was invented in Germany around 300 CE as a religious ceremony for determining the absence of sin. In England, bowling started in the 1100s and was played by noble members of society. Bowling came to America in the 17th century and was briefly banned due to gambling implications.

> Q: What does the passage imply?
> (a) The game of bowling is the same worldwide.
> (b) England is the true birthplace of bowling.
> (c) Bowling was viewed differently across the globe.
> (d) Bowling is a modern game with a short history.

2   Is moving in your future? Then call U-Drive Movers. We are a moving labor service, offering professional loading and unloading help with vehicles that you provide. Our goal is to save you money and help you eliminate costs on your final bill. Our highly skilled moving labor crews will carefully load and unload your rental moving truck, moving containers, trailers, and storage units at a fraction of the cost. With typical moving expenses being so high, our service is the way to go. We provide the muscle, and you save half the cost of a conventional moving company.

> Q: What can be inferred about this company?
> (a) They are more qualified than other movers.
> (b) The employees help package all your items.
> (c) They use the customer's own transportation.
> (d) They help sell items you don't want to keep.

3   It has been said that good inventions are the product of necessity, but not all inventions rise out of societal needs. The invention of the potato chip is credited to one man and can be traced back to one fateful day. On August 24, 1853 Chef George Crum was serving French-fried potatoes at his restaurant. One guest found the potatoes too thick, and he sent back his order. Crum cut and fried a thinner batch, but these too were rejected. Annoyed, Crum cut new potatoes too thin and crisp to be eaten with a fork. To Crum's dismay, the guest was ecstatic. The chips became a regular item on the restaurant's menu, and eventually their popularity spread worldwide.

> Q: What can be inferred from this passage?
> (a) Inventions are always carefully planned out ideas.
> (b) Potato chips taste better when they're thick.
> (c) Crum enjoyed experimenting with new foods.
> (d) The potato chip was invented by accident.

4   Come take a look at a beautiful 4 bedroom house in a quiet, safe neighborhood! The home was built in the 1940s and has plenty of old charm. It is located at the end of a secluded cul-de-sac which ensures little traffic. A large backyard is securely fenced for children and pets and includes a swing set. Additionally, two parks are located close by. The home is in a good school district and is within walking distance of a downtown area that has restaurants and an award-winning children's museum.

Q: What does the real estate listing emphasize?
(a) The home's family-friendly nature
(b) The home's modern touches
(c) The home's eco-friendly aspects
(d) The home's trendy location

5   Dear "Ask Annie,"
I am a homebuilder and can fix just about anything. What do I do with friends who call and ask for free advice, but then hire a complete stranger when they have a big project? At first, the company gives them a better price, but once the project starts, the company introduces hidden fees. This has happened with three "good" friends who love to call until it is time to hire someone. This free advice is starving me. It is becoming difficult to maintain friendships when this is how I'm being treated!

From,
Used Friend

Q: What can be inferred about "Used Friend" from his request for advice?
(a) He would like his friends to hire him for their projects.
(b) He is currently overwhelmed with various housing jobs.
(c) He hopes to spend more time talking with his friends.
(d) He wonders if he is being too harsh with his friends.

6   Agatha Christie, the best-selling novelist of all time, was given the title "Queen of Crime" for her 80 detective novels that sold over 2 billion copies. Despite her impressive accomplishments, new evidence in her novels suggests Christie suffered from Alzheimer's disease. Compared to a novel she wrote at 63, one she wrote at 81 had 30% fewer word types, 18% more repeated phrases and three times as many indefinite words such as "something," "thing," and "anything." This loss of vocabulary is a common symptom of Alzheimer's. Notably, the title of the work is Elephants Can Remember, which could be a potential clue that Christie was defensive about her declining mental powers.

Q: What can be inferred from the passage?
(a) Word choice trends can reveal an author's mental state.
(b) Christie stopped writing in her old age due to Alzheimer's.
(c) Christie never received the recognition she deserved.
(d) Authors' novels often get better later in their careers.

7   For decades, people with chronic fatigue syndrome, or CFS, struggled to convince their doctors, employers and even family members that their suffering was real. The syndrome is now acknowledged as a genuine illness, although doctors are still unsure of its origins. First identified in the early 1980s, CFS afflicts more women than men and causes severe symptoms that adversely affect a person's quality of life. Studies have shown that people with the syndrome experience abnormalities in the nervous systems, in the immune system, and with other major biological functions. Researchers believe that there are probably multiple causes behind the syndrome, including genetic predisposition, exposure to microbial agents and toxins, and other physical and emotional traumas.

Q: Which of the following can be inferred from the passage?
(a) Women are more susceptible to stress and therefore predisposed to CFS.
(b) The genetic component of CFS may reveal why more women suffer from it.
(c) CFS is a complicated illness that will never be completely understood.
(d) CFS affected more people before the 1980s than it does now.

8   There is much debate today about climate change and its effects on the planet. But an unusual discovery has been made on the east coast of the U.S. After monitoring the growth rate of a variety of hardwood trees, a forest ecologist has determined that some trees are actually growing faster now than in the past 225 years. Some scientists believe that increasing amounts of carbon dioxide in the air and longer periods of warm weather and rain, due to global warming, are accelerating tree growth rather than destroying forests. However, it will take many more years of careful study using innovative methods to determine the way climate change is affecting trees.

Q: Which discussion is likely to immediately follow the passage?
(a) How fast trees grew 225 years ago
(b) How scientists are conducting this research
(c) How global warming is affecting other plants
(d) How people can protect tropical forests

9   Working from home can be liberating — you set your own schedule and there are no more boring meetings or irritating co-workers. But what if you live in a house full of clutter? Can't find that important fax? Printer just ran out of toner? That's where Home Office Helpers can step in. For a reasonable fee, we help you set up your own home office. We have our own line of ergonomic chairs and desks and a range of organizational systems, from small filing cabinets to ceiling-to-floor shelving units. For offices big or small, we provide the solutions that fit your work habits and help you be more productive. We even offer feng shui services, to give you the tranquility you need to do your best work.

   Q: Who is the most likely target of this advertisement?
   (a) Unemployed people
   (b) Stay-at-home moms
   (c) Independent business owners
   (d) Organized people

10 Before getting started, you will need certain tools, such as a flat head screwdriver, pliers, sharp scissors, a chisel, adhesive glue, a staple gun, and tacks. You may also want to wear work gloves. Remove the covering from the frame to reveal the padding. Remove the old material and padding carefully as you will need it to make a pattern. Place the new foam padding over the frame, leaving a half-inch overlapping all the way around. Glue in place. Use the old material to cut out the new fabric. Then, begin to attach it to the frame with staple gun, keeping it smooth and tight all the way around.

   Q: Who are these instructions most likely intended for?
   (a) A cook
   (b) An engineer
   (c) An electrician
   (d) A furniture maker

Make-up Vocabulary

Choose the best answer for the blank.

[1~6]

| necessity | secluded | evidence | primitive | eliminate | struggled |

1   Anthropologists in Egypt unearthed what appear to be _______________ forms of a bowling ball and pins. The artifacts date back to 3200 BCE making bowling more than 5,000 years old.

2   We are a moving labor service, offering professional loading and unloading help with vehicles that you provide. Our goal is to save you money and help you _______________ costs on your final bill.

3   It has been said that good inventions are the product of _____________, but not all inventions rise out of societal needs. The invention of the potato chip is credited to one man and can be traced back to one fateful day.

4   It is located at the end of a _____________ cul-de-sac which ensures little traffic. A large backyard is securely fenced for children and pets and includes a swing set. Additionally, two parks are located close by.

5   Despite her impressive accomplishments, new _______________ in her novels suggests Christie suffered from Alzheimer's disease.

6   For decades, people with chronic fatigue syndrome, or CFS, _______________ to convince their doctors, employers and even family members that their suffering was real.

[7~12]

| debate | attach | multiple | reasonable | determine | district |

7   Researchers believe that there are probably _______________ causes behind the syndrome, including genetic predisposition, exposure to microbial agents and toxins, and other physical and emotional traumas.

8   However, it will take many more years of careful study using innovative methods to _______________ the way climate change is affecting trees.

Make-up Vocabulary

9 There is much ________________ today about climate change and its effects on the planet. But an unusual discovery has been made on the east coast of the U.S.

10 For a ________________ fee, we help you set up your own home office. We have our own line of ergonomic chairs and desks and a range of organizational systems, from small filing cabinets to ceiling-to-floor shelving units.

11 Use the old material to cut out the new fabric. Then, begin to ________________ it to the frame with staple gun, keeping it smooth and tight all the way around.

12 The home is in a good school ________________ and is within walking distance of a downtown area that has restaurants and an award-winning children's museum.

Vocabulary list

- **abnormality** n. 비정상적인 것, 이상
- **accelerate** v. 가속화되다, 속도를 높이다
- **acknowledge** v. (사실로) 인정하다
- **afflict** v. 괴롭히다, 피해를 입히다
- **anthropologist** n. 인류학자
- **artifact** n. 인공물, 인공 유물
- **award-winning** a. 상을 받은
- **batch** n. 1회분, 한 묶음
- **be the way to go** 최선의 선택이 되다, 행동 노선이 되다
- **chisel** n. 끌
- **clutter** n. 잡동사니, 어수선함
- **conventional** a. 전통적인, 종래의
- **crisp** a. (음식물이) 파삭파삭한
- **date back to** (시기 따위가) ~까지 거슬러 올라가다
- **debate** n. 토론, 논쟁
- **dismay** n. 당황, 어찌할 바를 모름
- **eco-friendly** a. 자연친화적
- **ecstatic** a. 희열에 넘친, 완전히 마음이 팔린
- **eliminate** v. 없애다, 제거[삭제]하다
- **ensure** v. 반드시 ~하게[이게] 하다, 보장하다
- **ergonomic** a. 인체 공학의
- **family-friendly** a. 가족친화적
- **feng shui** 풍수
- **flat head screwdriver** 일자 드라이버
- **forest ecologist** 산림 생태(환경)학자
- **frame** n. (가구, 건물, 차량 등의) 뼈대[프레임]
- **genetic predisposition** 유전적인 소인
- **hardwood** n. 견목, 경재(활엽수에서 얻은 단단한 목재)
- **harsh** a. 가혹한, 냉혹한
- **hidden fee** 명시하지 않은 수수료
- **homebuilder** n. 주택 건설 업자[회사]
- **implication** n. 영향[결과] , (범죄에의) 연루
- **independent business owner** 자영업자
- **infinite word[pronoun]** 부정 (대)명사
- **innovative** a. 획기적인
- **liberate** v. 자유롭게[벗어나게] 해주다
- **line** n. (공장의) 작업 라인[조립 공정]
- **microbial** a. 미생물의, 세균의, 세균에 의한
- **modern touch** 현대적 요소
- **monitor** v. 추적 관찰하다
- **notably** adv. 특히, 그 중에서도
- **organizational** a. 조직(상)의, 유기적 구조의

□ **overwhelm** v. (너무 많은 일로) 어쩔 줄 모르게 만들다

□ **plier** n. 집게, 펜치

□ **primitive** a. (인간, 동물 발달) 초기의, 원시적인 단계의

□ **qualified** a. 자격(증)이 있는

□ **real estate listing** 부동산 정보

□ **rental car** 임대 자동차

□ **repeated phrase** 반복 어구

□ **school district** 학군, 학구

□ **secluded** a. 한적한, 외딴

□ **securely** adv. 단단하게, 안정감 있게

□ **sin** n. (종교, 도덕상의) 죄, 죄악

□ **societal needs** 사회적 욕구[요구], 사회환경 변화에 부
  합해 달라지는 욕구

□ **starve** v. 굶기다, 굶겨 죽이다

□ **stay-at-home** a. 집에 있는

□ **step in** (문제 해결을 위해) 돕고 나서다[개입하다]

□ **tack** n. 압정

□ **toxin** n. 독소

□ **trailer** n. 트레일러[견인용 운송차량]

□ **tranquility** n. 평온, 고요함, 평정

□ **trauma** n. [심리] 정신적 외상, 트라우마

□ **unearth** v. 찾다, 밝혀내다

□ **unit** n. (특정의 기능을 가진) 장치, 설비, 도구

□ **unusual** a. 특이한, 색다른

□ **walking distance** 편하게 걸어갈 수 있는 거리

□ **word type** 단어 수

Chapter 03

PART III 어색한 문장 찾기

Part 3은 한 단락의 글에서 내용의 흐름상 어색한 곳을 고르는 3문항으로 이루어져 있다. 한 문제당 배점이 15점씩이며, 독해에서 가장 배점이 높은 부분이면서도 비교적 쉽게 출제된다. 시간에 쫓기지 않고 차분히 읽을 시간이 있다면 쉽게 답을 고를 수 있다.

▶ Joseph's TIP for TEPS

Part 3은 문법의 Part 4와 유사한 구성이지만, 문법에서는 첫 문장부터 (a),(b),(c),(d)로 나오는 반면 독해 Part 3에서는 주제문이 언급된 이후에 (a),(b),(c),(d)가 이어진다. 따라서 무조건 첫 문장이 주제문이 되며, 첫 문장과 흐름상 맞지 않는 선택지를 답으로 고르면 된다.

Unit 01

흐름파악

TEPS 독해 중 가장 배점이 높은 파트로 독해 문제를 풀 때 가장 먼저 풀어보는 것이 유리하다. 주로 글 전체의 흐름을 방해하거나 무관한 문장을 고르는 유형으로 ①주제(topic)가 불일치한 것 ②시제가 안 맞는 것 ③어조(tone)가 안 맞는 것을 고르는 문제가 주로 출제된다. 전체적으로 글이 세부 사항인데 같은 topic이라도 너무 포괄적인 의미의 문장이 중간에 삽입되어 있거나, 반대로 토픽이 일치하더라도 포괄적인 내용이 나오다가 갑자기 너무 세부적인 내용을 다루는 문장이 나왔다면 흐름상 어색한 것이므로 주의해야 한다.

01 항상 기준이 되는 문장은 주제문인 첫 문장이다.

독해 파트 3에서 두 번째 문장부터 선택지 (a)가 주어지므로 주제문은 무조건 첫 문장이다. 따라서 독해 파트3를 풀 때는 첫 문장을 무조건 주제문으로 간주하고 그 다음에 이어지는 선택지 중 주제문과 맞지 않는 것들을 골라야 한다.

02 대명사와 지시대명사에 주목한다.

글의 흐름을 파악하는 문제 중에서 대명사나 지시대명사만 눈 여겨 보아도 쉽게 답을 고를 수 있는 경우가 많다. 선택지에 등장한 지시대명사나 명사를 앞 문장에서 찾을 수 없다면 그 선택지가 답이 될 확률이 매우 높다.

03 글의 구조를 파악한다.

일반적인(general) 내용이 진술되는 와중에 구체적인(specific) 진술이 등장하거나 그 반대인 경우엔 그 선택지가 정답이다. topic이 일치해서 정답이 잘 안 보이는 경우는 글의 구조를 파악해보면 답이 나오는 경우가 많다.

The TOP in TEPS Example

(a) New laws requiring drivers to use hands-free devices are intended to reduce the number of fatal crashes related to cell phone use. (b) As of 2007, 82% of Americans subscribe to a cell-phone service. (c) Yet in recent years, dozens of studies have shown that employing hands-free devices while driving do not measurably impact safety on the road. Why? (d) Because the danger is not that hands are unavailable for controlling the vehicle, but that the brain's attention is diverted by the conversation.

[Translation]

(a)운전자가 핸즈프리 장치를 사용하도록 요구하는 새로운 법률은 핸드폰 사용과 관련된 사망 사고를 줄이기 위해 고안됐다. **(b)2007년 현재 82%의 미국인들이 핸드폰 가입자이다.** (c)그러나 최근 몇 년 사이에 여러 연구 결과들이 운전하는 동안 핸즈프리 장치를 사용하는 것이 도로에서의 안전에 측정이 가능할 만큼의 영향을 끼치지 않는다는 것을 보여주었다. 왜 그럴까? (d)그것은 차량을 제어하는데 손을 사용할 수 없는 것이 위험한 것이 아니라 두뇌의 주의력이 전화 통화로 인해 산만해지는 것이 위험하기 때문이다.

[Joseph's Solution]

일반적인 통념과는 달리, 핸즈프리의 사용이 교통사고를 줄여주지 않는다는 것이 이글의 요지인데, (b)는 핸드폰 가입자 수에 대한 내용으로, 글의 요지와는 전혀 흐름에 맞지 않는다. 흐름상 어색한 문장을 고르는 문제는 주로 첫 문장에서 글에서 말하고자 하는 바가 나타나는 경우가 많으므로 첫 문장이 항상 기준이 되어야 한다. 핸즈프리의 사용과 자동차 사고의 관련성에 대해 설명하고 있는 글이므로 (b)핸드폰 가입자가 몇 명이라는 내용은 흐름에 어긋난다.

[Vocabulary]

subscribe v. 가입하다 **employ** v. 사용하다 **impact** v. 영향을 끼치다 **divert** v. (주의를) 딴 곳으로 돌리다

1 Feeling tense or scared before an important exam or big presentation is a normal bodily reaction to a stressful situation, but some people have irrational or excessive anxiety that classifies as a disorder. (a) Anxiety disorders manifest differently from person to person, but they are all out of proportion with the situation. (b) When anxiety interferes with a person's relationships and activities, it is a sign that it has crossed the line from normal anxiety to a disorder. (c) Signs of anxiety disorders include both emotional symptoms, such as restlessness, and physical symptoms, like a pounding heart. (d) Normal anxiety can have positive effects such as motivating people to stay alert or inciting them to action.

2 Beatrix Potter became one of the world's most successful children's authors after the publication of *The Tale of Peter Rabbit,* but she had overcome many obstacles before getting there. (a) Growing up, Beatrix's parents appointed her as their housekeeper and discouraged any intellectual development. (b) Beatrix got inspiration for her stories from the variety of pets she had growing up. (c) When her uncle attempted to enroll her as a student at the Royal Botanic Gardens, she was rejected because she was a woman. (d) Later, Beatrix sent her stories about Peter Rabbit to six publishers, but she was turned down by all of them. The book was eventually published, and to date has sold over 45 million copies.

3 Scientists know lightning is the result of electrically charged thunderclouds, but they do not yet know what causes the cloud particles to become charged. (a) Evaporation and condensations are the first steps in the formation of lightning. (b) The charges created by atmospheric disturbances such as wind, humidity and friction are some probable causes of lightening. (c) In addition, the flow of charged particles in solar wind may build up the charge inside clouds. (d) New developments reveal that when water particles freeze inside clouds, they separate the cloud's positive and negative electrons, resulting in an electrical charge.

4 Although many people fear spiders, they are actually fascinating creatures that provide many benefits to other animal species. (a) Hummingbirds form their nests by using silk from spider webs to weave together sticks. (b) Spiders help control insect populations by eating more insects than birds and bats combined. (c) Spiders liquefy their food before eating by injecting their prey with digestive fluids. (d) In addition, the silk spiders produce is used in many optical devices including laboratory instruments.

5 When kids get restless, one fun way to entertain them is by making homemade play dough. The recipe consists of 2 cups flour and water, 1 cup salt, 2 tablespoons oil, and 1 tablespoon of cream of tartar. (a) Combine the ingredients in a pot and stir over low heat until the dough concentrates in the center. (b) After cooling, knead the dough until it develops a smooth texture. (c) Parents can also make homemade modeling clay with their kids using salt, cornstarch and water. (d) To make colored play dough, add a few drops of food coloring, and knead until the color looks uniform.

6   Great athletes often say that they started training when they were very young; however, this shouldn't make you think you are too old or out of shape to make your dream of becoming an elite athlete come true. In fact, the oldest Olympic medalist was 72! (a) The first step is to assess your physical condition, which will help you select your best sport and your training program. (b) Older athletes tend to do better at "mental" sports, such as archery, fencing and sailing. (c) After choosing a sport, find a coach and start participating in competitions at the club level. (d) Once you are ready to train full-time, you need to obtain financing, like a corporate sponsorship for example.

7   Gothic fiction is a genre of literature popular in the late 1700s that combined horror and romance. (a) Gothic literature is closely associated with the Gothic Revival architecture also prevalent in that era. (b) The literary style combined Romantic ideas of the past with an interest in violence and the supernatural. (c) Gothic literature often featured mystery, secrets, madness, death, and characters in physically and mentally terrifying situations. (d) Magicians, vampires, werewolves, monsters, and ghosts were stereotypical characters present in the works.

8   In ancient Roman society, voting power was dependent on class, with citizens enrolled in distinct voting "tribes". (a) Tribes of the richer classes had fewer members than those of the poorer classes. (b) The entire proletarii class, comprised of citizens without any property, was enrolled in a single tribe. (c) Citizens of different classes were not allowed to intermarry. (d) Voting was done in class order and stopped when the majority of tribes had been reached, so the poorer classes were frequently cut out of voting.

9   The Siege of Yorktown in 1781 was the turning point in the American Revolutionary War. The Americans, under the command of George Washington and supported by their French allies, were able to defeat the British in the war's last land battle. (a) Earlier, almost 6,000 French soldiers arrived from Rhode Island to join the Americans in their fight. (b) The Americans and the French surrounded the British at Yorktown, blocking them from receiving reinforcements. (c) Yorktown was a decisive victory that forced the British army to negotiate an end to the conflict. (d) The British continued fighting because their demands were not met.

10 There is no doubt that physical activity is necessary for good health, especially as we get older.
(a) For younger people, whether they are athletic or sedentary, exercise does not make much difference to the DNA of their cells. (b) The DNA contained in our chromosomes determines our basic genetic make-up. (c) However, many middle-aged athletes look much younger than their inactive peers. (d) There are numerous unanswered questions about how and why activity affects DNA and cells, but scientists think activity may prevent the delicate DNA strands from disintegrating, which can affect the aging process.

11 What caused the extinction of dinosaurs is an intriguing topic. Undoubtedly, there was some type of catastrophic event that caused the rapid disappearance of hundreds of species and plunged the Earth into an ice age. (a) Astronomers now think they have the answer in the discovery of a new type of comet. (b) Discovered with a high-powered telescope, the comet appears to be a combination of two asteroids, and unlike other comets, this one's nucleus is not attached to its tail. (c) Scientists believe that the Earth's average temperatures were higher when the dinosaurs became extinct. (d) It is likely that this type of powerful and atypical comet struck the Earth millions of years ago.

12 People often go through life with fixed beliefs about themselves, called life scripts, which affect their actions and attitudes in all areas of personal relationships. (a) Our life scripts, which we follow much the way an actor follows a director, are established when we are children and are often influenced by our caregivers. (b) Psychologists use life scripts to manipulate their patients. (c) These pre-conceived notions can be dangerous if they are negative and we allow them to control all situations and their outcomes. (d) That is why learning to change your life script is an important step towards taking control of your own destiny.

Make-up Vocabulary

Choose the best answer for the blank.

[1~6]

consists	reveal	fascinating	inspiration	interferes	condition

1   When anxiety ____________ with a person's relationships and activities, it is a sign that it has crossed the line from normal anxiety to a disorder.

2   Growing up, Beatrix's parents appointed her as their housekeeper and discouraged any intellectual development. Beatrix got ______________ for her stories from the variety of pets she had growing up.

3   New developments ____________ that when water particles freeze inside clouds, they separate the cloud's positive and negative electrons, resulting in an electrical charge.

4   Although many people fear spiders, they are actually ______________ creatures that provide many benefits to other animal species.

5   When kids get restless, one fun way to entertain them is by making homemade play dough. The recipe ______________ of 2 cups flour and water, 1 cup salt, 2 tablespoons oil, and 1 tablespoon of cream of tartar.

6   The first step is to assess your physical ________________, which will help you select your best sport and your training program.

[7~12]

combined	intriguing	affect	majority	defeat	prevent

7   Gothic fiction is a genre of literature popular in the late 1700s that ________________ horror and romance.

8   Voting was done in class order and stopped when the ________________ of tribes had been reached, so the poorer classes were frequently cut out of voting.

9   The Siege of Yorktown in 1781 was the turning point in the American Revolutionary War. The Americans, under the command of George Washington and supported by their French allies, were able to ____________ the British in the war's last land battle.

10 There are numerous unanswered questions about how and why activity affects DNA and cells, but scientists think activity may _______________ the delicate DNA strands from disintegrating, which can affect the aging process.

11 What caused the extinction of dinosaurs is an _______________ topic. Undoubtedly, there was some type of catastrophic event that caused the rapid disappearance of hundreds of species and plunged the Earth into an ice age.

12 People often go through life with fixed beliefs about themselves, called life scripts, which _______________ their actions and attitudes in all areas of personal relationships.

Vocabulary list

- **ally** n. 동맹국
- **anxiety** n. 불안(감)
- **archery** n. 양궁
- **assess** v. (특성, 자질 등을) 재다[가늠하다]
- **associate** v. 연상하다, 결부[연관]짓다
- **asteroid** n. 소행성
- **astronomer** n. 천문학자
- **athlete** n. (운동)선수
- **athletic** a. 강건한, 발랄한
- **atypical** a. 이례적인
- **be out of shape** 몸 상태가 좋지 않다
- **bodily** a. 신체[육체]상의, 몸의
- **build up** (~이 되도록) 점점 커지다, 강력해지다
- **caregiver** n. (아이들을) 돌보는 사람
- **catastrophic** a. 대변동의, 파멸의
- **charge** v. 충전하다, 전기를 띠다 n. 전하(電荷)
- **chromosome** n. [생물] 염색체
- **cloud particle** [기상학] 구름 입자(粒子)
- **comet** n. 혜성
- **concentrate** v. (한 곳에) 모으다[집중시키다]
- **condensation** n. (차가운 표면에 생기는) 물방울, (기체의) 응결
- **cornstarch(= corn flour)** n. 옥수수 녹말[전분]
- **decisive** a. 결정적인, 중대한
- **delicate** a. 다치기[부서지기] 쉬운, 섬세한
- **destiny** n. (사람 등의) 운명
- **development** n. (신제품의) 개발; 신개발품
- **digestive fluid** 소화액
- **disintegrate** v. 해체[분해]되다, 산산조각 나다
- **disorder** n. (신체 기능의) 장애[이상]
- **enroll** v. 명부에 올리다, 입학[입회]시키다
- **evaporation** n. 증발 (작용), 발산
- **extinction** n. 멸종, 절멸
- **fascinating** a. 대단히 흥미로운, 매력적인
- **feature** v. 특별히 포함하다, 특징으로 삼다
- **food coloring** 식품 착색제, 식용 색소
- **high-powered** a. 고마력(고성능)의
- **homemade** a. 집에서 만든, 손수 만든, 자가제의
- **hummingbird** n. 벌새
- **inactive** a. 활동하지 않는, 활발하지 않은
- **incite** v. 선동[조장]하다
- **ingredient** n. (특히 요리 등의) 재료[성분]
- **intermarry** v. (신분 계급이 다른 사람들이) 결혼하다
- **irrational** a. 비이성[비논리]적인
- **knead** v. (반죽 · 찰흙 등을) 이기다[치대다]
- **life script** 생활 각본
- **lightning** n. 번개, 번갯불, 전광
- **liquefy** v. 액화되다[시키다]

Make-up Vocabulary

□ **literary** a. 문학의

□ **make-up** n. 구성 (요소, 방식)

□ **manifest** v. 나타내다[드러내 보이다]

□ **manipulate** v. 교묘하게 다루다, 조종하다

□ **mental sport** 두뇌 스포츠

□ **modeling clay** 모형 제작용 점토

□ **notion** n. 개념, 관념, 생각

□ **nucleus** n. (원자)핵

□ **optical** a. 시력을 보완하는, 광학의

□ **out of proportion with** ~과 균형이 잡히지 않는 (부적절한)

□ **physical activity** [영양학] 신체 활동

□ **play dough(= plasticine)** 어린이 공작용 점토

□ **plunge** v. (기온 등이) 급락하다

□ **preconceived** a. (견해 등이) 사전에 형성된

□ **prevalent** a. 일반적인, 널리 퍼져 있는

□ **prey** n. (잡아먹는) 먹이, 피식자

□ **proletarii(= proletariat)** n. 무산자 계급, 하위 계급

□ **recipe** n. 조리[요리]법

□ **reinforcements** n. 증원 부대[함대], 지원병

□ **restless** a. (따분해서) 가만히 못 있는

□ **restlessness** n. 침착하지 못함, 불안

□ **sailing** n. 요트

□ **sedentary** a. 주로 앉아서 하는

□ **Siege of Yorktown** 요크타운 포위전

□ **solar wind** [천문] 태양풍

□ **stereotypical** a. 판에 박은, 진부한

□ **strand** n. 가닥[올/줄]

□ **supernatural** n. 초자연적인 현상

□ **tend** v. 경향이 있다, 하기 쉽다[잘 하다]

□ **tense** a. 사람이 긴장한, 신경이 날카로운

□ **thundercloud** n. 뇌운, 천둥 및 뇌우를 몰고 오는 구름

□ **to date** 지금까지

□ **tribe** n. (고대 그리스의) 종족(phyle) [혈연 기반의 정치 군사적 단위의 행정 조직]

□ **turn down** ~을 거절[거부]하다

□ **undoubtedly** adv. 의심할 여지없이, 확실히

□ **weave** v. 짜다[엮다], 짜서[엮어서] 만들다

□ **werewolf** n. 늑대 인간

TEPS 독해 연결사문제에 등장하는 품사와 의미별 연결어

의미	접속사	부사(구)	전치사	접속부사
이유 · 결과	등위 접속사 **for/so** 종속 접속사 **because** **since** **as** **now that** **in that** **seeing that**	**therefore** **as a result** **in consequence** **thus** **accordingly** **consequently** **in short** **what with**	**because of** **due to** **thanks to** **owing to** **on account of** **as a result of** **in consequence of**	
추가 · 포함	등위 접속사 **and** **both A and B** **not only A** **but also B**	**also** **too** **as well** **either**	**in addition to** **besides** **along with** **together with**	**in addition** **besides** **what's more** **furthermore** **moreover**
대조 · 반대 예상치 못한 결과	등위 접속사 **but/yet/and** 종속 접속사 **though** **even though** **although** **while**	**even**	**instead of** **in place of** **in spite of** **despite** **for all** **with all** **after all**	**in contrast** **instead** **on the other hand** **however** **nevertheless** **notwithstanding** **even so**
구체적인 예				**for example** **for instance**

◆ Economics in general 일반 경제

- **advance** 값이 오르다
- **assembly line** 조립라인
- **asset** 자산
- **bankruptcy** 파산, 도산
- **break-even point** 손익분기점
- **broker** 중개인
- **buyer** 구매자
- **capital** 자본
- **collapse** 붕괴, 가격 폭락
- **consortium** 조합
- **contract** 계약
- **corporation** 기업, 회사
- **crash** 파산하다
- **deal** 거래
- **decline** 값이 내려가다
- **deflation** 통화 수축
- **depression** 대공황, 불경기
- **discount** 할인하다
- **distribute** 분배하다, 유통하다
- **dividend** 배당금
- **enterprise** 사업, 기업
- **estimate** 견적(을 내다)

- **gain and loss** 손익
- **globalization** 세계화
- **gross profit** 총이익
- **incorporate** 법인으로 만들다
- **inflation** 통화 팽창
- **invoice** 송장
- **joint venture** 합작사업
- **know-how** 전문기술
- **law of supply and demand** 수요 공급의 법칙
- **lease** 임대하다
- **manufacture** 제조하다
- **marketing** 마케팅
- **monopoly** 독점, 독점권
- **negotiator** 협상가, 교섭가
- **net profit** 순이익
- **offer** 제안, 호가
- **operating expense** 운영비
- **panic** 경제공항
- **personnel** 인사 담당 부서
- **price freeze** 물가 동결

- **production and consumption** 생산과 소비
- **reasonable price** 적정가
- **receipt** 영수증
- **receptionist** 출납계원, 접수원
- **recession** 경기 후퇴
- **reduction** 감소, 삭감
- **rent** 임대료
- **retail price** 소매가
- **return** 배당, 이윤
- **ship** 발송하다, 선적하다
- **slump and boom** 불황과 호황
- **stagnation** 경기 침체
- **stock** 주식
- **stock exchange** 주식 거래(소)
- **subcontract** 하청계약을 하다
- **subsidiary** 자회사
- **telemarketing** 통신판매
- **turnover** 총증권액, 거래 총액
- **warehouse** 창고
- **wholesale price** 도매가

- **advertise** 광고하다
- **article** 기사
- **bimonthly** 격월간지
- **caption** 사진 설명글
- **censorship** 언론검열
- **circulation** 발행 부수
- **classified (ad)** 항목별 광고
- **columnist** 특별 기고가
- **comic strip** 연재만화
- **daily (newspaper)** 일간지
- **edit** 편집하다
- **feature** 특집기사
- **headline** 표제
- **journalist** 기자, 언론인
- **monthly** 월간지
- **news conference/ press conference** 기자회견
- **obituary** 부고란
- **poll** 여론조사
- **public opinion** 여론
- **publish** 출판하다
- **quarterly** 계간지
- **section** 신문의 난
- **special-interest newspaper** 전문지
- **subscribe to** ~ 를 구독하다
- **subscriber** 구독자
- **supplement** 증보판
- **tabloid newspaper** 타블로이드판 신문
- **the press** 출판, 언론
- **weekly** 주간지

◈ Computer science 컴퓨터 공학

- **automation** 자동화
- **bionics** 생체공학
- **bug** 버그, 프로그램상의 오류
- **cable** 케이블
- **click** 클릭하다
- **computer terminal** 컴퓨터 단말기
- **connection** 연결
- **CPU(central processing unit)** 중앙처리장치
- **cyberspace** 사이버공간
- **cyborg** 사이보그
- **desktop computer** 책상 위에 놓고 쓰는 일반 컴퓨터
- **disk drive** 디스크 드라이브
- **disk** (플로피 또는 하드)디스크
- **DOS(disk operating system)** 도스
- **down** 다운된
- **download** (파일등을) 내려받다
- **electronic commerce (e-commerce)** 전자상거래
- **electronic mail** 이메일
- **encrypt** 암호를 걸다
- **FAQ(frequently asked question)** 자주 물어보는 질문
- **firewall** 방화벽
- **port** 포트
- **power switch** 전원 스위치
- **printer** 프린터
- **privacy** 사생활, 사적인 자유
- **robotics** 로봇공학
- **gain access** 접속하다
- **glitch** 기계 등의 사소한 고장
- **go on-line** 인터넷에 접속하다
- **hacker** 해커
- **hard disk drive** 하드디스크 드라이브
- **hook up** 인터넷에 접속하다
- **host name** 호스트 네임
- **http(hypertext markup language)** 인터넷의 하이퍼텍스트 통신 규칙
- **IT(Information Technology)** 정보기술

- **PDA(personal digital assistant)** 개인용 휴대 단말기
- **save** 저장하다
- **scanner** 스캐너
- **security** 보안
- **spam** 스팸메일
- **speech synthesis** 음성합성
- **start-up** 창업회사
- **surf the net** 인터넷 서핑하다
- **telecommunications** 원거리통신
- **telecommute** 재택근무하다
- **troubleshoot** 문제를 해결하다
- **ubiquitous** 편재하는
- **undo** 되돌리기
- **user's manual** 사용설명서
- **vaccine** 백신
- **venture capital** 벤처자금
- **virtual reality** 가상현실
- **virus** 바이러스
- **voice recognition** 음성인식
- **wireless** 무선의
- **word processing** 워드프로세싱

◈ Biology 생물학

- **airborne** 공기로 운반하는
- **alternation of generations** 세대교번
- **amphibians** 양서류
- **assimilation** 동화작용
- **biochemistry** 생화학
- **biological clock** 생물 시계, 체내 시계
- **biped** 2족 동물
- **carnivores** 식육류
- **carnivorous** 육식성의, 식충성의
- **cellulose** 섬유소
- **chromosome** 염색체
- **colloid** 콜로이드
- **conifer** 침엽수
- **culture** 배양
- **evolution** 진화
- **evolve** 진화하다
- **family** 과(科)
- **ferment** 효소
- **fermentation** 발효(작용)
- **fungus** 균, 진균식물
- **genetics** 유전학, 유전적 특질
- **genus** 종류, 속(屬)
- **gland** 선(腺)
- **glucose** 포도당
- **herbivorous** 초식성의
- **heredity** 유전, 형질
- **mammals** 포유류
- **metabolism** 신진대사
- **metamorphosis** 변태, 형태 변화
- **nocturnal** 야행성의
- **nutrient** 양분, 영양소
- **omnivorous** 잡식성의
- **perennial** 다년생 식물
- **pigmentation** 색소형성, 착색
- **primates** 영장류
- **quadruped** 4족 동물
- **reptiles** 파충류
- **respiration** 호흡작용
- **secretion** 분비(작용)
- **species** 종(種)
- **starch** 전분

◈ Physics 물리학

- **anode** 양극
- **boiling point** 끓는 점
- **buoyancy** 부력
- **cathode** 음극
- **centrifugal force** 원심력
- **centripetal force** 구심력
- **charge** 충전
- **concave lens** 오목렌즈
- **conduction** 전도
- **convex lens** 볼록렌즈
- **discharge** 방전
- **elasticity** 탄성
- **electrode** 전극
- **electromagnetic wave** 전자파
- **flexibility** 신축성
- **freezing point** 어는 점
- **friction** 마찰
- **gas** 기체
- **generate** 발전하다, 생성하다
- **inertia** 관성
- **liquid** 액체
- **melting point** 녹는 점
- **neutron** 중성자
- **pendulum** 진자, 추
- **reflection** 반사
- **refraction** 굴절
- **resonance** 공진, 공명
- **semiconductor** 반도체
- **solid** 고체
- **sound wave** 음파
- **specific gravity** 비중
- **steam(=vapor)** 수증기
- **strain** 당김, 찌그러짐, 변형
- **surface tension** 표면장력
- **terminal** 단자
- **theory of relativity** 상대성 이론
- **vacuum** 진공
- **vibration** 진동
- **voltmeter** 전압계
- **wave length** 파장

◈ Astronomy & Meteorology 천문학 & 기상학

- **avalanche** 눈사태
- **blast** 돌풍
- **bleak** 차고 음산한
- **blizzard** 눈보라
- **cloud-burst** 소나기
- **congeal** 얼다
- **deluge** 대홍수
- **downfall** 폭우
- **dreary** 음산한
- **drought** 가뭄
- **eclipse** 일식, 월식
- **fallout** 낙진
- **frigid** 추운
- **galaxy** 은하, 은하수
- **gale** 질풍, 강풍
- **halcyon** 고요한, 평화로운
- **haze** 아지랑이
- **icecap** 만년설
- **inundation** 범람, 홍수
- **leap year** 윤년
- **lightning-rod** 피뢰침
- **lukewarm** 미지근한
- **lunar eclipse** 월식
- **meteor(=meteorite)** 유성, 운석
- **meteorology** 기상학
- **monsoon** 계절풍
- **precipitation** 강수량
- **serene** 맑고 고요한
- **shiver** 떨다
- **sleet** 진눈깨비
- **solstice** 지(至)
- **sultry** 찌는 듯이 더운
- **summer solstice** 하지
- **supergiant star** 초거성
- **tempest** 폭풍우
- **torrid** 매우 더운
- **tropical** 열대성의
- **winter solstice** 동지

◈ Chemistry & Geology 화학 & 지질학

- **acid** 산
- **aluminum** 알루미늄
- **antarctic** 남극의
- **archipelago** 군도
- **arctic** 북극의
- **aurora (polaris)** 극광
- **bulge** 융기(하다)
- **canyon** 협곡
- **carbohydrate** 탄수화물
- **carbon** 탄소
- **catalyst** 촉매
- **catalyze** 촉매작용을 하다
- **chemical action** 화학작용
- **chemical equation** 화학방정식
- **chemical reaction** 화학반응
- **chemical symbol** 화학기호
- **composition** 합성
- **condensation** 액화
- **corrosion** 부식
- **corrosive** 부식성이 없는
- **crude** 가동되지 않은
- **delta** 삼각주
- **deposit** 침전하다
- **dilution** 희석
- **earth's axis** 지축
- **earthquake** 지진
- **enzyme** 효소
- **epicenter** 진원지
- **erosion** 침식

- **evaporation** 증발
- **filter** 여과하다
- **fission** (핵)분열
- **gas** 기체
- **glacier** 빙하
- **granite** 화강암
- **hydrochloride acid** 염산
- **hydrogen** 수소
- **iceberg** 빙산
- **incandescent** 백열의
- **inlet** 후미, 강어귀
- **insoluble** 용해되지 않는
- **insulate** 절연하다
- **isotope** 동위원소
- **laminate** 박편이 되게 하다
- **latitude** 위도
- **lava** 용암
- **lava bed** 용암층
- **lead** 납
- **limestone** 석회암
- **liquefaction** 액화
- **liquid** 액체
- **longitude** 경도
- **malleability** 가소성
- **mass** (흙, 얼음, 구름의) 밀집체
- **metamorphosis** 변형(작용)
- **molten** 용해한
- **natural levee** 자연제방
- **neutralize** 중화하다

- **nitrogen** 질소
- **oxidize** 산화하다
- **oxygen** 산소
- **plate** 도금하다
- **protein** 단백질
- **radiation** 복사
- **reduction** 환원,변형
- **river basin** 유역
- **sand dune** 사구(砂丘)
- **saturation** 포화
- **seismic intensity** 진도(震度)
- **solid** 고체
- **solidification** 응고
- **solution** 용액
- **stable** (화합물이 화학적으로) 안정된
- **sublimation** 승화
- **submarine ridge** 해저산맥
- **subrigid** 아한대의
- **subterranean river** 지하천
- **subtropical** 아열대의
- **sulfuric acid** 황산
- **the Arctic** 북극
- **tributary(=feeder)** 지류
- **unconformity** (지층의) 부정합
- **vaporization** 기화
- **volatile** 휘발성의
- **volcanic ashes** 화산재

◈ Law & Order 법과 질서

- **administration of justice** 사법
- **allegedly** 전해진 바에 따르면
- **amnesty** 특사
- **arbitration** 조정, 중재
- **assault** 폭행
- **at large** 아직 잡히지 않은, 오리무중의
- **attempted murder** 살인미수
- **attorney** 변호사
- **bail** 보석금
- **barrister** 법정 변호사
- **battery** 구타
- **be found guilty** 유죄임이 판명되다
- **be in police custody** 경찰에 잡혀 있다
- **be sentenced to death** 사형을 선고받다
- **behind bars** 철창에 갇힌, 감옥에 있는
- **blackmail** 협박
- **bribery** 뇌물수수
- **civil suit** 민사소송
- **complaint(=accusation)** 고소
- **drug-trafficking(drug-dealing)** 마약거래
- **due process of law** 적법절차
- **enact the law** 법을 제정하다
- **enforce the law** 법을 집행하다
- **executive** 행정부
- **extortion** 갈취
- **file a lawsuit** 소송하다
- **fine** 벌금
- **hijacking** 비행기 공중 피랍
- **house arrest** 가택연금
- **illegal** 불법적인
- **illegal flight** 불법도주
- **imprisonment** 금고, 투옥
- **kidnapping** 유괴
- **lawsuit** 소송
- **legislature** 입법부
- **mistrial** 재판이 무효가 됨
- **murder** 살인
- **pardon** 용서, 특사
- **pickpocket** 소매치기
- **plaintiff** 원고
- **probation** 집행유예
- **prosecution** 소추, 기소, 검찰당국
- **public prosecutor** 검사
- **question** 심문하다
- **ransom** 몸값
- **reconciliation** 화해
- **ring** ~파, 갱단
- **robbery** 강도질
- **sequester** 격리시키다
- **shoplifting** 가게에서의 좀도둑질
- **smuggling** 밀수
- **sovereignty** 주권
- **summon** 소환하다
- **suspect** 혐의자
- **testify** 증언하다
- **testimony** 증언
- **the jury** 배심원
- **the life imprisonment** 무기징역
- **theft** 도둑질
- **trial** 재판
- **wanted list** 수배자 명단
- **witness** 증인

◈ History 역사

- **Allied armies** 연합군
- **anachronism** 시대착오
- **anecdote** 일화, 비사
- **anomaly** 예외, 변칙
- **archaeologist** 고고학자
- **archaeology** 고고학
- **armistice(=truce)** 휴전, 정전
- **artifact** 인공물
- **Bronze Age** 청동기 시대
- **carnage** 대학살, 살육
- **Civil War** 남북전쟁
- **class-warfare** 계급투쟁
- **collapse** 붕괴
- **colony** 식민지
- **crusade** 십자군
- **diggings** 발굴물
- **emancipation** 해방
- **excavate** 발굴하다
- **excavation** 발굴, 출토품
- **extinct** 멸종한
- **feudal age** 봉건시대
- **feudal system** 봉건제도
- **flourish** (문명이) 번영하다
- **flowering** 번영

- **fossil** 화석
- **hierarchy** 계급제도, 조직
- **Homo Erectus** 직립원인
- **Ice Age(=glacial epoch)** 빙하기
- **Industrial Revolution** 산업혁명
- **invasion** 침입
- **Invincible Armada** 스페인의 무적 함대
- **Iron Age** 철기 시대
- **monument** 기념비, 기념관
- **mound** 고분
- **prehistoric times** 선사 시대
- **prehistory** 선사 시대사
- **pretender** 왕위를 노리는 사람 ·
- **primeval** 원시의, 태고의
- **progenitor** (동식물의) 원종, 조상
- **Reformation** 종교개혁
- **regal** 제왕의
- **regime** 정체, 제도
- **relics** 유물
- **resurgency** 폭동
- **revolution** 혁명
- **ruins** 유적
- **saga** 중세 북유럽 전설, 무용담
- **sage** 현자, 현인
- **slavery** 노예제
- **social reform** 사회개혁
- **specimen** 표본
- **Stone Age** 석기 시대
- **strata** (고고학상의)유적층
- **stratigraphy** 층위학
- **succumb** 굴복하다, 지다
- **sweeping** 전면적인
- **thrall** 노예, 속박
- **tribe** 부족, 종족
- **tribute** 공물
- **turmoil** 소란, 소동, 소요
- **undermine** 기반을 약화시키다
- **unearth** 발굴하다
- **uprising** 폭동

◈ Society & Economy 사회 & 경제

- **acquire** 인수하다
- **acquisition** 인수
- **anti-trust law** 독점 금지법
- **bankruptcy** 도산
- **bear market** 주가가 불황인 시장
- **bite the bullet** 이를 악물다
- **board meeting** 이사 회의
- **board of directors** 이사회
- **budget (bill)** 예산(안)
- **bull market** 주가가 호황인 시장
- **capitalism** 자본주의
- **civil movement** 시민운동
- **collective behavior** 집단행동
- **conglomerate** 대기업
- **current price** 시가
- **dignitary** 유명인사
- **discrepancy** 모순
- **dividend** 배당금
- **donation** 기부
- **downsizing** 구조조정
- **merge** 합병하다
- **monopoly** 전매, 도매
- **monopoly and oligopoly** 독과점
- **national treasury** 국고
- **niche market** 틈새시장
- **oil price** 유가
- **paradigm** 전형, 범례
- **small and medium enterprises** 중소기업
- **social disorders** 사회불안
- **socialism** 사회주의
- **stock market** 주식시장
- **tighten one's belt** 허리띠를 졸라매다
- **tycoon** 실업계의 거물, 재벌

◆ Literature 문학

- **allegory** 우화
- **annotation(=gloss)** 주석
- **anthology** 사화집, 선집
- **autonomy** 자율성
- **babbling** 옹알이
- **bibliography** 참고문헌
- **bilingual** 이중언어의
- **biography** 전기
- **censorship** 검열
- **cliche** 상투적 문구
- **coined word** 신조어
- **commentator** 주석자
- **compendium** 개요
- **copyright** 판권, 제작권
- **crib** 표절물
- **critical age** 언어습득에 중요한 나이
- **decadence** 타락, 퇴폐
- **denouement** 대단원
- **derive from** ~에서 기원하다, 나오다
- **dialect** 방언
- **disability** 장애
- **epitome** 요약
- **euphemism** 완곡어법
- **excerpt** 인용구
- **fable** 우화
- **flowery** 미사여구를 쓴
- **hemisphere** 반구
- **hyperbole** 과장
- **icon** 기호, 상징, 아이콘
- **ideogram** 표의문자
- **idiom** 숙어
- **innate** 타고난
- **innuendo** 암시, 풍자
- **installment** (연재물의)1회분
- **irony** 반어
- **language acquisition** 언어습득
- **language purist** 언어 순화론자
- **libel** 비방하는 글
- **morphology** 형태론
- **mother tongue** 모국어
- **narrative(=story)** 이야기, 소설
- **native speaker** 특정언어를 모국어로 하는 사람
- **newsstand** 신문 판매대
- **orthography** 철자
- **pedagogy** 교육학
- **phonetic** 음성학의, 발음대로 철자한
- **phonology** 음운론
- **piracy** 표절
- **plagiarism** 표절
- **prelude** 서막, 전주곡
- **pronunciation** 발음
- **proof-read** 교정보다
- **pseudonym** 익명, 필명, 가명
- **royalty** 특허 사용료
- **satire** 풍자
- **scoop** 특종기사
- **second language acquisition** 제2 언어습득
- **semantics** 의미론
- **sigh language** 수화
- **simile** 직유
- **slang** 속어
- **speech recognition** 음성 인식
- **stenography** 속기
- **stress** 강세
- **subscribe to** 정기 구독하다
- **syllable** 음절
- **syllabus** 강의 계획표

◆ Education 교육

- **academic advisor** 지도교수
- **academic standing** 학업성적
- **ace** 일등하다
- **agriculture** 농학
- **application form** 입학원서
- **Bachelor** 학사
- **cheating** 커닝
- **class** 학번, 수업, 교실
- **class reunion** 동창회, 동문회
- **coeducation** 남녀공학
- **commencement** 졸업식
- **commute** 통학하다
- **count toward** ~로 합산되다
- **cram for** ~를 벼락치기하다
- **credit** 학점
- **cultural subject** 교양과목
- **curriculum** 교육과정
- **curve** 상대평가
- **dean** 학장
- **degree** 학위
- **diploma** 졸업장
- **disciple** 제자
- **distance education** 원거리 교육
- **doctorate** 박사학위

- **drop-out** 중퇴(자), 낙제
- **drop & add period** 수강변경기간
- **education for gifted children** 영재교육
- **elective course** 선택과목
- **enrollment** 등록, 입학
- **erudite** 박학한, 박식한
- **faculty** 교수, 학부
- **filed day** 운동회
- **filed trip** 수학여행, 견학
- **flunk out** 낙제하다
- **G.P.A (grade point average)** 평균학점
- **grade** 성적, 학년
- **honor program** 우수학생프로그램
- **illiteracy** 문맹
- **Liberal Arts** 인문과목
- **lifelong education** 평생교육
- **major subject** 전공과목
- **make-up course** 보충강의
- **master's degree** 석사학위
- **matriculate** 대학입학을 허가하다
- **monograph** 전공논문
- **optional subject** 선택과목
- **Ph. D** 박사학위
- **postgraduate** 대학원 박사 이상 과정
- **prerequisite** 선수과목, 전제조건
- **primary education** 초등교육
- **repeater** 유급생
- **required(=compulsory)subject** 필수과목
- **roll** 출석부
- **scholarship(=fellowship)** 장학금
- **secondary education** 중등교육
- **straight As** 전부 A를 받음
- **straight scale** 절대평가
- **Student Council President** 학생회장
- **Student Services** 학생처
- **Student Union Building** 학생회관
- **suspend** 장학시키다
- **thesis** (학위)논문
- **transcript** 성적증명서
- **undergraduate** 대학생, 학부생

◈ Environmental Issue 환경문제

- **acid rain** 산성비
- **air pollution** 대기오염
- **alternative energy** 대체에너지
- **arid** 마른, 불모의
- **Arbor Day** 식목일
- **arable land** 경작 가능한 땅
- **atmosphere** 대기
- **barren** 불모의
- **blanket** 담요, 덮고 있다
- **biodiversity** 생물학적 다양성
- **biosphere** 생태계
- **catastrophe** 재난
- **carbon dioxide** 이산화탄소
- **carbon monoxide** 일산화탄소
- **climatic change** 기후변화
- **cold front** 한파
- **corrode** 부식하다, 썩다
- **cut down** 줄이다
- **deforestation** 산림파괴
- **disaster** 재앙
- **drought** 가뭄
- **ecosystem** 생태계
- **endangered** 멸종위기에 처한
- **energy crisis** 에너지 위기
- **environment** 환경
- **erode** 침식하다
- **evolution** 진화
- **emission** (배기가스)배출
- **exhaust** 배기가스
- **exhaustible** 고갈되는
- **extinction** 멸종
- **evacuate** 철수하다, 대피하다
- **evaporation** 증발
- **fertile** 비옥한
- **fossil fuel** 화석연료
- **glacier warming** 해빙
- **graze** 풀을 뜯어 먹다
- **green belt** 그린벨트
- **greenhouse effect** 온실효과
- **green marketing** 환경위주의 마케팅
- **harness** (에너지를)이용하다
- **hazard** 위험
- **heat wave** 혹서
- **humid** 습한
- **Ice cap** 만년설

· **infrared ray** 적외선	· **oil spill** 기름유출	· **sea level** 해수면
· **inundation** 범람	· **oxide** 산화물	· **species** 종
· **irrigation** 관개, 물을 끌어들임	· **oxygen tank** 산소통	· **shortage of food** 식량난
· **life expectancy** 평균수명	· **ozone layer** 오존층	· **shortage of water** 물 부족
· **logging** 벌목	· **rain forest** 열대우림	· **strip mine** 노천 광
· **natural resources** 천연자원	· **reforestation** 재삼림화	· **undermine** 잠식하다, 손상시키다
· **nitrogen** 질소	· **run out of** 다 쓰다, 고갈되다	

◈ Health 건강

· **abortion** 낙태	· **artery** 동맥	· **complication** 합병증
· **acupuncture** 침술	· **arthritis** 관절염	· **constipation** 변비
· **acute disease** 급성 질환	· **asthma** 천식	· **contagion** 체질
· **aggravate** 악화시키다	· **athlete's foot** 무좀	· **contagious** 전염성의
· **ailment** 병	· **blood disorder** 혈액 질환	· **contraceptive** 피임약
· **alternative medicine** 대체 의학	· **bowel movement** 대장운동	· **corporal** 육체의
· **Alzheimer's disease** 알츠하이머병, 노인성치매	· **breast cancer** 유방암	· **cramp** 경련
· **ambidextrous** 양손잡이의	· **bronchi** 기관지	· **cranium (=skull)** 두개골
· **amnesia** 기억상실증	· **bruise** 타박상	· **decline** 노화
· **anatomy** 해부학	· **caesarian section** 제왕절개 수술	· **decrepit** 노쇠한
· **anemia** 빈혈	· **cardiologist** 심장전문의	· **delivery** 분만
· **anesthesia** 마취	· **cardiovascular** 심혈관의	· **denture** 틀니, 의치
· **anesthetic** 마취제	· **cerebral** (대)뇌의	· **dermatologist** 피부과 의사
· **antibiotic** 항생제	· **chronic disease** 만성질환	· **dermatology** 피부과
· **antibody** 항체	· **circulation** 혈액순환	· **diabetes** 당뇨병
· **antidote** 해독제	· **claustrophobia** 폐소 공포증	· **diagnose** 진단하다
· **antiseptic** 방부제, 소독약, 살균된	· **coagulation** (혈액의) 응고	· **dialysis** 신장투석
· **appendicitis** 맹장염	· **colon cancer** 결장암	· **diarrhea** 설사
	· **coma** 혼수상태	· **disinfect** 소독하다

- **disinfectant** 소독제
- **dose** (1회) 복용량
- **epidemic** 유행병의
- **epidermis** 외피, 표피
- **euthanasia** 안락사
- **excrement** 배설물
- **eye doctor** 안과 의사
- **flu** 바이러스성 감기
- **food poisoning** 식중독
- **fracture** 골절
- **general practitioner** 일반 개업의
- **germ** 세균
- **gynecologist** 부인과 의사
- **headache** 두통
- **heal** (상처가) 낫다
- **heart attack** 심장마비
- **heart problem** 심장 질환
- **hepatitis** 간염
- **high blood pressure** 고혈압
- **hospitalize** 병원에 입원하다
- **hygiene** 위생학
- **hypnosis** 최면
- **immunity** 면역
- **indigestion** 소화불량
- **indisposed** 몸이 좀 아픈
- **infection** 전염, 전염병
- **infectious** 전염성의
- **influenza(=flu)** 독감
- **inoculate(=vaccinate)** 예방접종하다
- **inoculation** 예방접종
- **insomnia** 불면증
- **internal medicine** 내과
- **intestine(=gut, viscera)** 창자, 장
- **joint** 관절
- **kidney** 신장, 콩팥
- **lethal** 치명적인
- **lethargy** 무기력, 나른함, 혼수(상태)

- **limb** 다리, 팔, 날개
- **liver** 간
- **liver disorder** 간 질환
- **low blood pressure** 저혈압
- **malady** (만성적인) 질병
- **malignant** 악성의
- **malnutrition** 영양실조
- **meager(=lean)** 여윈, 마른
- **measles** 홍역
- **mental disorder** 정신 질환
- **migraine** 편두통
- **miscarriage** 유산
- **morning sickness** 입덧
- **mucus** 점액
- **mutation** 돌연변이
- **nasal** 코의
- **negative** [의학] 음성의
- **neurosis** 신경증, 노이로제
- **obesity** 비만
- **obsession** 강박관념
- **obstetrician** 산과 의사
- **obstetrics** 산과
- **optometrist(=optician)** 검안사
- **orthopedics** 정형외과
- **orthopedist** 정형외과 의사
- **osteoporosis** 골다공증
- **palliate** (아픔을) 완화하다
- **panacea** 만병통치약
- **paralysis** 마비, 중풍
- **pediatrician** 소아과 의사
- **pediatrics** 소아과
- **personality disorder** 성격 장애
- **phobia** 공포증
- **pneumonia** 폐렴
- **positive** [의학] 양성의
- **predispose** 병에 걸리기 쉽다
- **pregnancy** 임신

- **prescription** 처방전
- **prone** 병에 걸리기 쉬운
- **psychiatrist** 정신과 의사
- **psychiatry** 정신과 치료
- **psychopath** 정신병자
- **rabies** 광견병
- **rectum cancer** 직장암
- **regimen** 식이요법
- **relapse** 병의 재발
- **respiratory problem** 호흡기 질환
- **sanitary** 위생적인
- **schizophrenia** 정신분열증
- **secrete** 분비하다
- **sedative(=tranquillizer)** 진정제
- **sex reversal** 성전환
- **side effect(=adverse effect)** 부작용
- **spine** 척추
- **sputum** 가래
- **stoll** 대변
- **stomach** 위
- **stroke** 뇌졸증
- **surgeon** 외과 의사
- **surgery** 외과
- **symptom** 증상
- **tetanus** 파상풍
- **therapy** 치료
- **toothache** 치통
- **transfusion** 수혈
- **ulcer** 궤양
- **vegetable** 식물인간
- **vein** 정맥
- **venereal disease** 성병
- **vertigo** 현기증
- **vessel** 혈관
- **ward** 병실
- **wisdom-tooth** 사랑니

◈ Letter 편지

- **account** 거래처, 계좌, 계정
- **accounting** 회계
- **address** 주소
- **addressee** 편지를 받는 사람
- **addresser** 편지를 보내는 사람
- **agenda** 의제
- **applicant** 지원자
- **Attached please find~**
  ~이 첨부되어 있다
- **B.Y.O.B(bring your own booze)**
  자기 술은 가져오세요.
- **baby shower** 태어날 아기를 위한 파티
- **bachelor party** 총각파티
- **be cordially invited** 정중히 초대되다
- **billing date** 청구날짜
- **bridal shower** 신부를 위한 파티
- **brochure** 소책자
- **candidate** 후보자, 지원자
- **cardholder** 카드를 가진 사람
- **charge** 비용, 청구하다
- **charge account** 외상 거래 계좌
- **clear one's account**
  돈을 갚아 주세요
- **complaint** 불평
- **concerning** ~에 관하여
- **confirm payment** 지불을 확인하다
- **contact** 연락하다
- **Enclosed please find**
  ~이 동봉되어 있다

- **estimate** 견적서
- **express mail** 속달 우편
- **extend one's condolences**
  조의를 표하다
- **extend one's gratitude**
  감사를 표하다
- **extend one's invitation** 초대를 하다
- **fill an order** 주문 받은 대로 해 주다
- **fill the position** 사람을 뽑다
- **house warming party** 집들이
- **human resources** 인력자원부
- **in error** 실수로
- **incur** 초래하다
- **inquire about** 문의하다
- **invitation** 초대
- **invoice** 송장
- **itinerary** 여행 스케줄
- **job opening** 빈자리
- **job vacancy** 빈자리
- **lay off** 정리해고 하다
- **letter of credit** 신용장
- **look forward to** 기대하다
- **objective** 목적, 객관적인
- **outstanding balance**
  갚을 돈, 빚진 돈
- **payroll** 임금 명부
- **personnel** 인사과
- **place an ad** 광고하다
- **place an order** 주문하다

- **post office box** 사서함
- **R.S.V.P (Repondez, s'il vous plait)** 참석 여부를 알려주세요
- **recipient** 물건, 편지 등을 받는 사람
- **recommendation** 추천
- **reconfirm** 재확인하다
- **reference** 추천, 문의
- **regarding** ~에 관하여
- **register** 등록하다, 등기하다
- **regret to inform you**
  ~를 알리게 되어 유감스럽다
- **representative** 대표자, 직원
- **restructuring** 구조조정
- **return address** 반송주소
- **security deposit** 보증금
- **settle the account** 돈을 갚다
- **shipping** 배송
- **subscribe to** 정기 구독하다, 정기적으로 이용하다
- **supervisor** 상사
- **thank you in advance**
  미리 감사드립니다
- **To whom it may concern**
  관계자 귀하
- **travel agency** 여행사
- **valued customer** 우대고객
- **zip code** 우편번호

◆ Disaster 자연재해

- **catastrophe** 재난, 참사
- **cold front** 한파
- **collapse** 붕괴되다
- **crater** 분화구
- **cut the red tape** 관료적인 절차를 줄이다
- **death toll** 사망자수
- **deluge** 대홍수
- **designate** 지정하다
- **devastating** 황폐화시키는
- **disaster area** 재난지역
- **dormant volcano** 휴화산
- **drought** 가뭄
- **earthquake** 지진
- **ebb** 썰물
- **endeavor** 노력
- **epicenter** 진원지
- **erupt** 폭발하다
- **evacuate** 퇴거시키다
- **extinct volcano** 사화산
- **famine** 기근
- **fire drill** 소방훈련
- **flurry** 돌풍
- **food shortage** 식량난
- **fraught with** ~로 가득한
- **gust** 돌풍, 강풍
- **heat wave** 혹사
- **hit** 강타하다
- **inflict** 가하다
- **inundation** 범람
- **isolated** 고립된
- **issue a warning** 경보를 발행하다
- **landslide** 산사태
- **lave** 용암
- **marsh** 늪, 습지
- **measure** 측정하다
- **mobilize** 동원하다
- **mudslide** 진흙사태
- **natural disaster** 자연재해
- **outbreak** 발발, 발생
- **perennially** 해마다 계속해서
- **power cut** 정전
- **property damage** 재산피해
- **public servant** 공무원
- **quake** 지진
- **refugee** 피난민
- **relief funds** 구호기금
- **respiratory problem** 호흡기 질환
- **restoration operation** 복구 작업
- **Richter scale** 리히터 지진계
- **rife with** ~로 가득한
- **scourge** 역병, 재난, 천벌
- **seismograph** 지진계
- **seismology** 지진학
- **spew** 뿜어내다
- **storm** 폭풍우
- **strand** 오도 가도 못하게 되다, 좌초하다
- **tidal wave** 조류
- **tornado** 토네이도
- **torrent** 급류
- **tremor** 전율
- **tropical storm** 태풍, 허리케인
- **tsunami** 해일
- **typhoon** 태풍
- **volunteer** 지원하다
- **water shortage** 물 부족
- **wreak havoc** 엄청난 피해를 가져오다

◈ Discrimination 차별

- **abuse** 학대
- **Affirmative Action** 소수집단 권익 옹호 정책, 차별철폐 조처
- **African American** 아프리카계 미국인
- **apartheid** 인종 분리 정책
- **backlash** 반발, 반동
- **battery** 구타
- **bias** 선입견
- **bigotry** 완고한 신념
- **bisexual** 양성애자
- **bully** 약한 자를 괴롭히는 사람
- **chauvinist** (남성)우월주의자
- **child abuse** 아동학대
- **civil right movement** 인권운동
- **concentration camp** 강제 수용소
- **desegregation** 차별폐지
- **detention center** 구치소, 구류소
- **discrimination** 차별
- **diversity** 다양성
- **Equal Employment Opportunity** 고용 평등
- **ethnic** 민족의
- **ethnocentrism** 자기 민족 중심주의
- **eugenics** 우생학
- **feminism** 여성주의
- **gender** 성(性)
- **genocide** 대량학살
- **handicapped** 장애의
- **hate crime** 인종, 피부색 등의 이유로 다른 사람을 괴롭히는 범죄
- **hearing-impaired** 청각장애의
- **hearing loss** 청력 손실
- **heterosexual** 이성애의
- **homosexual** 동성애의
- **impaired** 손상된
- **impartial** 편파적이지 않은
- **male dominated** 남성 지배적인
- **male oriented** 남성중심의
- **melting pot** 다양한 인종 · 문화가 뒤섞인 나라
- **mess with** ~를 괴롭히다
- **minority** 소수집단
- **multi-culturalism** 다문화주의
- **nationalism** 국수주의
- **Native American** 인디언
- **on one's side** ~의 편인
- **out group** 외부인
- **partial** 편파전인
- **pick on** ~를 괴롭히다
- **politically correct** 정치적 · 도의적으로 공정한, 올바른
- **prejudgement** 선입견
- **prejudice** 편견
- **race** 인종
- **racism** 인종차별주의
- **racist** 인종차별주의자
- **reverse discrimination** 역차별
- **segregation** 차별, 분리
- **separatist** 분리주의자
- **sexism** 성차별주의
- **sexist** 성차별주의자
- **sexual harassment** 성희롱
- **sexual orientation** 성적 취향
- **side with** ~의 편을 들다
- **skin tone** 피부색
- **the disabled** 장애인
- **the Holocaust** 대량학살
- **transgender** 성전환 수술자
- **WASP(White Anglo Saxon Protestant)** 백인 앵글로색슨계 신교도
- **Xenophobia** 외국인 혐오증

- **admission fee** 입장료
- **advantage** 이익, 혜택
- **ambivalent** 두 가지의 상반된 입장을 다 가지는, 모호한
- **applicant** 지원자
- **application form** 지원서
- **appreciative** 높이 평가하는, 감사하는
- **apprehensive** 걱정하는, 두려워하는
- **approving** 찬성하는
- **argumentative** 논쟁적인
- **attract customer** 고객을 유치하다
- **attraction** 매력, 인기거리
- **bargain** 아주 싼 물건
- **benefit** 이익, 혜택
- **benefits** 복리후생
- **boon** 이익, 혜택
- **buy one get one free** 하나를 사면 하나를 더 주다
- **cater to** 다 맞추다
- **competitive edge** 경쟁우위, 혜택
- **complimentary** 칭찬의
- **condemning** 묵인하는, 못 본 척하는
- **contemptuous** 경멸적인
- **convenient location** 편리한 위치
- **critical** 비판적인
- **custom-designed** 맞춤형의, 주문 제작된
- **customers are always right** 손님이 왕이다
- **customized service** 고객 맞춤형 서비스
- **cut prices** 가격을 인하하다, 할인하다
- **cutting edge** 최첨단
- **defeatist** 패배주의적인
- **desirable** 바람직한
- **determined** 단호한
- **disillusioned** 환멸을 느끼는

- **disinterested** 사심 없는, 공정한
- **dismissive** 거부하는, 경멸적인, 거만한
- **dissatisfied** 불만인
- **draw customer** 고객을 유치하다
- **easy to operate** 다루기 쉬운
- **effective** 효과적인
- **enthusiastic** 열성적인
- **entry fee** 입장료
- **exclusive** 독점적인
- **expectant** 기대하는
- **experience preferred** 경력자 우대
- **extrovert** 외향적인 사람
- **fare** 교통요금
- **favorable** 호의적인, 찬성하는
- **feedback** 피드백
- **fill out** 서류를 작성하다
- **fill the position** 사람을 뽑다
- **foolproof** 아주 간단한, 완벽한
- **free sample** 공짜 샘플
- **free trial** 공짜로 써 볼 수 있음
- **freebie** 공짜
- **fringe benefits** 복리후생
- **full-time** 정규시간 근무의
- **give away** 공짜로 나주어 주다
- **haggle** 값을 깎으려고 옥신각신하다
- **hesitant** 주저하는
- **hilarious** 명랑한, 즐거운
- **hyperbole** 과장
- **identity crisis** 자기상실
- **in stock** 물건 있음
- **inclusive** 모든 것을 다포함한
- **inconsistency** 모순
- **indifferent** 무관심한, 중요하지 않은
- **ingredient** 재료
- **introvert** 내성적인 사람
- **latest feature** 최신특색
- **limited period** 한정된 기간

- **luxurious** 고급스러운
- **lyric** 서정시
- **mandatory** 강제적인
- **mark down** 할인하다
- **meet the demand** 수요를 맞추다
- **membership dues** 회비
- **metaphor** 은유
- **motivation** 동기, 주기
- **narrative(=story)** 이야기, 소설
- **negative** 부정적인
- **neutral** 중립적인
- **no extra charge** 별도 요금 없음
- **no one can beat our price** 우리가 제일 싸다
- **nonverbal communication** 비언어적 의사소통
- **norm** 행동의 기준, 규범
- **offensive** 화나게 하는, 기분 나쁜
- **ominous** 불길한
- **optimistic** 낙관적인
- **out of stock** 물건 없음
- **paradox** 역설
- **personalized service** 고객별 맞춤형 서비스
- **personnel** 직원
- **persuasive** 설득력 있는
- **pervert** 왜곡하다, 벗어나게 하다
- **pessimistic** 비관적인
- **piece** 작품
- **portrait** 초상화, 인물조사
- **positive** 긍정적인
- **pretentious** 잘난 체 하는
- **prose** 산문
- **protagonist** 주인공
- **qualification** 자격
- **qualified** 자격을 갖춘
- **rate** 요금

- **reasonable price** 적절한 가격
- **recommendation** 추천서
- **reduced price** 할인된 가격
- **reference** 추천서
- **required** 필요조건의
- **resistance** 반감
- **resume** 이력서
- **rhyme** 운(韻)
- **rip-off** 바가지
- **sanguine** 낙천적인, 쾌활한
- **satire** 풍자
- **save up to 30%** 30%까지 할인
- **secretarial position** 비서직
- **self-fulfillment** 자기충족
- **selling point** (상품이 지닌) 장점
- **simile** 직유
- **soap opera** 여성용 드라마
- **sold out** 매진
- **special deal** 특별할인
- **state-of-the-art** 최첨단
- **steal** 아주 싼 물건
- **stereotype** 고정관념
- **stimulus** 자극
- **sub-charge** 추가 요금
- **tailor to** 고객별로 다 맞춰주다
- **tragedy** 비극
- **verse** 운문
- **whodunit** 추리소설
- **work** 작품

대한민국 TEPS 대표강사 Joseph Kim의

THE TOP in TEPS

By Joseph Kim

650

인문편

독 READING 해

정답 및 해설

랭기지플러스

By Joseph Kim

랭기지플러스

정답 및 해설

THE TOP in TEPS 650 독해 입문편

초판 발행	2010년 7월 20일
초판 6쇄	2017년 9월 12일
저자	죠셉 킴
펴낸이	엄태상
책임 편집	이효리, 장은혜, 김효은, 정유항
디자인	이건화
마케팅	이상호, 오원택, 이승욱, 전한나, 왕성석
온라인 마케팅	김마선, 유근혜, 심유미
펴낸곳	랭기지플러스
주소	서울시 종로구 자하문로 300 시사빌딩
주문 및 교재 문의	1588-1582
팩스	(02)3671-0500
홈페이지	http://www.sisabooks.com
이메일	sisabooks@naver.com
등록일자	2000년 8월 17일
등록번호	제 1-2718호
ISBN	978-89-5518-190-6

THE
대한민국 TEPS 대표강사 Joseph Kim의
TOP in
TEPS
650
입문편
독 READING 해
정답 및 해설

Answer Keys

01. (c) **02.** (a) **03.** (a) **04.** (b) **05.** (a) **06.** (a)
07. (c) **08.** (c)

01.

Due to the vast amounts of currency handled in a casino, security is a top priority. Casino security _____ _____________________ to prevent both patrons and staff from committing crimes. Security starts on the floor of the casino. ①**Dealers watch players for blatant cheating like switching dice or marking cards.** ②**Pit bosses walk around the floor looking for suspicious behavior including changing betting patterns.** ③**Casinos also have elaborate surveillance systems known as "eye-in-the-sky."** These cameras often have enough clarity to read the time on a player's watch.

(a) uses a team of behavior specialists
(b) relies on attentive guards
(c) consists of many levels
(d) handles threats carefully

[Translation]

카지노에서는 방대한 양의 화폐가 사용되기 때문에, 보안이 가장 우선시 됩니다. 카지노 보안은 고객과 직원이 죄를 범하지 않도록 <u>여러 수준으로 구성됩니다.</u> 보안은 카지노가 있는 층에서 시작됩니다. ①딜러들은 주사위를 바꿔치기 하거나 카드 위조 같은 뻔한 속임수를 하는지 게임 참가자들을 감시합니다. ②도박대 책임자들은 배팅하는 패턴을 바꾸는 등의 의심 살만한 행동을 탐색하며 돌아다닙니다. ③카지노는 또한 "공중 감시장치"로 알려진 정밀한 감시체계를 사용합니다. 이 카메라들은 대개 게임 참가자의 손목시계가 가리키는 시간을 읽을 정도의 선명도를 갖추고 있습니다.

(a) 행동 분석 전문가로 구성된 팀을 이용합니다
(b) 주의를 기울이는 보안 요원들에게 의존합니다
(c) 여러 수준으로 구성됩니다
(d) 위협을 신중히 처리합니다

[Joseph's Solution]

빈칸에는 고객과 직원이 죄를 범하지 않기 위한 카지노 업소 내 보안이 어떻게 운영되는지를 요약한 내용이 서술형으로 들어가야 한다. 지문에서 ①카지노 딜러를 비롯하여 ②도박대 책임자 및 ③감시 장비인 카지노 감시카메라 등이 보안을 위한 장치로써 나열되어 그 역할이 짧게 기술되고 있다. 이러한 전 (全) 방향 카지노 보안체계를 두루 아우르는 서술어부로, 빈칸에는 보기 중 (c)가 가장 적절하다.

[Vocabulary]

vast a. (범위, 크기, 양 등이) 방대한, 막대한
patron n. (특정 상점, 식당 등의) 고객
blatant a. 나쁜 행동이 노골적인, 뻔한
pit boss (카지노의) 도박대 책임자
suspicious a. 의심스러운, 수상쩍은
elaborate a. 정교한, 공을 들인
surveillance n. 감시
eye-in-the-sky 공중 전자 감시장치
clarity n. 투명도, 명료성
attentive a. 주의를 기울이는

02.

Hello Sophie,
I am writing to you today to _____________.
①**We are starting a new initiative in our Children's Daycare Program that you should know about.** We are planning a "Meet and Greet" with the volunteers and the moms where everyone can get to know each other. ②**This is especially important for the moms, so they can meet the individuals who will be taking care of their kids!** The event will happen on October 6 at 5:00 p.m. ③**Please try your hardest to get here.** I think this is a great opportunity. Thank you.

From,
Alexandra

(a) request your attendance at an upcoming event
(b) inquire about a position in your company
(c) express my appreciation for your help at a recent event
(d) ask for a donation to a valuable community program

[Translation]

Sophie, 안녕하세요.
오늘 <u>다가오는 행사에 참석을 요청하려고</u> 글을 드립니다. ①저희 어린이 보육 프로그램에 있어, 어머님께서 알아 두셔야 할 새로운 계획을 시작하려고 해요. 저희는 자원 봉사자들과 어머님들이 함께 서로에 대해 알아갈 수 있는 "만나서 인사하기"라는 자리를 계획하고 있어요. ②이번 행사는 어머님들께 특히 중요한데요, 우리 아이들을 돌보게 될 사람들을 만나볼 수 있는 자리이기 때문이지요! 이 행사는 10월 6일 오후 5시에 열릴 예정입니다. ③부디 참석하시기 바랍니다. 좋은 기회가 될 것이라 생각합니다. 감사합니다.

Alexandra로부터

(a) 다가오는 행사에 참석을 요청하려고
(b) 근무하시는 회사 내 직위에 대해 문의하려고
(c) 최근 행사에 대한 노고에 감사를 표하려고
(d) 소중한 지역 사회 프로그램에 기부를 요청하려고

[Joseph's Solution]

빈칸에는 편지 글을 쓴 목적이 함축적으로 들어가야 한다. 편지는 ①어린이 보육 프로그램에 참여하는 자녀를 둔 어머니에게 보내는 글로, ②프로그램 시작 전 서로 얼굴을 익힐 수 있는 행사에 ③참여를 권유하고 있다. 따라서 빈칸에는 보기 중 (a)가 가장 적절하다.

day care program 보육 프로그램

initiative n. 계획

take care of ~을 돌보다, 뒷바라지하다

upcoming a. 다가오는, 곧 있을

03.

As car sales around the world go up, ______________. ①**But while manufacturers in the West are concentrating on introducing electric cars, a different transportation change is taking place in China.** There, almost 120 million electric bicycles ply the roads, quickly gaining in popularity over traditional bikes and motorcycles. So far, two types of electric bikes have emerged on the market. The first is similar to a standard bicycle, but has an electric motor that riders can turn on and off when needed. The second type has pedals but can travel entirely on battery power. ②**Whatever the model, electric bicycles will surely play an important role in addressing air pollution caused by automobiles.**

(a) there is concern about the environment
(b) many believe it is a temporary trend
(c) there is more interest in physical exercise
(d) there is less road space available for bicyclists

[Translation]

세계적으로 자동차 판매가 증가하면서, **환경에 대한 우려가 있습니다.** ①그러나 서양에 있는 제조공장들은 전기 자동차를 도입시키는 데 집중하고 있는 반면에, 중국에서는 다른 종류의 교통수단 변화가 일어나고 있습니다. 그곳에는, 전통적인 자전거와 오토바이를 상위하는 인기를 빠르게 얻으면서, 거의 1억 2천만 전기 자전거들이 도로를 활보합니다. 지금까지, 두 종류의 전기 자전거가 시장에 출시되었습니다. 첫 번째는 기존 자전거와 유사하지만, 탑승자가 필요시 켰다가 끌 수 있는 전기 모터가 달려 있습니다. 두 번째 형태는 페달이 있지만 온전히 건전지 동력 만으로 이동이 가능합니다. ②어떤 모델이던 간에, 전기 자전거는 충분히 자동차로 유발되는 공해라는 화두를 제기하는데 있어 중요한 역할을 담당할 것입니다.

(a) 환경에 대한 우려가 있습니다
(b) 많은 이들은 그것은 일시적인 추세라고 생각합니다
(c) 물리적인 운동에 대한 관심이 더 있습니다
(d) 자전거를 탈 수 있는 도로 공간이 부족합니다

[Joseph's Solution]

빈칸이 위치한 문장을 먼저 살펴보면, 자동차 판매 증가로 인한 세계적인 변화는 어떤 것인지 지문의 내용을 보고 유추해서 답을 골라야 한다. ①전기 자동차의 생산에 관심을 두는 서양과는 달리, 중국에서는 다른 종류의 교통수단, 즉 전기 자동차가 생산되는데, ②어떤 모델이던 간에, 자동차로 유발되는 공해라는 문제를 제기하는데 있어 중요한 역할을 담당할 것으로 기대한다는 내용이다. 즉, ②의 내용으로 미루어, 중국에는 그 발로가 자전거일 뿐, 서양과 같이 친환경적 이동수단의 필요에 의해 전기 자전거가 등장했다는 의미가 되므로, 빈칸에는 (a)가 가장 적절하다.

[Vocabulary]

ply v. (정기적으로) 다니다[왕복하다]

initiative n. 계획

address v. 제기하다, 제출하다

pollution n. 오염

temporary a. 일시적인, 임시의

04.

Since the remains of Neanderthals were first discovered over 150 years ago in Belgium, scientists ______________. ①**The recent discovery of three Neanderthal teeth in a cave in Poland may provide some clues.** The teeth were uncovered north of the Carpathian Mountains, together with some flint tools and the bones of woolly mammoths and cave bears. ②**Researchers hypothesize that the placement of the teeth along with the tools could indicate some kind of burial site, which would suggest a belief in the afterlife.** ③**Understanding how the Neanderthals treated their dead may be the key to understanding how human-like they were.**

(a) have not been able to find tools they used
(b) have debated their relationship to humans
(c) have determined that they didn't bury their dead
(d) have concentrated on collecting their teeth

[Translation]

150년 보다 더 이전에 네안데르탈인의 유해가 벨기에에서 발견된 이후, 과학자들은 **그들과 인간과의 관계를 논의해 왔습니다.** ①최근 폴란드에 있는 한 동굴에서 네안데르탈인의 치아 세 개의 발견은 어떤 단서를 제공할지 모릅니다. 그 치아는 카르파티아 산맥의 북쪽에서, 부싯돌 연장 몇 개와 털북숭이 맘모스와 동굴 곰의 뼈들과 함께 발견되었습니다. ②연구자들은 연장과 함께 치아의 위치는 어떤 종류의 매장지를 나타낼 수 있다고 가설을 제기하고 있는데, 이런 매립지는 후생에 대한 믿음을 시사합니다. ③네안데르탈인이 어떻게 죽은 이들을 다뤘는지에 대한 이해는 그들이 얼마나 인간과 유사한지에 대한 이해로의 중요한 열쇠가 될 수 있습니다.

(a) 그들이 사용했던 도구를 찾을 수 없었습니다
(b) 그들과 인간과의 관계를 논의해 왔습니다
(c) 그들은 죽은 이들을 매장하지 않았다고 결정했습니다
(d) 그들의 치아를 모으는데 집중해 왔습니다

[Joseph's Solution]

지문은 네안데르탈인의 유해가 벨기에에서 발견된 후 과학자들이 추측했던 내용에 관한 것이다. 지문은 ①최근 폴란드에서 발견된 네안데르탈인의 치아로, ②연구자들은 시체 매장지에 대한 가설을 제기하고 있는데, 이런 매장지는 후생에 대한 믿음을 시사하고, 이는 ③인간과의 유사성 정도를 시사해줄 중요한 단서가 되리라 기대한다는 내용이다. 따라서 빈칸에는 인간과의 관계를 언급한 (b)가 가장 적절하다.

[Vocabulary]

remains n. 유해, 유골, 잔해

Neanderthal n. 네안데르탈 인

Carpathian Mountains 카르파티아 산맥

flint n. 부싯돌

mammoth n. 맘모스(거대 코끼리)

burial n. 매장

05.

Dear Ms. Jones,

Thank you for your recent contribution to the community arts center. We are deeply grateful for your gift which will ___________________________.
①**Without donors like yourself, it would be impossible to offer our low-cost and free music classes for elementary students.** We hope that you will attend our annual spring concert on April 30 where you will be able to hear for yourself our young musicians. There will be thirty students, grades 2 through 6, performing on piano, violin, flute, and guitar. We do hope you will attend. You can contact me at my office if you have any questions or if you'd like to meet some of the students.

Best regards,
James Roberts
Director, Smithville Community Arts Center

(a) help support our children's programs
(b) provide money for building repairs
(c) allow us to charge less for our art classes
(d) increase attendance at our spring concert

[Translation]

Jones양,

지역 아트 센터에 대한 당신의 기여에 감사 드립니다. **우리 아이들의 프로그램을 지원하는데 도움이 될** 당신의 선물에 깊이 감사의 뜻을 표하는 바 입니다. ①**당신 같은 기증자들이 없다면, 초등학생들을 대상으로 하는 저희의 저가의 비용의 무료 음악교실을 개설하는 것은 불가능했을 것입니다.** 저희는 Jones양께서 4월 30일에 우리 어린 음악가들의 음악을 직접 들으실 수 있는 연례 춘계 음악회에 참석하시기를 희망합니다. 2학년에서 6학년에 해당하는 서른 명의 학생들이 피아노, 바이올린, 플루트 및 기타를 연주할 것입니다. 꼭 참석하시기 바랍니다. 문의사항이 있으시거나 일부 학생들을 만나고자 하신다면, 제 사무실로 연락하시면 됩니다.

안부를 전하며,
James Roberts
Smithville 지역 아트 센터 소장

(a) 우리 아이들의 프로그램을 지원하는데 도움이 될
(b) 건물 수리 비용으로 지급할
(c) 저희가 예술 수업에 대해 적게 비용을 책정하게 해줄
(d) 춘계 음악회의 출석율을 높여줄

[Joseph's Solution]

빈칸이 위치한 문장을 살펴보면, Jones의 이번 선물이 센터에 어떤 기여를 하고 있는지 묻고 있다. ①에서 그녀의 도움으로, 초등학생들을 대상으로 하는 저가의 비용의 무료 음악교실을 개설할 수 있었다고 언급되었다. 따라서 빈칸에는 (a)가 가장 적절하다.

[Vocabulary]

contribution n. 공헌, 기여

donor n. 기증자, 제공자

low-cost a. 비용이 적게 드는, 값싼

06.

①**When you buy direct from Sunshine Farms, you can be assured that you are getting the best locally grown produce in the region.** That's because we _______________, which are developed right on our farm. Our vegetables taste great because they grow naturally. Although our prices may be slightly higher than what you pay in the supermarket, isn't the health of your family worth it? Come visit the farm today, and pick your own tomatoes and eggplants. Also come try our latest endeavor: 100% pure organic honey. Put a little Sunshine on your table today!

(a) use only organic, environmentally friendly fertilizers
(b) purchase all of our seeds from local distributors
(c) encourage the use of chemical pesticides
(d) emphasize using competitive business practice

[Translation]

①여러분이 Sunshine Farms에서 직접 구입하시면 지역에서 키운 최상의 농산품을 얻고 있다는 것을 확신하시게 될 것입니다. 그것은 우리가 **유기농, 친환경 비료만을 사용하기** 때문이며, 그것들은 우리 농장에서 만들어졌습니다. 우리 채소들은 자연적으로 재배되어서 맛이 뛰어납니다. 비록 가격이 여러분이 슈퍼마켓에서 지불하는 것에 비해 다소 높지만, 여러분 가족의 건강이 그만한 가치가 있지 않은가요? 오늘 농장으로 방문하셔서 자신만의 토마토와 가지를 가져 가세요. 오셔서 우리의 최근 노력인, 100% 유기농 꿀도 시식해 보세요. 오늘 여러분의 식탁에 Sunshine을 조금 올려놓으세요!

(a) 유기농, 친환경 비료만을 사용하기
(b) 우리의 모든 씨앗들을 지역 배급소에서 구매하기
(c) 화학 살충제의 사용을 고무하기
(d) 경쟁적인 사업 관행의 사용을 강조하기

[Joseph's Solution]

빈칸이 위치한 문장을 먼저 살펴보면, 지문에서 ①최상의 지역 농산품을 판매할 수 있는 이유가 되는, 농장에서 직접 만들고 있다는 내용이 언급되었다. 따라서 보기의 내용 중에서 가장 적절한 것은 (a)이다.

[Vocabulary]

assure v. 장담하다, 확언하다

eggplant n. 가지

endeavor n. 노력, 시도

organic a. 유기농의

fertilizer n. 비료

pesticide n. 구충제, 살충제

competitive a. 경쟁적인, 경쟁력있는

latest a. 최신의, 최근의

07.

Dr. Richard Ferber is the mastermind behind a
________________________________. The ferberizing
method involves waiting a certain amount of time
before going in the nursery to comfort a crying baby.
The parents wait increasing intervals each night
before entering the room, and once they do enter,
they only verbally comfort the baby instead of picking
them up. ①**The method is supposed to train
children to soothe themselves so they are less
dependent on their parents, which will hopefully
allow the parents to get more sleep. ②However,
experts question whether the experience could
damage a baby's sense of security in the world.
③In addition, the experience can be traumatizing
for the parents.**

(a) a specially formulated medicine for babies
(b) unique disciplinary method for children
(c) controversial parenting technique
(d) program to help parents cutout naptime

[Translation]
Richard Ferber 박사는 **논란이 되는 부모훈련 기법**(의) 숨은 지도자
입니다. Ferber가 사용한 방식은 우는 아이를 달래러 아기방에 가기
전 일정 시간을 기다리는 것과 관련이 있습니다. 부모는 매일 밤 방
으로 들어오기 전 간격을 증가시키는 것을 기다리고 일단 들어가게
되면, 아이를 들어주는 것 대신에 오직 음성으로 아이를 달랩니다.
①이 방식은 어린이들을 자기 스스로가 달래도록 훈련시키게 되어
있어 아이가 자신의 부모들에게 덜 의존적이게 되고, 이로써 바라건
대 부모는 수면을 더 취할 수 있게 될 것입니다. ②하지만 전문가들
은 그 경험이 아기의 세상에 대한 안정감에 손상을 줄 수 있다는 점
에서 이의를 제기합니다. ③더욱이, 그 경험은 부모들에게 정신적인
외상을 줄 수도 있습니다.

(a) 아기들을 위한 특별히 배합된 의약품
(b) 어린이들에 대한 독특한 훈육방법
(c) 논란이 되는 부모훈련 기법
(d) 부모들이 낮잠을 없애는데 도움이 되는 프로그램

[Joseph's Solution]
Ferber 박사가 무엇의 숨은 지도자인지 지문에서 찾아야 한다.
Ferber가 적용한 ①훈육 방식은 어린이가 스스로 달래는 법을 터득
해 부모들에게 덜 의존적이 되도록 훈련시키는 것인데, ②전문가들
은 영아의 안정감에 손상을 줄 수 있으며 ③더욱이, 부모들에게도
정신적인 외상을 줄 수 있다고 언급하고 있다. 즉, Ferber 박사의 방
식은 장점이 있지만, 더 심각한 부작용을 유발할 수도 있는 보육 방
법임을 알 수 있다. 따라서 빈칸에는 보기 중 (c)가 가장 적절하다.

[Vocabulary]
mastermind n. 지휘[조종]하는 사람

nursery n. 아기 방

verbally adv. 구두로

be supposed to do ~하기로 되어 있다

hopefully adv. 바라건대

traumatize v. 정신적 외상을 초래하다

formulated a. 배합된, 만들어진

08.

Allergies are a nuisance that many people have to
endure. Despite improved medical care, it appears
that allergies are on the rise. The causes are many,
but some doctors ________________________________
________________. A fixation with germs, in part driven by
advertisements for cleaning products, could be the
problem. ①**Mothers today often want to protect
their children from all grime. ②Yet babies and
young children develop a resistance to allergies
by being exposed to dirt and minor infections.**
Without germs to battle against early in life, T - helper
cells, which are crucial to building a strong immune
system, are not activated. ③**As a result, children
don't develop the antibodies that prevent later
allergic reactions.**

(a) are against treating childhood allergies
(b) want more effective hygiene practices
(c) are now convinced that people are too clean
(d) want allergy testing to start at younger age

[Translation]
알레르기는 많은 이들이 견뎌야만 하는 골치거리입니다. 개선된 의
술에도 불구하고, 알레르기는 오름세에 있는 것으로 보입니다. 그
원인은 다양하지만, 일부 의사들은 **요즘 사람들이 너무 깨끗하다고
깨닫게 되었습니다.** 일부 청소용 제품을 위한 광고에 의한, 세균에
대한 집착은 문제가 될 수 있습니다. ①요즘 어머니들은 종종 자기
자식들을 모든 더러움에서 보호하기를 원합니다. ②그렇지만 유아
와 영아들은 먼지와 가벼운 감염에 노출됨으로써 알레르기에 대한
저항력을 발달시킵니다. 생애 초기 대항할 세균이 없으면 강한 면
역체계를 만드는 일에 중요한, T 세포군은 작동되지 않습니다. ③그
결과로, 어린이들은 나중에 알레르기 반응을 예방하는 항체들을 만
들 수 없습니다.

(a) 아동기 알레르기를 치료하는데 반대합니다
(b) 더 실질적인 위생 습관을 원합니다
(c) 요즘 사람들이 너무 깨끗하다고 깨닫게 되었습니다
(d) 더 어린 나이에 알레르기 테스트를 시작하기를 원합니다

[Joseph's Solution]
알레르기의 다양한 원인으로 의사 중 일부는 어떤 생각을 가지고 있
는지 지문의 내용을 통해 유추해서 빈칸을 완성해야 한다. 지문은
①요즘 어머니들의 불결함에 대한 과잉반응으로, ②영유아기에 가
벼운 감염에 노출로 저항력을 발달시켜야 함에도 불구하고, 그 기회
를 놓침으로써 ③나중에 알레르기 반응을 예방하는 항체들을 발달
시킬 수 없게 된다고 설명하고 있다. 따라서 주어진 보기 중에서 가
장 적절한 것은 (c)이다.

[Vocabulary]
allergy n. 알레르기

nuisance n. 성가신 사람(것/일), 골칫거리

be on the rise 오름세에 있다, 대두되고 있다

fixation n. (~에 대한) 집착

germ n. 세균, 미생물

grime n. 때, 더러움

infection n. 감염, 전염병

T helper cell T세포군

antibody n. 항체

hygiene n. 위생

Make-up Vocabulary

1.

[정답] surveillance

[해석] 카지노는 또한 "공중 감시장치"로 알려진 정밀한 감시체계를 사용합니다. 이 카메라들은 대개 게임 참가자의 손목시계가 가리키는 시간을 읽을 정도의 선명도를 갖추고 있습니다.

2.

[정답] attendance

[해석] 오늘 다가오는 행사에 참석을 요청하려고 글을 드립니다. 저희 어린이 보육 프로그램에 있어, 어머님께서 알아 두셔야 할 새로운 계획을 시작하려고 해요. 저희는 자원 봉사자들과 어머님들이 함께 서로에 대해 알아갈 수 있는 "만나서 인사하기"라는 자리를 계획하고 있어요.

3.

[정답] pollution

[해석] 어떤 모델이던 간에, 전기 자전거는 충분히 자동차로 유발되는 공해라는 화두를 제기하는데 있어 중요한 역할을 담당할 것입니다.

4.

[정답] burial

[해석] 연구자들은 연장과 함께 이빨의 위치는 어떤 종류의 매장지를 나타낼 수 있다고 가설을 제기하고 있는데, 이런 매립지는 후생에 대한 믿음을 시사할 수 있습니다. 네안데르탈인이 어떻게 죽은 이들을 다뤘는지에 대한 이해는 그들이 얼마나 인간과 같은지에 대한 이해로의 중요한 열쇠가 될 수 있습니다.

5.

[정답] contribution

[해석] 지역 아트 센터에 대한 당신의 기여에 감사 드립니다. 우리 아이들의 프로그램을 지원하는데 도움이 될 당신의 선물에 깊이 감사의 뜻을 표하는 바 입니다.

6.

[정답] impossible

[해석] 당신 같은 기증자들이 없다면, 초등학생들을 대상으로 하는 저희의 저비용 무료 음악교실을 개설하는 것은 불가능했을 것입니다.

7.

[정답] worth

[해석] 우리 채소들은 자연적으로 재배되어서 맛이 뛰어납니다. 비록 가격이 여러분이 슈퍼마켓에서 지불하는 것에 비해 다소 높지만, 여러분 가족의 건강이 그만한 가치가 있지 않은가요? 오늘 농장으로 방문하셔서 자신만의 토마토와 가지를 가져가세요.

8.

[정답] dependent on

[해석] 부모는 매일 밤 방으로 들어오기 전 간격을 증가시키면서 기다리고 일단 들어가게 되면, 아이를 들어주는 것 대신에 오직 음성으로 아이를 달랩니다. 이 방식은 어린이들을 자기 스스로가 달래도록 훈련시키게 되어 있어 아이가 자신의 부모들에게 덜 의존적이게 되고, 이로써 바라건대 부모는 수면을 더 취할 수 있게 될 것입니다.

9.

[정답] resistance

[해석] 요즘 어머니들은 종종 자기 자식들을 모든 더러움에서 보호하기를 원합니다. 그렇지만 유아와 영아들은 먼지와 가벼운 감염에 노출됨으로써 알레르기에 대한 저항력을 발달시킵니다.

10.

[정답] prevent

[해석] 카지노에서는 방대한 양의 화폐가 사용되기 때문에, 보안이 가장 우선시 됩니다. 카지노 보안은 고객과 직원이 죄를 범하지 않도록 여러 수준으로 구성됩니다.

11.

[정답] question

[해석] 하지만 전문가들은 그 경험이 아기의 세상에 대한 안정감에 손상을 줄 수 있다는 점에서 이의를 제기합니다. 더욱이, 그 경험은 부모들에게 정신적인 외상을 줄 수도 있습니다.

12.

[정답] contact

[해석] 문의사항이 있으시거나 일부 학생들을 만나고자 하신다면, 제 사무실로 연락하시면 됩니다.

Answer Keys

01. **(b)** 02. **(d)** 03. **(a)** 04. **(b)** 05. **(c)** 06. **(d)**
07. **(d)** 08. **(b)** 09. **(a)**

01.

Most students know that the act of reviewing is vital for committing new information to memory. The first review, however, should not occur on the day the student learns the material. ①**Instead, the optimal time is 3 to 7 days after the first exposure and even longer for the next review.** Students should aim to review the material right before it fades from memory. ②**The learning technique of ___________ incorporates increasing time intervals between subsequent reviews. ③This strategy maximizes long-term memory while minimizing the amount of review time.**

(a) early review
(b) spaced repetition
(c) frequent reiteration
(d) maximum exposure

[Translation]

대부분의 학생들은 복습을 하는 것이 새로운 정보를 기억하는 것에 있어 중요하다는 점을 알고 있습니다. 그러나, 첫 번째 복습은 학습내용을 배운 그날 해서는 안 됩니다. ①**그대신 그 최적의 시간은 학습내용에 처음 노출된 후 3일에서 7일 사이이며 그다음 복습은 더 길게 잡아야 합니다.** 학생들은 학습내용이 기억에서 사라지기 바로 전에 그 내용을 복습하려고 해야만 합니다. ② **간격 효과(이)라는 학습법은 나중에 이루어지는 복습들간의 시간적인 간격을 넓히는 것을 아우르고 있습니다. ③이 전략은 복습에 필요한 시간을 줄이면서 장기 기억을 극대화시킵니다.**

(a) 얼리 리뷰
(b) 간격 효과
(c) 잦은 번복
(d) 최대 노출

[Joseph's Solution]

지문 전체에서 설명하고 있는 학습기법을 일컫는 명칭을 보기 중에서 선택해야 하는 빈칸 완성 문제이다. 해당 학습법은 ①두 번째 복습에 해당하는 최적시간이 첫 번째 복습의 적정시간보다 훨씬 늦춰지는 방식으로, ②이후에 행해지는 복습 사이 시간적 간격을 점점 더 넓히는 방식을 취한다. 결국, 이는 ③최소한의 반복학습으로 장기기억을 극대화시키는 효율적인 전략임을 의미한다. 따라서 이러한 학습법의 특징을 포괄할 수 있는 명칭으로 빈칸에는 (b)간격 효과가 가장 적절하다.

[Vocabulary]

commit (sth) to memory ~을 마음에 새기다, 기억하다
subsequent a. (시간적으로) 뒤의, 그 이후의
aim to do ~할 작정이다, 하려고 노력하다
long-term memory [심리] 장기기억
space v. (사물들 사이에 일정한) 간격을 두다
reiteration n. (특히 강조하기 위한) 반복, 되풀이
early review 얼리 리뷰; [경제] 프로슈머(prosumer)의 제품평가와 유사하나 해당 제품을 생산하는 기업의 공모과정을 거쳐 선발된 전문가 집단의 제품 리뷰로, 객관적인 정보제공 및 온라인 홍보를 아우르는 온라인 마케팅의 일종
spaced repetition 간격 효과; [심리] 시간적 간격을 둔 반복 학습법
optimal a. 최적의, 최상의

02.

People spend countless hours and large sums of money trying to break their bad habits, but many do not achieve success. While there is no magic cure, two key steps are examining the behavior and _______________________. ①**Since bad habits are often done unconsciously, you must first examine why you have the habit.** Regardless of the negative outcome, bad habits provide a payoff like easing anxiety. ②**After determining the payoff, examine the trade off, and then make your choice.** Are constant raw, painful cuticles worth a minute of distraction? Finally, substitute a new, positive behavior that makes you feel good about your choice.

(a) eliminating the temptation
(b) condemning your negative actions
(c) determining the reasons behind it
(d) regaining the ability to make choices

[Translation]

사람들은 자신의 나쁜 습관을 고치려고 수 없이 많은 시간과 막대한 돈을 쓰고 있지만, 성공하는 이들은 많지 않습니다. 마법 치료제는 없지만, 필수적인 두 단계는 그 행동을 점검하는 것과 **결정을 내릴 능력을 되찾는 것입니다. ①나쁜 습관은 대체로 무의식적으로 행해지므로, 무엇보다 왜 그런 습관을 들이게 되었는지 살펴봐야 합니다.** 부정적인 결과와는 관계없이, 나쁜 습관은 불안을 떨쳐버리는 것 같은 대가를 얻게 됩니다. ②**대가가 무엇인지 알아내고 나서, 그 균형을 검토하고 마음을 정하세요.** 계속 쓰라리고도, 아픈 손톱 각질이 순간적인 기분전환에 필적할 가치가 있나요? 마지막으로, 자신의 선택에 대해 기분 좋게 만드는 새롭고, 긍정적인 행동으로 대체를 하세요.

(a) 유혹을 없애는 것
(b) 자신의 부정적인 행동을 책망하는 것
(c) 그 행동을 하는 이유를 밝히는 것
(d) 결정을 내릴 능력을 되찾는 것

[Joseph's Solution]

사람들이 좋지 않은 습관을 교정하는 경우 거쳐야 할 필수단계 중 하나가 무엇인지 지문에서 찾아 빈칸을 완성해야 한다. 교정을 위한 첫 단계는 ①무의식적으로 행해지는 그런 습관을 왜 들이게 되었는지, 그로 인한 대가가 무엇인지 점검하는 것이다. 두 번째로, ②그만한 가치가 있는지 검토해서 결심하는 것이라고 언급하고 있다. 따라서 빈칸에 들어가기에 적절한 내용은 (d)이다.

[Vocabulary]

course of (sth) ~의 추이, 전개
unconsciously adv. 무의식적으로, 무심결에
regardless of ~에 상관없이[구애받지 않고]
payoff n. 지불(일), 결정적 사실[요소]
ease v. (고통, 불편 등이[을]) 덜해지다[덜어 주다]
anxiety n. 불안(감), 염려
determine v. 알아내다, 밝히다, 확정[결정]하다
raw a. 다듬어지지 않은, 피부가 벗겨져 쓰라린
cuticle n. 단단한 피부층, 소피
distraction n. 기분전환, 오락 (활동)
substitute v. 대신하다, 대치[교체]되다
eliminate v. 없애다, 제거[삭제]하다
condemn v. 규탄[비난]하다

03.

Ferdinand Magellan is a famous explorer known for becoming the first European to lead an expedition around the globe. However, Magellan died before completing the entire voyage. In the spring of 1521, Magellan and his troops left Spain and landed at Homonhon Island, becoming the first Spaniards to arrive in the Philippines. **①Magellan befriended the tribal chief of Cebu, who ordered the other chiefs to provide food supplies for the ships; the Lapu-Lapu chief _______________________. ②As a result, Magellan's men and the Lapu-Lapu tribe went to war.** During the resulting Battle of Mactan, Magellan was surrounded and killed.

(a) refused to accept the command
(b) welcomed them with open arms
(c) did not notice the newcomers
(d) expected them to help his tribe

[Translation]

Ferdinand Magellan은 세계 일주 원정대를 이끈 최초의 유럽인으로서 알려진 유명한 탐험가입니다. 하지만, 그는 전 여정을 모두 마치지 못하고 사망했습니다. 1521년 봄, Magellan과 그의 병사들은 스페인을 떠나 Homohon섬에 착륙하게 되었는데, 이로써 그들은 필리핀에 도착한 최초의 스페인인들이 되었습니다. ①Magellan은 Cebu 부족의 족장과 친구가 되었고, 그는 다른 족장들에게 항해 선박에 비상 식량을 제공하도록 명하였는데; Lapu-Lapu 부족의 족장은 그 명령 수락을 거부했습니다. ②결국, Magellan의 병사들과 Lapu-Lapu 부족은 전쟁을 시작하게 되었습니다. Mactan전투가 되어버린 그 전쟁에서, Magellan은 포위되어 사망합니다.

(a) 그 명령 수락을 거부했습니다
(b) 그들을 대환영했습니다
(c) 새로 들어온 이들을 알지 못했습니다
(d) 그들이 그의 부족을 도우리라 기대했습니다

[Joseph's Solution]

전체의 흐름을 파악하여 문맥상 알맞은 표현을 골라야 한다. 빈칸이 위치한 문장을 살펴보면, 탐험가 Magellan의 친구가 된 족장이 호의를 보이려고 다른 족장들에게 의뢰했던 명령으로 인해, ②일행은 Lapu-Lapu 부족과 전투를 벌이게 되었다고 언급되어 있다. 따라서 빈칸에는 문맥상 해당 부족의 족장은 명령에 복종하지 않았다는 내용이 들어가는 것이 적절하므로 정답은 (a)이다.

[Vocabulary]

expedition n. 탐험[원정]대
voyage n. 여행, 항해
Homonhon Island 호몬혼섬(필리핀 사마르 지방의 섬)
Spaniard n. 스페인 사람
befriend v. 친구가 되어 주다
tribal chief 부족[종족]의 장
food supplies 비상 식량
welcome sb with open arms ~를 대환영하다

04.

Vaccines are the world's most cost-effective public health measure. The expense of producing and administering common vaccines is very small in proportion to the lives they save. **①Almost 80 percent of children in the world are immunized against the major childhood diseases, like measles and polio. ②But with rapidly increasing birthrates and obstacles like natural disasters and wars in developing nations, health workers are constantly struggling to ensure that vaccination programs _______________________________.**

The development of new vaccines against rotavirus and pneumococcal disease, which are major killers of malnourished children, is also important if medical workers are to save children affected by these diseases. **③A worldwide effort to ensure universal vaccination will help save the lives of millions of children.**

(a) are affordable for those in poor countries
(b) reach the majority of children everywhere
(c) are created in areas affected by war
(d) are consistent with public health goals

[Translation]

백신은 세계에서 비용 대비 효율이 가장 높은 공중보건 대책입니다. 일반 백신을 생산하고 투여하는 비용은 그것들로 구하는 사람의 생명에 비해 미소합니다. ①세계에서 80%에 달하는 아이들이 홍역과 소아마비와 같은 아동기 주요 질병에 대해 면역이 되어 있습니다. ②그러나 개발도상국에서 급속히 증가하는 출생률과 자연 재해와 전쟁 같은 장애물들도 보건 근로자들은 지속적으로 예방접종 프

로그램이 <u>모든 곳의 어린이들 다수에게 닿을 것을</u> 보장하기 위해 고군분투하고 있습니다. 영양 실조 아이들의 사망의 주요 원인이 되는 로타바이러스와 폐렴 질환에 대한 새로운 백신의 개발 역시 보건 근로자들이 이러한 질병에 걸린 아이들을 구해야 한다면 중요합니다. ③일괄적인 예방 접종을 확보하려는 전 세계적인 노력은 수백만 아이들의 생명을 구하는데 도움이 될 것입니다.

(a) 빈국에 있는 아이들에게 보급 가능한
(b) 모든 곳의 어린이들 다수에게 닿을
(c) 전쟁에 의해 침범당한 지역에서 만들어지는
(d) 공공 보건의 목표와 일치하는

[Joseph's Solution]

빈칸이 위치한 문장을 먼저 살펴보면, 지문의 흐름 및 어조로 볼 때 예방접종 프로그램이 지속적으로 어떻게 되는 것을 희망하고 있는지 묻고 있다. 지문에서 백신은 비용 대비 효율이 가장 높은 공중보건 대책으로, ①전세계적으로 아동기 주요 질병의 면역율을 높여왔지만, ②출생률 및 장애물들로 인해 고투하고 있음에도, 역시 ③일괄적인 예방 접종의 확보가 세계의 수백만 아이들의 생명을 구하는데 도움이 될 것이라고 기대를 보이고 있다. 따라서 ③의 내용을 고려할 때, 빈칸에는 (b)가 가장 적절하다.

[Vocabulary]

cost-effective a. 비용 효율[효과]이 높은

public health measure 공중 보건법[조치]

administer v. (약 등을) 투여하다, (처치 등을) 집행하다

in proportion to[as] ~에 비례하여

measles n. 홍역

polio n. (척수성) 소아마비

developing nation 개발도상국

rotavirus n. 로터바이러스

pneumococcal a. 폐렴 쌍구균의

malnourished a. 영양 불량[실조]의

universal vaccination 일괄 접종

affordable a. 줄 수 있는, 입수 가능한

be consistent with ~와 일치하다, 일관되다

05.

Dear Faculty,

Please be advised that next week's staff meeting will start at 4:00 p.m. **①The focus of the meeting will be end-of-year activities, including our commencement ceremony and drama production.** We need ten teachers to ___________________. **②Responsibilities will include directing team members, organizing schedules, arranging for any necessary purchases, handling mailings and publicity, and writing final reports for the senior management team. ③Team directors will not receive extra financial compensation, but will be given two additional vacation days.** Bring any questions, as well as suggestions, to the meeting. You may also talk to me in advance if you have any concerns.

Sincerely,
Lawrence Katz
Principal

(a) create new student programs
(b) schedule activities for next year
(c) lead committees for final events
(d) organize final staff meetings

[Translation]

교직원들 귀하,

부디 다음 주 직원 회의가 오후 4시에 시작될 것임을 숙지하시기 바랍니다. ①회의의 중점 사안은 학위 수여식 및 드라마 제작을 아우르는 연말 활동들이 될 것입니다. 우리는 <u>마지막 행사의 위원회를 이끄는데</u> 열 분의 교수님들이 필요합니다. ②업무는 팀원 총괄하기, 일정 잡기, 필요 물품 준비하기, 우편 및 홍보 처리하기 및 4학년 운영 팀을 위한 최종 보고서 작성하기 등을 포함하게 될 것입니다. ③팀의 책임자는 기타 금전적 보상을 받지 못하지만, 이틀의 휴가 연장을 받게 될 것입니다. 어떤 문의사항이나 제안은 회의에서 다루겠습니다. 문제가 있으시면 먼저 제게 말씀하셔도 됩니다.

학장 Lawrence Katz 드림

(a) 새로운 학생 프로그램을 만드는데
(b) 다음 해 활동 일정을 잡는데
(c) 마지막 행사의 위원회를 이끄는데
(d) 마지막 직원 회의를 조직하는데

[Joseph's Solution]

빈칸이 위치한 문장을 살펴보면, 10명의 교수가 어떤 일에 참여하기 위해 필요한지 묻고 있다. ①에서 회의의 중점 사안은 연말 활동들로, 회의에 앞서 모집하고 있는 ②, ③팀원 및 팀 책임자의 업무는 행사의 조직과 운영과 관련된 사안들로 구성되어 있다. 따라서 빈칸에는 연말행사를 위한 준비 위원회를 의미하는 (c)가 가장 적절하다.

[Vocabulary]

be advised 숙지하다

faculty n. (대학의 한 학부의) 교수단, 교직원

commencement ceremony 학위 수여식, 졸업식

arrange for 준비하다, 계획을 짜다

publicity n. 홍보[광고]

management n. (사업체 · 조직의) 경영[운영/관리]진

financial compensation 금전(재정)적 보상금

06.

Dear Friend of the Library,

In response to numerous requests from library patrons, we would like to inform you of our new summer schedule. Beginning on June 1, the library will remain open until 7:00 p.m. on Fridays and Saturdays. The additional two hours on these days will give families participating in our summer Read for Fun program ___________________.

①As Friday and Saturday are our busiest days, we also hope the extended hours will alleviate

long lines at the checkout counter. Be sure to check the library website for the latest schedule of Read for Fun program activities for children as well as readings and book groups for adults. See you at the library!

Joann Schwartz, Director
Walhalla Central Library

(a) a better choice of books
(b) a way to occupy their children
(c) a reason to use the library
(d) more time to select books

[Translation]

Friend of Library 회원님께,

도서관 후원자 분들로 부터 온 수많은 요청에 대한 응답으로, 여러분께 저희의 새로운 하계 일정을 알려드리고자 합니다. 6월 1일을 시작으로, 금요일과 토요일에는 오후 7시까지 도서관을 개방해 둘 것입니다. 해당 요일의 추가되는 2시간은 "재미나게 읽기" 라는 저희 여름 프로그램에 참여하는 가족 분들에게 **책을 선택하는데 보다 많은 시간**(을) 드리게 될 것입니다. ①금요일과 토요일이 저희에게는 가장 바쁜 요일이기에, 연장된 이 시간들이 대출대 앞의 긴 대기선을 줄여줄 것이라고 생각합니다. 반드시 도서관 웹사이트에서 어린이를 위한 "재미나게 읽기" 프로그램 활동과 성인을 위한 낭독 및 북클럽에 대한 최근 일정을 체크하십시오. 도서관에서 뵙겠습니다!

Joann Schwartz 관장
Walhalla 중앙 도서관

(a) 보다 나은 도서 선택
(b) 자신의 아이들에게 전념하는 방법
(c) 도서관을 이용할 이유
(d) 책을 선택하는데 보다 많은 시간

[Joseph's Solution]

지문에서 언급한 세부정보를 묻는 문제이다. 빈칸이 위치한 문장을 먼저 살펴보면, 도서관에서 여름부터 시작하는 2시간 연장 개방이 프로그램 참여 가족들에게 주는 혜택이 무엇인지 묻고 있다. ①에서 2시간 연장이 주어지는 요일인 금요일과 토요일은 도서관이 가장 붐비는 날이지만, 연장된 시간 덕분에 대출을 위한 대기시간이 줄어들 것으로 예상하고 있다는 내용이 언급되었다. 따라서 빈칸에는 (d)가 가장 적절하다.

[Vocabulary]

Friend of the Library 도서관 참여, 후원 및 협력 기구(단체)

patron n. 후원자, 지지자

alleviate v. 덜다, 완화하다

checkout counter 대출대

reading n. 읽기, 낭독

07.

①**Do you suffer the agony of itchy, dry skin every winter?** Have you tried product after product without success? Then it is time that you tried Farmer Smith's Herbal Cream. Hundreds of customers who have tried it rave about its _______________________.
Farmer Smith's range of skin products includes both a concentrated and regular version of the Herbal Cream as well as Foot Cream and Eye Balm. ②**We guarantee all our products and will give you a full refund if your skin doesn't feel and look softer and smoother within two weeks.** Look for our products in your local specialty shop, or visit us online at www.farmersmith.com.

(a) packaging and price
(b) availability in stores
(c) unusual odor and texture
(d) soothing effects and instant relief

[Translation]

①매해 겨울 가렵고, 건조한 피부로 인한 고통으로 괴로워하시나요? 성공도 없이 이 제품 저 제품 발라보신 적 있나요? 그렇다면 지금이 바로 Farmer Smith's Herbal Cream을 사용해 보실 시간입니다. 사용해 보신 수백 명의 고객님들께서 그것의 **진정 효과와 즉각적 회복**에 대해 격찬하십니다. Farmer Smith's의 다양한 피부 제품에는 농축형과 일반형 Herbal Cream 뿐만 아니라 Foot Cream과 Eye Balm이 있습니다. ②우리는 모든 제품을 보증하고 여러분 피부가 2주 동안 더 부드럽고 매끈하게 느껴지거나 보이지 않는다면 전액 환불해 드립니다. 지역 특별 매장에서 저희 제품을 찾아보시거나, 온라인 www.farmersmith.com으로 방문하세요.

(a) 포장 및 가격
(b) 매장 입수 가능성
(c) 독특한 향과 감촉
(d) 진정 효과와 즉각적 회복

[Joseph's Solution]

빈칸이 위치한 문장을 먼저 살펴보면, 광고하는 제품을 사용해본 소비자들이 어떤점 때문에 극찬하는지 묻고 있다. ①에서 광고의 주요 대상이 겨울철 심하게 건조한 피부를 가지는 사람들로, ②판매사는 제품의 빠른 보습 및 진정효과를 보증하고 있다. 즉, 제품의 기능적인 면에 대해 중점적으로 홍보하는 내용이므로 빈칸에 가장 적절한 것은 (d)이다.

[Vocabulary]

agony n. 극도의 (육체적, 정신적) 고통

itchy a. 가려운, 가렵게 하는

rave v. 열변을 토하다, 격찬[극찬]하다

concentrated a. 농축된

08.

①**Today, the state government announced sweeping campaign finance reform.** ②**The legislation includes the creation of an independent, investigative body that will oversee ethics.** Additionally, this body will provide greater enforcement of campaign finance laws. With the passing of the bill, the governor's office announced that it must always _______________________. A spokesperson for the governor stated that public officials must be held accountable and that for years, the state's constituents have viewed the capitol as a place lacking in transparency. ③**It is hoped that the reforms will rebuild the public's trust. The new bill will go into effect on July 1.**

(a) control financial measures
(b) strive to serve its citizens
(c) oversee the creation of new laws
(d) promote political reform

[Translation]
①오늘, 주 정부는 선거자금 개혁을 펼칠 것을 발표했습니다. ②법안은 윤리 원칙을 감독하게 될 독립적인 수사 기구의 창설을 포함하고 있습니다. 뿐만 아니라, 이 기구는 선거자금 법률에 대한 더 강력한 집행을 취할 것입니다. 법안의 통과와 관련해, 주지사 관저는 항상 **주민들에게 봉사하기 위해 노력해야 한다**고 발표했습니다. 주지사 대변인은 공직자들이 책임을 져야 하고 수년간 주의 유권자들은 주 의회 의사당을 투명성이 결여된 곳으로 보고 있다라고 성명(聲明)을 발표했습니다. ③이러한 개혁들로 대중의 신뢰를 복구할 것으로 기대하고 있습니다. 새로운 법안은 7월 1일자로 그 효력을 갖게 됩니다.

(a) 재정 지표(측정치)를 통제해야 한다
(b) 주민들에게 봉사하기 위해 노력해야 한다
(c) 새로운 법률의 제정을 감독해야 한다
(d) 정치적 개혁을 활성화시켜야 한다

[Joseph's Solution]
빈칸이 위치한 문장을 먼저 살펴보면, 선거자금 개혁에 대한 법안 통과에 관련한 주지사 관저의 발표는 어떤 내용인지 묻고 있다. ① 선거자금 개혁을 위한 ②법안은 윤리 원칙을 감독할 독립 수사기구의 창설에 대한 내용이 포함되어 있는데, ③이러한 개혁들로 대중의 신뢰 회복을 기대하고 있다는 내용이다. 즉, 선거자금 비리로 인해 무너진 대중의 신뢰회복을 위해 무엇보다 우선해야 할 공직자들의 윤리의식과 관련된 내용으로 빈칸에 적절한 것은 (b)이다.

[Vocabulary]
campaign finance reform 선거자금 개혁

legislation n. 제정법, 법률의 제정

investigative a. 조사[수사]의

oversee v. (활동이 제대로 이뤄지는지) 감독하다

enforcement n. (법률의) 시행, 집행

public official 공무원

accountable a. (해명할) 책임이 있는

constituent n. 주민[유권자]

capitol n. 주 의회 의사당

transparency n. 투명도[투명성]

go into effect 시행[발효]되다

09.

①**Over the past ten years, the Internet has revolutionized how we communicate and exchange information, from journalism to banking.** Yet the most common reason people use the Internet today is _______________________________. With the development of new technology, people who love to play online games can now compete with other players all over the world. These games, which allow thousands of people to play simultaneously, competing individually or as part of a team, usually revolve around a fantasy world where players must complete a variety of tasks to gain points. ②**The endless creative possibilities and competitive nature of Internet games often cause people to spend hours a day online.**

(a) for social and recreational purposes
(b) to search for alternative pastimes
(c) to develop their own Internet games
(d) for accessing their personal bank accounts

[Translation]
①지난 10년에 걸쳐, 인터넷은 우리의 저널리즘부터 은행업무에 이르는 의사소통 및 정보 교환의 방식에 혁신을 일으켜 왔습니다. 그렇지만 요즘 사람들이 인터넷을 사용하는 가장 일반적인 이유는 **사회적이며 오락적인 목적 때문입니다.** 신기술의 발달로, 온라인 게임을 즐기는 사람들은 이제 전세계에 있는 다른 선수들과 경기를 겨뤄볼 수 있습니다. 수천 명의 사람들을 동시에, 일대일 혹은 팀의 일부로써 겨루면서, 즐길 수 있게 하는 이러한 게임들은, 주로 게임의 플레이어가 점수를 얻는 다양한 과제를 반드시 완수해야 하는 가상 세계의 주위에 초점을 맞추고 있습니다. ②이 끝도 없이 창의적인 가능성들과 경쟁적인 인터넷 게임의 특징은 종종 사람들이 하루 중 몇 시간씩 온라인에서 시간을 소비하게 만듭니다.

(a) 사회적이며 오락적인 목적 때문입니다
(b) 대안적인 오락을 찾기 위해서 입니다
(c) 자신의 인터넷 게임을 개발하기 위해서 입니다
(d) 개인 은행 계좌에 접속하기 위해서 입니다

[Joseph's Solution]
사람들이 인터넷을 사용하는 가장 큰 이유에 관한 내용이다. ①지난 십 년간 급속히 발달한 인터넷은 의사소통 방식은 물론, 정보 교환의 방식에 혁신적 변화를 주도했는데, 온라인 게임을 예로써 보아도, ②무한한 창조적 가능성이 주는 재미와 쌍방향 교류를 통한 상호경쟁 등이 존재하는 가상의 공간은 사람들을 하루 몇 시간씩 컴퓨터 앞에 앉게 만든다는 내용이다. 따라서 정답은 보기 중 쌍방소통 및 유희적인 특징을 모두 포함하고 있는 (a)가 가장 적절하다.

[Vocabulary]
revolutionize v. 대변혁[혁신]을 일으키다

banking n. 은행업무

simultaneously adv. 동시에, 일제히

revolve around ~중심 제목으로 삼다, 초점을 맞추다

Make-up Vocabulary

1.

[정답] maximizes

[해석] 학생들은 학습내용이 기억에서 사라지기 바로 전에 그 내용을 복습하려고 해야만 합니다. 간격 효과라는 학습법은 나중에 이루어지는 복습들간의 시간적인 간격을 넓히는 것을 아우르고 있습니다. 이 전략은 복습에 필요한 시간을 줄이

면서 장기 기억을 극대화시킵니다.

2.

[정답] **negative**

[해석] 나쁜 습관은 대체로 무의식적으로 행해지므로, 무엇보다 왜 그런 습관을 들이게 되었는지 살펴봐야 합니다. 부정적인 결과와는 관계없이, 나쁜 습관은 불안을 떨쳐버리는 것 같은 대가를 얻게 됩니다.

3.

[정답] **expedition**

[해석] Ferdinand Magellan은 세계 일주 원정대를 이끈 최초의 유럽인으로서 알려진 유명한 탐험가입니다. 하지만, 그는 전 여정을 모두 마치지 못하고 사망했습니다.

4.

[정답] **immunized**

[해석] 세계에서 80%에 달하는 아이들이 홍역과 소아마비와 같은 아동기 주요 질병에 대해 면역이 되어 있습니다. 그러나 개발도상국에서 급속히 증가하는 출생률과 자연 재해와 전쟁 같은 장애물들로 보건 근로자들은 지속적으로 예방접종 프로그램이 모든 곳의 어린이들 다수에게 닿을 것을 보장하기 위해 고군분투하고 있습니다.

5.

[정답] **compensation**

[해석] 팀의 책임자는 기타 금전적 보상을 받지 못하지만, 이틀의 휴가 연장을 받게 될 것입니다. 어떤 문의사항이나 제안은 회의에서 말씀해 주십시오. 문제가 있으시면 먼저 제게 말씀하셔도 됩니다.

6.

[정답] **alleviate**

[해석] 금요일과 토요일이 저희에게는 가장 바쁜 요일이기에, 연장된 이 시간들이 대출대 앞의 긴 대기선을 줄여줄 것이라고 생각합니다.

7.

[정답] **guarantee**

[해석] Farmer Smith's의 다양한 피부 제품에는 농축형과 일반형 Herbal Cream 뿐만 아니라 Foot Cream과 Eye Balm이 있습니다. 우리는 모든 제품을 보증하고 여러분 피부가 2주 동안 더 부드럽고 매끈하게 느껴지거나 보이지 않는다면 전액 환불해 드립니다.

8.

[정답] **vital**

[해석] 대부분의 학생들은 복습을 하는 것이 새로운 정보를 기억하는 것에 있어 주요하다는 점을 알고 있습니다.

9.

[정답] **success**

[해석] 사람들은 자신의 나쁜 습관을 고치려고 수 없이 많은 시간과 막대한 돈을 쓰고 있지만, 성공하는 이들은 많지 않습니다.

10.

[정답] **surrounded**

[해석] 결국, Magellan의 병사들과 Lapu-Lapu 부족은 전쟁을 시작하게 되었습니다. Mactan 전투가 되어버린 그 전쟁에서, Magellan은 포위되어 사망합니다.

11.

[정답] **announced**

[해석] 오늘, 주 정부는 선거자금 개혁을 펼칠 것을 발표했습니다. 법안은 윤리 원칙을 감독하게 될 독립적인 수사 기구의 창설을 포함하고 있습니다.

12.

[정답] **competitive**

[해석] 이 끝도 없이 창의적인 가능성들과 경쟁적인 인터넷 게임의 특징은 종종 사람들이 하루 중 몇 시간씩 온라인에서 시간을 소비하게 만듭니다.

Answer Keys

01. **(a)** 02. **(a)** 03. **(b)** 04. **(d)** 05. **(c)** 06. **(b)**
07. **(b)** 08. **(c)** 09. **(b)** 10. **(c)** 11. **(d)**

01.

Toy manufacturers are always coming up with innovative ideas hoping to introduce the next big trend. ①**One of the latest toy crazes is Webkinz, stuffed animals that come with a code that allows access to the "Webkinz World" website. The code allows the user to own a virtual version of their stuffed animal for online play.** Webkinz targets a generation that grew up using computers and is comfortable in online environments. ②**Though previous toys have used technology, no other toy has combined the online experience with a cuddly stuffed animal the child can play with.** Webkinz started a trend in children's products that __________
__________.

(a) tie virtual environments to real-world merchandise
(b) ignore their growing computer knowledge
(c) allow users to create virtual copies of their toys
(d) provide kids toys that have worked for generations

[Translation]

장난감 제조사들은 차세대 대유행이 도입되길 바라며 획기적인 아이디어를 항상 찾아내고 있습니다. ①최근 열풍이 일었던 장난감 중 하나인 Webkinz는, "Webkinz World" 웹사이트에 접속이 가능한 암호가 딸려 나오는 동물인형입니다. 그 암호는 사용자가 자신만의 온라인 게임용 가상 동물인형을 소유할 수 있도록 해줍니다. Webkinz는 컴퓨터를 사용하면서 성장하여 온라인 환경에서 편안함을 느끼는 세대를 겨냥하고 있습니다. ②이전 장난감들이 과학기술을 사용하기는 했어도, 온라인에서의 체험과 아이가 가지고 놀만한 봉제인형을 접목시킨 적은 없었습니다. Webkinz는 <u>가상의 공간을 현실 세계의 상품과 결부시킨</u> 아동용 상품들의 유행을 선도했습니다.

(a) 가상의 공간을 현실 세계의 상품과 결부시킨
(b) 향상되고 있는 아이들의 컴퓨터 지식을 무시하는
(c) 사용자가 자신의 가상 복제 장난감을 만들 수 있게 하는
(d) 수대에 걸쳐 사용해 온 장난감들을 아이들에게 제공하는

[Joseph's Solution]

빈칸에 들어갈 적절한 말을 고르기 위해서는 Webkinz가 어떤 특색을 가진 장난감인지 이해해야 한다. ①에서 Webkinz는 최근 장난감 시장에서 열풍을 일으켰던 봉제 동물인형이며, 그 특징은 아이들이 가상의 온라인 공간과 현실을 넘나들며 가지고 놀 수 있는 ②새로운 개념의 상품이라고 설명되어 있다. 빈칸이 삽입된 마지막 문장은 Webkinz가 아동용 상품 류에서 새로운 유행을 선도했다는 의미가 되므로, 보기 중 Webkinz의 특징을 요약한 (a)가 가장 적절하다.

[Vocabulary]

come up with (sth) ~을 찾아내다, 내놓다
innovative a. 획기적인, 혁신적인
introduce v. (모르던 것을) 내놓다, 도입하다
craze n. (특히 일시적인) 대유행, 열풍
stuffed animal 동물 봉제완구
come with ~이 딸려 있다
code n. 암호, 부호
allow access to ~에 접속을 가능하게 하다
allow (sb) to do ~가 ~을 하도록 허용하다
combine A and/with B A와 B를 결합하다
virtual a. (컴퓨터를 이용한) 가상의
cuddly a. 꼭 껴안고 싶은, (장난감이) 껴안을 수 있게 만든
tie (sb/sth) to (sth/sb) ~을 ~와 결부시키다
merchandise n. 상품, 제품
for generations 몇 대에 걸쳐서

02.

Over the course of history, civilizations fall — some leaving behind a wealth of information about the past and others disappearing forever without a trace. ① **The ancient Italian city of Pompeii was lost to history for over 1,500 years until its accidental rediscovery in 1748. ②The city of Pompeii thrived until 79 CE when the volcano Mount Vesuvius erupted.** The entire city, including 20,000 residents, was covered in 60 feet of ash and pumice. ③**The volcanic debris preserved people and artifacts in the exact positions they were in at the time of the eruption.** Today, tourists can walk amongst the preserved ancient city and gain valuable insight into
__________.

(a) daily life in an ancient civilization
(b) the conditions that caused the eruption
(c) the effect of volcanoes on cities
(d) the transformation of a forgotten city

[Translation]

역사 전개과정에서 과거에 대한 많은 정보를 안은 채 잊혀지기도 하고 흔적도 없이 영원히 사려져 버리기도 하면서 문명은 몰락합니다. ①고대 이탈리아 도시, 폼페이는 1748년에 우발적인 재발견이 있기 전까지 무려 1500년 이상 역사 속에서 잊혀져 있었습니다. ② Vesuvius 화산이 분출되었던 서기 79년까지 폼페이라는 도시는 번영을 누리고 있었습니다. 인구 2만 명을 포함한 시가지 전체는 60피트의 화산재와 부석(浮石) 아래 매몰되어 버렸습니다. ③화산분출 잔해는 주민들과 건축들을 정확히 화산 분출 시점에 그들이 있던 그대로를 보존시켰습니다. 오늘날, 관광객들은 보존된 고대 도시를 걸어 다니면서 <u>고대 문명 속 일상사</u>에 대한 값진 통찰을 얻을 수 있습니다.

(a) 고대 문명 속 일상사

(b) 분출을 발생시켰던 조건들
(c) 도시에 끼친 화산의 영향
(d) 잊혀진 도시의 변모

[Joseph's Solution]

오늘날 관광객이 재발견된 고대 도시를 거닐면서 얻을 수 있는 통찰이 무엇인지, 지문의 내용을 통해서 정답을 찾아야 한다.
①1500년 이상 역사에서 잊혀져 있던 고대 이탈리아 도시 폼페이는 ②Vesuvius 화산이 분출되었던 서기 79년까지 번영을 누리다 매몰되었는데, ③그 화산 분출로 시가지 전체는 당시 그대로의 모습을 보존하게 되었다. 관광객들은 발굴된 폼페이를 거닐면서 서기 79년 당시 번영했던 고대 도시를 직접 눈으로 볼 수 있게 되므로, 정답은 (a)이다.

[Vocabulary]

course of (sth) ~의 추이, 전개

civilization n. 문명 (사회)

leave behind ~을 (뒤에) 두고 가다, 둔 채 잊고 가다

fall v. 패하다, 함락[몰락]되다

be lost to ~에서 상실되다, 이미 ~의 수중에 없다

thrive v. 번창하다, 잘 자라다

volcano n. 화산

Mount Vesuvius 베수비오 산(이탈리아 나폴리만에 면한 활화산)

erupt v. (화산이) 분출하다

pumice n. 부석(浮石), 속돌; 화산의 용암이 갑자기 식어서 생긴 돌

debris n. (무엇이 파괴된 후의) 잔해

preserve v. 보존[저장]하다

artifact n. 인위(人爲) 구조, 인공 산물

amongst(= among) prep. ~에 둘러싸인, 가운데에

transformation n. (완전한) 변화[탈바꿈], 변신

03.

When creativity fails and writer's block hits, take inspiration from the ancient Greeks and try to summon a muse. According to Greek mythology, a group of nine goddesses, known as muses, controlled inspiration for all artistic forms. One myth says that a boastful man named Thamyris claimed he could sing better than all the muses. After losing the competition, the muses punished Thamyris for his insolence by removing his ability to see and to sing. ①**Since then, the muses have figuratively blinded writers who are trying too hard to create on their own. ②Writers stay this way until they give up their mental efforts and relinquish control back to the muse.** Thamyris' story not only warns of the dangers of being arrogant, but also ___________________________.

(a) refutes the idea of independent thinking
(b) offers a solution for writer's block
(c) aids in creating literary works
(d) provides a new source of inspiration

[Translation]

창의성이 고갈되어 창작의 벽에 부딪칠 때, 고대 그리스인들이 그러했듯 예술의 신에게 구원을 요청해 보세요. 그리스 신화에 따르면, 뮤즈라고 알려진, 아홉 여신들은 예술 유형 전반에 대한 영감을 좌우했다고 합니다. 신화에서 Thamyris라는 이름의 자신만만했던 한 남자는 자신이 예술의 여신들보다 노래를 더 잘 부른다고 우쭐댔다고 합니다. 시합에서 패한 후, 여신들은 Thamyris의 오만함에 대해 그의 시력과 가창력을 빼앗는 벌을 내렸습니다. ①그 후, 여신들은 자기 스스로 창작해보려 애쓰는 작가들을 상징적으로 눈이 멀게 만듭니다. ②정신적인 노력을 포기하고 예술의 신에게 그 통제력을 돌려줄 때까지, 작가들은 이 상태에 머물게 됩니다. Thamyris의 이야기는 거만함에 대한 위험을 경고하고 있을 뿐만 아니라, <u>작가의 답보상태에 대한 해결안을 제시합니다.</u>

(a) 독립적인 사고에 대한 개념을 반박합니다
(b) 작가의 답보상태에 대한 해결안을 제시합니다
(c) 문학작품을 창조하는 데 일조합니다
(d) 영감에 대한 새로운 원천을 제공합니다

[Joseph's Solution]

빈칸에는 지문에서 언급한 Thamyris 신화가 작가의 창의력 고갈상태(writer's block)와 관련하여 시사하는 바를 요약하는 내용이 들어가야 한다. 신화의 줄거리에서, 뮤즈들은 Thamyris의 오만한 도전이 있고 나서 ①스스로 창작해보려는 노력을 도전으로 받아들여 ②자신들에게 의지할 때까지 작가를 답보상태에 빠져있게 한다는 내용이다. 따라서 이에 이어지는 내용으로 적절한 것은 (b)이다.

[Vocabulary]

writer's block 작가의 글쓰기 걸림돌

summon v. 호출하다, (오라고) 부르다

muse n. 음악 및 다른 예술 분야를 관장하는 아홉 여신들 중의 하나

mythology n. 신화

boastful a. 뽐내는, 자랑하는

Thamyris 타미라스(그리스 신화에 나오는 음악가)

insolence n. 거만함, 오만

figuratively adv. 비유적으로, 상징적으로

blind v. 멀게 만들다, 시력을 앗아 가다

relinquish v. (마지못해) 포기하다

refute v. 논박[반박]하다, 부인하다

04.

Discovered in Egypt in 1799, the Rosetta Stone was influential in the modern understanding of Egyptian hieroglyphic writing. ①**The ancient Egyptian stone had three types of writing, which were discovered to be three translations of a single passage.** One was written in classical Greek and the other two were written in Egyptian scripts: hieroglyphic and demotic. ②**Scholars translated the Greek, which helped them decipher the demotic; this ultimately led to the translation of the hitherto unknown hieroglyphics.** The text was a decree repealing various taxes for the temple priests. The term "Rosetta Stone" is now used to describe any bilingual text that has helped ___________________.

(a) reveal a hidden society
(b) create a new language
(c) destroy ancient artifacts
(d) decipher an unknown language

[Translation]
1799년 이집트에서 발견된, Rosetta Stone은 이집트 상형문자에 대한 현대적 이해에 커다란 영향을 주었습니다. ①그 고대 이집트의 비석에 세 종류의 문자가 사용되었는데, 이는 한 개의 단일 지문에 대한 세 종류의 번역으로 밝혀졌습니다. 이 중 하나는 고전 그리스어로 쓰여졌으며 다른 두 가지는 이집트 문자들로 상형문자와 민용문자로 쓰여져 있었습니다. ②학자들은 그리스어를 번역했는데, 이는 민용 문자를 판독하기 용이하게 하였고; 이것이 궁극적으로 그때까지 알려지지 않았던 상형문자의 번역으로 이어졌습니다. 그 지문은 사제를 대상으로 한 여러 종의 세금을 폐지하는 칙령이었습니다. "Rosetta Stone" 이라는 용어는 현재 **알려지지 않은 언어를 판독하는데** 일조했던 모든 이중 언어로 쓰여진 문서를 묘사하는 데 사용되고 있습니다.

(a) 알려지지 않은 사회를 드러내는데
(b) 새로운 언어를 창제하는데
(c) 고대 유물을 파괴하는데
(d) 알려지지 않은 언어를 판독하는데

[Joseph's Solution]
빈칸이 위치한 문장을 살펴보면, 최근 어떠한 종류의 언어를 칭할 때 "Rosetta Stone"이 일반 명사처럼 사용될 수 있는지를 묻고 있다. 이는 Rosetta Stone이 어떤 의미로 상징화될 수 있는지 지문의 내용을 통해 먼저 이해해야 한다. 서두에서, Rosetta Stone은 이집트 상형문자에 대한 현대적 이해를 높이게 해 준 비석으로, ① 세 종류의 문자로 쓰여있는데, ②각 문자의 판독은 다른 문자의 판독을 가능하게 만들었다고 기술되어 있다. 따라서 이러한 판독의 과정을 거쳤던 Rosetta Stone이 설명할 수 있는 것으로 (d)가 가장 적절하다.

[Vocabulary]
influential a. 영향력 있는, 영향력이 큰
hieroglyphic a. [신성] 문자, 상형 문자
script n. 문자
demotic script 민용[중]문자(상형문장의 필기체)
decipher v. 판독[해독]하다
ultimately adv. 궁극적으로, 결국
hitherto adv. 지금까지, 그때까지
decree n. 법령, 칙령
repeal v. (법률을) 폐지하다

05.

①**Now, I'll try just about anything, but growing up I drove my mother crazy because I was a picky eater.** Every night she would make a nice dinner, and I would insist on a peanut butter sandwich.

②**The food I hated most of all was spinach, and I wouldn't try anything that had spinach in it.** One night, my family went out to a Greek restaurant. I couldn't understand the menu, but I ordered a dish called spanakopita, which the waiter recommended. When it came, it was a flaky pastry with a delicious filling. ③**I ate the entire dish only to discover later that the filling was primarily made of spinach!** From then on, I learned to ______________________ ______________________.

(a) be cautious about what I ate
(b) read the menu more carefully
(c) be adventurous in my food choices
(d) ignore the waiter's suggestions

[Translation]
①이제는 정말 아무거나 다 도전하려 하지만, 자라면서 전 식성이 까다로웠던 탓에 엄마를 화나게 만들었었죠. 매일 저녁 엄마가 근사한 저녁을 만드시면, 전 땅콩 버터 샌드위치를 고집하고는 했어요. ②제가 제일 싫어하는 음식이 시금치라, 시금치가 들어있는 그 어떤 음식도 먹으려 하질 않았어요. 어느 날 저녁, 우리 가족은 그리스 식당으로 외식을 갔어요. 저는 메뉴를 이해할 수 없어서, 'spanakopita' 라는 음식을 주문했는데, 그게 종업원이 추천을 해 준 것이었습니다. 음식이 나왔을 때, 그건 맛있는 속으로 채워져 있는 페스트리 빵이었어요. ③전 그 음식을 싹 비웠는데 나중에서야 그 안에 채워져 있던 속이 시금치를 주재료로 만들어졌다는 것을 알게 됐죠! 그 때부터, 전 **음식을 선택하는 데 있어 모험을 즐기는 것**을 알게 됐어요.

(a) 제가 먹는 음식에 대해 조심하는 것을
(b) 메뉴를 좀 더 주의 깊게 읽는 것을
(c) 음식을 선택하는 데 있어 모험을 즐기는 것을
(d) 종업원의 제안을 무시하는 걸

[Joseph's Solution]
글쓴이가 지난 날의 경험으로 무엇을 깨닫게 되었는지 유추를 통해 빈칸을 완성하는 문제이다. ①예전에는 식성이 꽤나 까다로웠고 ②음식 중 특히 시금치를 제일 싫어했는데 ③어느 날 우연히 맛있게 비웠던 음식이 바로 시금치로 만든 것임을 알게 되었다고 기술하고 있다. ①에서 지금은 무엇이나 먹어보려 하지만(Now, I'll try just about anything~)이라는 표현에서 알 수 있듯이, 글쓴이는 그 날의 경험으로 편식 습관이 바뀌게 되었다는 의미이다. 따라서 이와 일맥상통하는 (c)가 정답이다.

[Vocabulary]
picky eater 식성이 까다로운 사람
flaky pastry 미국식 페스트리 빵으로, 바삭거리는 여러 겹의 얇은 층을 이루고 있음
filling n. (파이 등 음식의) 소[속]
only to do 그 결과는 ~뿐

06.

In the early 18th century, the landscape park became a popular type of garden in Great Britain and quickly replaced the more geometric French style, which had dominated western Europe in the 17th century. ①**The typical English garden was less formal and often inspired by the work of contemporary landscape painters who presented a romantic ideal of nature. ②This new natural style was also easier to maintain than the French garden because it required less labor.** The English garden __________ __________________________________ and spread throughout Europe in the 19th century.

(a) was unsuccessful at making a lasting impact on garden design
(b) greatly influenced the design of public parks and gardens
(c) appeared in many later works by landscape painters
(d) became more popular as it took on geometric characteristics

[Translation]
18세기 초, 조경 공원이 영국에서 대중적인 정원 양식의 한 종류가 되면서 보다 기하학적인 프랑스 정원양식을 대체했는데, 이 프랑스 양식은 17세기 서유럽을 지배했었습니다. ①전형적인 영국식 정원은 덜 형식적이면서 자연에 대해 낭만주의적 이상을 표현했던 당대 풍경화 화가들의 작품에서 자주 영감을 받았습니다. ②이 새로운 자연 양식은 또한 노동이 덜 필요했기 때문에 프랑스 정원 양식보다 유지하는데 더 쉬웠습니다. 영국식 정원은 **공용 공원과 정원 디자인에 크게 영향을 미쳤기에** 19세기 유럽 전역에 퍼졌습니다.

(a) 정원 디자인에 지속적인 영향을 주는데 실패했기에
(b) 공용 공원과 정원 디자인에 크게 영향을 미쳤기에
(c) 풍경화 화가들의 여러 후기 작품에 등장하였기에
(d) 기하학적 특징을 띄고 있어 더 대중화되었기에

[Joseph's Solution]
지문에서 설명한 영국식 정원의 특성을 요약해 적절히 표현한 서술부가 무엇인지 묻고 있다. 서두에서, 영국식 조경 공원이 조경디자인의 한 양식으로써 영국에서 인기를 얻었는데, ①형식적이거나 기하학적이지 않은 자연 그대로를 유지하여 ②관리하기도 쉬웠다는 내용이다. 즉, 유럽 전역에 퍼질 수 있던 것은 이러한 영국식 정원양식의 특성이 어떤 부분에서 다른 유럽인들에게도 선호되었다는 추론이 가능하므로, 빈칸에는 (b)가 가장 적절하다.

[Vocabulary]
landscape park(= garden) 조경 공원(정원)
geometric a. 기하학적 장식의
lasting a. 영속적인, 지속적인
take on (특정한 특질 등을) 띠다

07.

①**The 19th century German philosopher Friedrich Nietzsche questioned the customs of his time and considered it misguided to focus on anything not grounded in reality.** He even debated the purpose of logic, a reasoning method that uses facts and truth to form the basis for arguments. But according to Nietzsche, even truth was impossible to prove. ②**Although he believed that logic could be a useful tool for human survival, he felt that absolute truth did not exist since the world could only be interpreted from a certain position at a certain point in time.** Therefore, logic itself was __________ __________________________.

(a) useful for in‑depth philosophical discussions
(b) based on assumptions that constantly changed
(c) not understood by the general public
(d) a reflection of universal reality and facts

[Translation]
①19세기 독일 철학자 Friedrich Nietzsche는 당대 관습에 대해 의문을 제기하며 현실에 기반을 두지 않은 것에 집중하는 것을 잘못 판단한 것이라고 생각했습니다. 그는 사실 및 진리를 논쟁을 위한 기초를 형성하는데 사용하는 추론기법인, 논리학의 목적에 대해서조차 고찰했습니다. Nietzsche에 따르면, 진리 조차 증명할 수 없었습니다. ②그는 논리학이 인간의 생존에 유용한 도구가 될 수 있다고 믿었음에도, 세계란 특정 시간에 어느 특정 위치에서만이 해석될 수 있기 때문에, 절대적인 진리는 존재하지 않는다고 생각했습니다. 그래서 논리학 그 자체는 **계속적으로 변화했던 가정에 기초했습니다.**

(a) 면밀한 철학적 논의에 유용했습니다
(b) 계속적으로 변화했던 가정에 기초했습니다
(c) 일반 대중이 이해하지 못했습니다
(d) 보편적 현실과 사실에 대한 반영이었습니다

[Joseph's Solution]
빈칸이 위치한 문장을 먼저 살펴보면, 지문에서 설명하고 있는 니체의 진리 및 논리학에 대한 철학을 이해하고 그것을 요약하는 문제임을 알 수 있다. 지문은 ①니체가 현실에 기반을 둔 고찰만이 의미가 있다고 생각했기에, ②시간을 초월한 절대적 진리가 존재하지 않으므로 그것을 기초하여 추론하는 논리학은 타당하지 않다는 견해를 보였다는 내용이다. 즉, 니체에게 있어 논리학은 시간변화에 따라 달라지는 상대적 진리에 기인했던 것이므로, 빈칸에는 (b)가 가장 적절하다.

[Vocabulary]
misguided a. 잘못 이해한[판단한]
logic n. [철학] 논리학
in-depth a. 철저하고 상세한, 면밀한
custom n. 관습, 풍습

08.

The American Transcendentalist movement that emerged in the early 19th century had a profound impact on literature, religion, culture, and philosophy in the U.S. The Transcendentalists were frustrated with many social issues, particularly religious and educational ones. ①**The movement eventually came to include a belief in a type of spiritualism that "transcended" the physical and which must be developed through intuition, rather than logic** or reasoning. ②The aims of the Transcendentalists varied as some saw the movement as exclusively focused on the individual and others saw it as an agent to bring about social change. The movement dwindled by the mid-19th century as ____________.

(a) Americans developed more exciting spiritual movements
(b) science replaced intuition as a dominant force in American society
(c) its participants were never united by a cohesive philosophy
(d) harsh criticism of the Transcendentalists ended their activities

[Translation]

19세기 초에 등장했던 미국의 초월주의 운동은 미국의 문학, 종교, 문화 및 철학에 지대한 영향을 주었습니다. 초월주의자들은 다양한 사회 쟁점들, 특히 종교 및 교육에 관한 사안들에 불만을 가지고 있었습니다. ①그 운동은 결국 물질을 "초월했던" 심령론의 한 형태에 신념을 포함하기에 이르렀는데, 그것은 논리나 추론이 아닌, 직관을 통해 발달되어야 했습니다. ②어떤 이들은 이 운동을 개인에게만 오로지 관심을 두었다고 생각했고 다른 이들은 사회 변화를 야기하는 행위자들로 보았기에 초월주의자들의 목적은 가지각색이었습니다. 운동은 <u>참가자들이 하나의 응집력 있는 철학으로 절대 단일화되지 않았기 때문에</u> 19세기 중반까지 점차 줄어들었습니다.

(a) 미국인들이 보다 흥미로운 심령 운동을 개발했기 때문에
(b) 과학이 미국 사회에서 지배적인 영향력으로써 직관을 대체했기 때문에
(c) 참가자들이 하나의 응집력 있는 철학으로 절대 단일화되지 않았기 때문에
(d) 초월주의자에 대한 가혹한 비평이 그들의 활동을 끝내게 했기 때문에

[Joseph's Solution]

빈칸이 위치한 문장을 먼저 살펴보면, 지문에서 설명하고 있는 초월주의 운동의 맹점을 이해하고 왜 사멸하게 되었는지 원인을 유추해야 한다. 미국의 초월주의는 ①직관을 통한 초월적 심령론에 대한 신념을 바탕으로 하여, 운동가들은 각자 ②개인적 차원에서 주관적인 이상적 관념을 갖고 있어 통일된 목표를 만들지 못하였다고 기술되어 있다. 결국 초월주의 자체의 초월적이며 이상주의적인 관념적 특성으로 하나의 통합적인 목표로 정립될 수 없었음을 의미하므로, 빈칸에는 (c)가 가장 적절하다.

[Vocabulary]

transcendentalist n. 선험론자, 초월[절]론자

profound a. 엄청난[깊은]

spiritualism n. 강신론, 심령론

transcend v. 초월하다

exclusively adv. 독점적으로, 오로지

agent n. 발동자, 행위자

dwindle v. (점점) 줄어들다

dominant a. 우세한, 지배적인

09.

Migraine headaches afflict millions of people and are notoriously difficult to treat. Those who suffer from these disabling headaches frequently try a dozen or more medications before finding something that works. ①**The reason migraines are so hard to cure is that they are genetic, and there is no universally effective therapy.** ②**One thing is clear: early diagnosis is essential.** ③**Medical data indicates that if migraines go untreated, they can lower the threshold for pain and thus make a person even more vulnerable to suffering.** On the other hand, migraine sufferers who take painkillers several times a week, month after month, can experience headaches that result from over-medication. __________________ is the key to helping patients reduce or eliminate their headaches.

(a) Experimenting with many types of medications
(b) Receiving proper individualized treatment early
(c) Determining the sufferer's genetic history
(d) Discovering a universal therapy for migraines

[Translation]

편두통은 수백만 사람들을 괴롭히며 치료가 어렵기로 유명합니다. 이 장애성 두통에 시달리는 이들은 종종 효과가 있는 무언가를 찾기 전에 한 다스 혹은 그 이상의 약을 먹어 봅니다. ①**편두통이 치료되기 이렇게 어려운 이유는 유전이기에, 일반적으로 효과적인 치료법이 없기 때문입니다.** ②**하나 분명한 것은, 초기 진단이 극히 중요하다는 것입니다.** ③**의학 자료는 편두통을 방치해두면, 통증에 대한 역치를 낮출 수 있어 환자를 고통에 훨씬 더 취약하게 만든다는 것을 보여주고 있습니다.** 반면, 주 당 여러 차례씩 다달이 진통제를 투약하는 편두통 환자들은 약물 과다로 인한 두통을 경험할 수 있습니다. <u>일찍이 개별화된 적절한 치료를 받는 것은</u> 환자들에게 두통을 감소시키거나 없애는 데 도움을 주는 열쇠입니다.

(a) 여러 종의 약물로 시험하는 것은
(b) 일찍이 개별화된 적절한 치료를 받는 것은
(c) 환자의 유전적 내력을 알아내는 것은
(d) 편두통에 대한 보편적인 치료법을 발견하는 것은

[Joseph's Solution]

빈칸이 위치한 문장을 먼저 살펴보면, 지문에서 편두통 치료와 관계되어 언급한 내용을 찾아 어떤 행동이나 치료법이 제시되었는지를 파악하는 것이다. ①에서 편두통으로 인해 많은 이들이 고통을 받고 있는 것은 그 원인이 유전적 요인에 기인하기 때문인데, ③방치를 하게 되는 경우 고통에 더 취약하게 만들므로 ②초기 진단이 중요하다는 내용이다. 따라서 빈칸에는 (b)가 가장 적절하다.

[Vocabulary]

migraine headache 편두통

afflict v. 괴롭히다

notoriously adv. 악명 높게, 사실로서

disable v. 장애를 입히다

go untreated 병을 그대로 내버려두다

threshold n. [생리] 역치

10.

Genes are the building blocks that make us who we are. **①Scientists are just beginning to understand the role genes play in a variety of inherited diseases. ②New technology that screens for the risk of passing on rare illnesses could soon become widespread.** Although some genetic testing for prospective parents is carried out now, it is limited to certain groups of people predisposed to particular hereditary conditions and tends to be very expensive. The new tests will analyze DNA from saliva samples and cost around $500. **③But critics argue that these tests only screen for a hundred diseases when there are thousands of genetically based health conditions.** _______________ to uncover the origins of every disease.

(a) DNA and genes that affect hereditary conditions change too frequently

(b) There are too many people interested in getting the new tests immediately

(c) The complexity of genes and DNA is currently not understood well enough

(d) It is likely that genetic tests for rarer diseases will not be necessary

[Translation]
유전자는 우리를 우리 자신으로 만드는 구성 요소입니다. ①과학자들은 많은 유전성 질환에서 유전자가 담당하는 역할을 비로서 이해하기 시작하고 있습니다. ②희귀 질환을 후대에 전할 위험성이 있는지 검진하는 신기술은 조만간 널리 퍼지게 될 수도 있습니다. 비록 예비 부모를 위한 유전 검사가 요즘 수행되고 있지만, 이는 특정 유전적 상태에 취약한 사람들로 제한되며 가격도 극도로 비싼 편입니다. 이 새로운 검사들은 타액 샘플로부터 DNA를 분석하는데 대략 500달러 정도 비용이 들것입니다. ③그러나 비평가들은 이러한 검사가 수천 가지 유전학적으로 기인된 건강 질환들이 있을 때 오직 백 가지 질병이 있는지 검사한다고 주장합니다. 모든 질병의 발생원인을 알아내기에 <u>유전자와 DNA의 복잡성은 최근 충분히 이해되고 있지 않습니다.</u>

(a) 유전적 질병에 영향을 주는 DNA와 유전자들은 너무 자주 바뀝니다

(b) 새로운 검사를 즉시 받으려는 관심을 가진 사람들이 너무 많이 있습니다

(c) 유전자와 DNA의 복잡성은 최근 충분히 이해되고 있지 않습니다

(d) 희귀 질병에 대한 유전 검사는 필수적이 아니게 될 것으로 보입니다

[Joseph's Solution]
빈칸이 위치한 문장을 먼저 살펴보면, 주어부와 서술부가 없이 부정사구문만이 제시되어 있다. 지문은 ①과학자들은 유전자가 다양한 유전성 질환에 주는 영향을 이해하기 시작한 단계로, ②희귀 질환을 후대에 전할 위험성이 있는지 검진하는 신기술도 앞으로 더 기대

되는, 걸음마 단계라, ③추적 가능한 질병의 수도 아직은 제한적이라고 이야기하고 있다는 내용이다. 따라서 모든 질병의 발생원인을 알아내기에는 아직 기술적으로나 학문적으로 미치지 못하고 있다는 의미가 되어야 하므로, 정답은 (c)가 가장 적절하다.

[Vocabulary]
inherited disease 유전성 질환
screen sb for sth (특정 질병)이 있는지 검진하다
prospective a. 장래의, 유망한, 곧 있을, 다가오는
predispose v. 취약하게[잘 걸리게] 하다
hereditary a. 유전적인
saliva n. 침, 타액

11.

Inventors have created an underwater robot that moves like a fish. After using video and computer programs to analyze typical swimming patterns, they duplicated the motion by creating a structure similar to a fish's skeleton, enclosed in a flexible skin. **①The purpose of this unusual invention is to help researchers better understand the effects that ships have on coastal erosion. ②The propellers of large boats play a significant role in environmental degradation in areas with heavy maritime traffic.** Obviously, the motion of a fish does not have the same effect, so engineers are trying to find a practical way to apply the robot's motions to ship design. If applied to propellers, the undulating movements of the fish robot could _______________

_______________________________.

(a) influence a change in ocean currents near the coast

(b) reduce maritime traffic near animal populations

(c) cause marine life to move away from the shore

(d) protect coastlines and marine animal populations

[Translation]
발명가들은 물고기처럼 이동하는 수중 로봇을 만들어 왔습니다. 비디오 및 컴퓨터 프로그램을 사용하여 일반적인 수영 패턴을 분석한 후, 그들은 유연한 피부로 둘러싸인, 물고기의 뼈와 유사한 구조를 만듦으로써 움직임을 복제했습니다. ①이 특이한 발명의 목적은 연구자들이 선박들이 해안 침식에 미친 영향을 더 잘 이해할 수 있게 하기 위함입니다. ②큰 보트에 달린 프로펠러는 해상 교통 체증이 심한 지역의 환경 악화에 상당한 역할을 담당합니다. 확실히, 물고기의 움직임은 동일한 효과를 가지지 않아, 기술자들은 로봇의 움직임을 선박 디자인에 적용할 실용적인 방법을 찾으려고 애쓰고 있습니다. 만일 프로펠러에 적용이 되면, 물고기 로봇의 기복을 이루는 움직임은 <u>해안가 및 해상 동물의 개체 수를 보호하게</u> 할 수도 있습니다.

(a) 해안 근처의 해류에 변화를 주게

(b) 동물 집단 근처 해상 교통을 줄여주게

(c) 해상 생명이 해안으로부터 멀리 이동하게 만들게

(d) 해안가 및 해상 동물의 개체 수를 보호하게

[Joseph's Solution]
빈칸이 위치한 문장을 먼저 살펴보면, 개발중인 로봇으로 무엇이 가능한지를 묻고 있다. ①에서 유사 물고기의 발명 목적은 선박들이 해안 침식에 미치는 영향에 대한 이해였는데, 이는 ②큰 보트의 프로펠러가 해상 교통 체증이 심한 지역의 환경 악화에 상당 부분 원인제공을 하고 있다는 내용이다. 다시 말해, 연구가 프로펠러에 적용이 되면, 환경 악화를 줄여 개체 수를 유지하는데 도움이 될 수 있다는 유추가 가능하다. 따라서 빈칸에는 (d)가 가장 적절하다.

[Vocabulary]
duplicate v. 복사[복제]하다
unusual a. 특이한, 흔치 않은
coastal erosion 해안 침식
degradation n. 저하[악화](시키기)
undulate v. 파도 모양[기복]을 이루다

Make-up Vocabulary

1.
[정답] comfortable

[해석] 그 암호는 사용자가 자신만의 온라인 게임용 가상 동물인형을 소유할 수 있도록 해줍니다. Webkinz는 컴퓨터를 사용하면서 성장하여 온라인 환경에서 편안함을 느끼는 세대를 겨냥하고 있습니다.

2.
[정답] erupted

[해석] Vesuvius 화산이 분출되었던 서기 79년까지 폼페이라는 도시는 번영을 누리고 있었습니다. 인구 2만 명을 포함한 시가지 전체는 60피트의 화산재와 부석(浮石) 아래 매몰되어 버렸습니다.

3.
[정답] removing

[해석] 신화에서 Thamyris라는 이름의 자신만만했던 한 남자는 자신이 예술의 여신들보다 노래를 더 잘 부른다고 우쭐댔다고 합니다. 시합에서 패한 후, 여신들은 Thamyris의 오만함에 대해 그의 시력과 가창력을 빼앗는 벌을 내렸습니다.

4.
[정답] decipher

[해석] 학자들은 그리스어를 번역했는데, 이는 민용 문자를 판독하기 용의하게 하였고; 이것이 궁극적으로 그때까지 알려지지 않았던 상형문자의 번역으로 이어졌습니다.

5.
[정답] insist

[해석] 매일 저녁 엄마가 근사한 저녁을 만들면, 전 땅콩 버터 샌드위치를 고집하고는 했어요. 제가 제일 싫어하는 음식이 시금치라, 시금치가 들어있는 그 어떤 음식도 먹으려 하질 않았어요.

6.
[정답] replaced

[해석] 18세기 초, 조경 공원이 영국에서 대중적인 정원 양식의 한 종류가 되면서 보다 기하학적인 프랑스 정원양식을 대체했는데, 이 프랑스 양식은 17세기 서유럽을 지배했었습니다.

7.
[정답] useful

[해석] 그는 논리학이 인간의 생존에 유용한 도구가 될 수 있다고 믿었음에도, 세계란 특정 시간에 어느 특정 위치에만 해석될 수 있기 때문에, 절대적인 진리는 존재하지 않는다고 생각했습니다.

8.
[정답] emerged

[해석] 19세기 초에 등장했던 미국의 초월주의 운동은 미국의 문학, 종교, 문화 및 철학에 지대한 영향을 주었습니다.

9.
[정답] frequently

[해석] 이 장애성 두통에 시달리는 이들은 종종 효과가 있는 무언가를 찾기 전에 한 다스 혹은 그 이상의 약을 먹어 봅니다.

10.
[정답] understand

[해석] 과학자들은 많은 유전성 질환에서 유전자가 담당하는 역할을 비로서 이해하기 시작하고 있습니다. 희귀 질환을 후대에 전할 위험성이 있는지 검진하는 신기술은 조만간 널리 퍼지게 될 수도 있습니다.

11.
[정답] duplicated

[해석] 발명가들은 물고기처럼 이동하는 수중 로봇을 만들어 왔습니다. 비디오 및 컴퓨터 프로그램을 사용하여 일반적인 수영 패턴을 분석한 후, 그들은 유연한 피부로 둘러싸인, 물고기의 뼈와 유사한 구조를 만듦으로써 움직임을 복제했습니다.

12.
[정답] apply

[해석] 확실히, 물고기의 움직임은 동일한 효과를 갖지 않아, 기술자들은 로봇의 움직임을 선박 디자인에 적용할 실용적인 방법을 찾으려고 애쓰고 있습니다.

**01. (a) 02. (d) 03. (b) 04. (b) 05. (a) 06. (c)
07. (a)**

01.

Antarctica, the Earth's southernmost continent, is the coldest place on the planet. Amongst this land of ice lies Deception Island. This exceptional island is an active volcano off the Antarctic Peninsula. It has a horseshoe shape with an enclosed central lagoon where many marine animals live. In the same view, a visitor may see a seal, a penguin, a volcanic rock, and a glacier. ①**Over 57% of the island is covered by permanent glaciers; ____________, water temperatures can reach 70℃. ②The unique combination of steamed ice and frosted lava creates one of the world's most incredible landscapes.**

(a) nevertheless
(b) similarly
(c) in fact
(d) as a result

[Translation]

지구 최남단 대륙인, 남극 대륙은 극한의 지역입니다. 이 얼음으로 이루어진 곳에 Deception Island라는 섬이 있습니다. 이 섬은 남극 반도에서는 떨어져 있는 활화산으로 이례적이라 할 수 있습니다. Deception Island는 편자 모양으로 중앙에는 사방이 에워싸인 석호(潟湖)가 있어 다양한 해양동물이 살고 있습니다. 따라서 관광객은 물개, 펭귄, 화산암 및 빙하를 볼 수도 있습니다. ①섬의 57% 이상이 영구 빙하로 이루어 졌는데; <u>그럼에도 불구하고,</u> 수중 온도는 70℃에 육박할 수 있습니다. ②증기를 쬔 얼음과 성에로 뒤덮인 용암간의 특이한 조합은 세계적인 일대 장관(壯觀)을 만들어 내고 있습니다.

(a) 그럼에도 불구하고
(b) 마찬가지로
(c) 사실은
(d) 그 결과

[Joseph's Solution]

단순히 보기만을 훑어보더라도 알 수 있는 Part 1 연결어 문제로, 빈칸 앞뒤에 위치한 절(節)의 관계를 파악해서 논리적으로 합당한 접속사를 보기 중 골라야 한다. ①섬의 반 이상이 영구 빙하로 이루어 졌음에도 수중 온도는 70℃에 달한다면, 이 둘의 관계는 역접이라는 것을 알 수 있다. ②에서 그 관계가 상반되는 조합이라는 점을 재확인할 수 있으므로, 빈칸에는 보기 중 (a)가 가장 적절하다.

[Vocabulary]

Antarctica n. 남극 대륙
southernmost a. 최남단의
Deception Island 디셉션 섬(남극 대륙에 위치한 섬의 명칭)
Antarctic Peninsula 남극 반도
horseshoe n. (말굽의) 편자
enclosed a. (담 등으로) 에워싸인, 막혀 있는
lagoon n. 석호
marine a. 해양의
steam v. 증기에 쪄지다
frosted a. 서리에 뒤덮인, 반투명인
lava n. 용암
incredible a. (너무 좋거나 커서) 믿어지지 않을 정도인

02.

①**Being popular is often a goal of students during their school years, and one that has many social benefits. ____________, ②a recent study found that students do not actually have to be popular to experience these benefits.** Out of 164 research participants, the students who reported themselves as popular, but in reality were not, and the students who were actually popular experienced similar social benefits. Students who saw themselves as socially accepted and those who were indeed socially accepted acted significantly less hostile compared to students who viewed themselves as outsiders. Thus, a person's perception of popularity and true popularity have the same effects.

(a) Initially
(b) Obviously
(c) Unfortunately
(d) However

[Translation]

①학창시절 인기를 얻는 것은 학생들 사이에 목표가 되며, 사회적인 면에서 다양한 이점을 지니고 있습니다. <u>그러나,</u> ②최근의 한 연구는 학생들이 이러한 이익을 경험하기 위해 실제로 인기를 얻어야 하는 것은 아니라고 밝혀냈습니다. 연구에 참여한 164명의 피험자들 중, 자신을 인기 있다고 보고했으나 실제로는 인기가 없었던 학생들과 실제로 인기가 있던 학생들은 크게 다르지 않은 사회적 이익을 경험했습니다. 자신을 사회적으로 인정받고 있다고 보는 학생들과 실제로 사회적으로 인정받는 학생들은 자기 자신을 이방인처럼 느끼는 학생들과 비교해 상당히 덜 적대적으로 행동을 했습니다. 그러므로, 인기에 대한 개인의 인지와 실질적 인기는 동일한 효과가 있습니다.

(a) 처음에는
(b) 분명히
(c) 불행히도
(d) 그러나

[Joseph's Solution]

문두에 위치한 빈칸에 알맞은 연결어를 고르는 문제로, 빈칸이 삽입

된 문장과 빈칸 앞에 위치한 문장과의 관계를 파악해야 한다. ①에서 학창시절 인기는 사회적 이익이 있다고 했지만, 다음 문장에서 ②최근의 한 연구는 꼭 그렇지만은 않다고 기술하고 있다. 따라서 빈칸에는 역접 연결어인 (d)가 가장 적절하다.

significantly adv. 상당히, 의미가 있게

hostile a. 적대적인, 강력히 반대[거부]하는

perception n. 지각, 자각

benefit n. 이익, 혜택

initially adv. 처음에

obviously adv. 확실히, 분명히

unfortunately adv. 불행하게도

03.

In the summer of 2009, the American government started a program to stimulate the economy. The Car Allowance Rebate System, commonly referred to as "cash for clunkers," offered $3,500 to $4,500 to people who traded in an old car for a new one with higher fuel efficiency. ①**The program was created to increase vehicle sales in a failing American auto industry.** _________________, ②**government leaders hoped that it would put more energy efficient vehicles on the road.** In the end, the money Congress had allotted ran out months earlier than it was supposed to and the program did not live up to its lofty aspirations.

(a) Nevertheless
(b) Furthermore
(c) Consequently
(d) Similarly

[Translation]
2009년 여름, 미(美)정부는 경제 부흥을 위한 프로그램을 시행했습니다. 흔히 "중고차 현금 보상"으로 일컫던, The Car Allowance Rebate제도는, 중고 자동차로 연비가 높은 신차를 교환하는 이들에게 3천 5백 달러에서 4천 5백 달러를 제공했습니다. ①**이 프로그램은 하향하는 미국 자동차 산업분야에서 차량 판매를 증대시키기 위해 만들어졌습니다. 더군다나, ②정부 지도자들은 이로써 에너지 효율이 좋은 차량들이 더 보급되기를 기대했습니다.** 결국, 의회가 할당했었던 자금은 예정보다 수 개월 앞서 바닥이 났고 그 제도는 애초의 원대한 포부에 부응하지 못했습니다.

(a) 그럼에도 불구하고
(b) 더군다나
(c) 그 결과
(d) 마찬가지로

[Joseph's Solution]
문두에 위치한 연결어를 고르는 문제로, 빈칸이 삽입된 문장과 빈칸 앞에 위치한 문장과의 관계를 파악해야 한다. ①에서 정부가 시행한 경제 부흥 프로그램이 자동차 분야의 판매를 증대시키기 위해 도입되었는데, ②에서는 정부 관계자들이 이로 인한 다른 효과도 기대했었다고 기술되어 있다. 즉, 같은 취지의 내용이 열거되면

서 뒤 문장에 나오는 내용이 좀 더 강조가 되고 있으므로, (b)가 가장 적절하다.

Car Allowance Rebate System CARS; 2009년 미국에서 시행한 폐차 리베이트 제도로, 연비효율이 낮은 노후 차량을 폐차하고 연비가 높은 신차를 구입하는 경우 연비 차이에 따라 일정액을 할인해주는 제도. 중고차 보상 정책으로 불리기도 함.

clunker n. 고물차

trade in A for B A로 B를 교환하다

allot v. (돈, 시간 등을) 할당[배당]하다

live up to something (다른 사람의 기대에) 부응하다[합당하다]

lofty a. 아주 높은, 우뚝한

aspiration n. 열망, 포부, 염원

04.

①**People generally feel they are in control of their facial expressions. ②They are capable of faking a smile when they are feeling sad or pretending to be angry to get an apology.** _____________, ③**in a situation where people have something to lose or gain, they display small, involuntary expressions that give away their true emotion.** These brief facial expressions, known as micro expressions, show up when a person tries to conceal or repress an emotion. These expressions are almost impossible to fake, but they can occur as fast as 1/25 of a second and take a trained expert to read them.

(a) First
(b) Yet
(c) Consequently
(d) Additionally

[Translation]
①**사람들은 대개 자신의 표정을 관리하고 있다고 생각합니다. ②기분이 우울할때, 웃음을 짓거나 사과를 받을 요량으로 화가 난 듯이 보이려고 할 수 있습니다. 그렇지만, ③자신들이 잃거나 얻는 것이 있는 상황에서, 사람들은 자기도 모르게 미세한, 실제 감정을 드러내는 표현을 보입니다.** 이렇게 순간적인 표정은 미세표정이라 알려져 있는데, 감정을 숨기거나 억누르려 할 때 나타나게 됩니다. 이러한 표정들은 좀처럼 숨길 수가 없지만, 1초의 1/25만큼 빠르게 일어나 그것을 읽도록 훈련 받은 전문가들만이 가려낼 수 있습니다.

(a) 첫째로
(b) 그렇지만
(c) 따라서
(d) 게다가

[Joseph's Solution]
빈칸에 알맞은 연결어 고르는 문제로, 빈칸이 삽입된 문장과 빈칸 앞에 위치한 문장의 관계를 파악해야 한다. 지문에서 ①사람들은 표정관리를 하면서, ②때로는 거짓된 감정을 표현하기도 하는데, ③어떤 상황에서는 숨기지 못하고 순간적으로 감정이 드러나기도 한다고 언급하고 있다. 즉, 앞서 기술한 상황과는 반대가 되는 내용이 언급되고 있으므로, 정답은 (b)가 된다.

[Vocabulary]
be in control of ~을 관리[제어]하고 있다
give something away ~을 드러내다
involuntary a. (갑자기) 자기도 모르게 하는, 원치 않는, 본의 아닌
conceal v. 감추다, 숨기다
repress v. (감정을) 참다[억누르다/억압하다]

05.

Genetic engineering is a process of inserting new genetic information into existing cells. The purpose is to modify the organism's genes in order to alter its characteristics. The technological advancement presents many possible uses including engineering plants for insect resistance and modifying bacteria to produce hormones. ①**While genetic modification can be advantageous, it also has disadvantages. _________________, ②the science brings up potential ethical issues such as man's right to interfere with natural selection.**

(a) In fact
(b) Regardless
(c) On the other hand
(d) Otherwise

[Translation]

유전 공학은 새로운 유전 정보를 살아있는 세포에 삽입해 넣는 과정을 일컫습니다. 이는 생물체의 유전자를 조작해 그 성질을 바꾸려는 데 그 목적이 있습니다. 과학기술의 발전은 내충성 보강을 위한 식물의 유전자를 조작한다거나 호르몬을 만들기 위해 세균을 변형하는 등의 다양한 쓰임새를 가능하게 만들고 있습니다. ①**유전자 변형은 이로운 측면이 있지만, 약점도 있습니다. 사실은, ②이 학문은 인간이 자연선택에 개입할 권리와 같은 잠재적인 윤리 문제를 제기하고 있습니다.**

(a) 사실은
(b) 개의치않고
(c) 반면에
(d) 그렇지 않으면

[Joseph's Solution]

빈칸 앞에 위치한 문장과의 관계를 파악하여 문두에 위치한 연결어를 고르는 문제다. ①에서 유전자 변형은 이로운 측면이 있지만 약점도 있다고 언급하면서, 그 약점은 ②잠재적인 윤리 문제를 야기하는 것이라고 기술되어 있다. 이렇게 앞서 언급된 내용에 대해 뒤에 따르는 문장에서 자세한 내용을 덧붙이는 경우에 'in fact'를 사용하므로, 정답은 (a)이다.

[Vocabulary]

genetic engineering 유전 공학
modify v. 수정[변경]하다, 바꾸다
organism n. 유기체, 생물(체)
advancement n. 발전, 진보
insect resistance (농생물학) 내충성(해충에 대하여 저항성이 강한 작물의 성질)
engineer v. 유전자를 조작하다

bacteria n. 박테리아, 세균
advantageous a. 이로운, 유리한
bring up (논거 등을) 내놓다, (문제 등을) 꺼내다
interfere v. 개입[참견]하다
natural selection 자연 선택[도태]

06.

Since the beginning of art historical study, there have been innovative artistic movements that have upset the status quo. ①**The 20th century was no exception to this pattern. ②After the popularity of the impressionists' landscapes in the 1800s, cubism shocked the world in the early 1900s with paintings of objects re-assembled in abstract form. _________________, ③surrealism created controversy by presenting unexpected juxtapositions and showcasing images of the unconscious mind. ④Then in the 1960s, pop art, artistic renderings of average consumer products, made people reconsider their definitions of high and low art.** These examples demonstrate that changing art forms and controversy often occur together.

(a) Unfortunately
(b) Nonetheless
(c) Next
(d) Obviously

[Translation]

예술사 연구 초기부터, 현 상태를 뒤집는 혁신적인 예술운동이 있었습니다. ①20세기 역시 이런 양상에 있어 예외는 아니었습니다. ②1800년대 인상파 화가들의 풍경화에 대한 인기가 수그러들고 난 뒤, 1900년대 초 입체파는 추상적인 형태로 재배열된 사물을 그린 그림들로 세상을 놀라게 했습니다. 다음으로, ③초현실주의는 예기치 못한 병렬을 제시하고 무의식에서 나온 이미지들을 선보이면서 논란을 일으켰습니다. ④그리고 나서 1960년대에는, 일반소비재의 예술적인 표현미를 보였던 팝아트가 사람들로부터 고급 혹은 저급 예술에 대한 정의를 재고하도록 만들었습니다. 이러한 예들은 예술 형식의 변화와 논란은 종종 함께 일어난다는 것을 설명해주고 있습니다.

(a) 불행히도
(b) 그럼에도 불구하고
(c) 다음으로
(d) 명백히

[Joseph's Solution]

빈칸에 적절한 연결어를 고르는 문제로, 지문 전체의 흐름을 파악하면서 접근해야 한다. ①에서 20세기 역시 당대의 예술 사조를 뒤흔들며 부각된 예술운동이 있었다고 언급하며, 뒤이어 그러한 예술 사조의 예(즉, 인상파와 입체파, 초현실주의, 팝아트)가 열거될 것을 알려주고(signposting) 있다. 첫 번째 예, ②에 연이어 이어지는 예, ③을 연결하기에 적당한 연결어는 보기 중 (c)가 된다.

[Vocabulary]

the status quo 현(재) 상태

cubism n. 입체파, 큐비즘

reassemble v. 재조립하다

abstract a. 추상적인, 관념적인

surrealism n. 초현실주의

juxtaposition n. 병렬, 병치

showcase v. 전시[진열]하다

rendering n. (특정한 해석을 가미한) 연주 , 표현

07.

Children can credit their parents for passing down many physical characteristics. ①**Traits whose presence is controlled by a single gene are classic examples of Mendelian inheritance.** Examples of these traits include blood type, freckles and dimples. ________________, ②**the inheritance of some physical traits involves more than one gene.** Hair and eye color were once thought to be Mendelian traits but are actually based on more complex genetic models.

(a) On the other hand
(b) Similarly
(c) Consequently
(d) In other words

[Translation]

아이들은 여러 신체적 특징을 물려받은 것을 부모님 덕이라 생각할 수 있습니다. ①단일 유전자에 의해 결정되는 성격상의 특징들은 멘델의 유전법칙을 따르는 전형적인 예입니다. 이러한 특징의 예로써 혈액형, 주근깨 및 보조개를 들 수 있습니다. **다른 한편으로는, ②신체적인 특징에 있어 유전은 한 개 이상의 유전자와 연관되어 있습니다.** 머리카락과 눈의 색깔이 한 때는 멘델법칙에 따르는 특징으로 사료되었지만 사실 좀 더 복잡한 유전 모형에 기인되어 있습니다.

(a) 다른 한편으로는
(b) 마찬가지로
(c) 그 결과
(d) 다시 말해서

[Joseph's Solution]

문두에 위치한 연결어를 고르는 문제로, 빈칸이 삽입된 문장과 그 앞에 위치한 문장들 사이 의미적 흐름을 파악해야 한다. 지문에서 ①멘델의 유전법칙을 따르는 성격상의 특징들은 단일 유전자에 의해 결정되는데, ②신체적인 특징에 있어 유전은 하나 이상의 유전자와 연관되어 보다 복잡한 유전 모형을 따른다고 언급되어 있다. 즉, 문장 ②에서 문맥의 흐름을 전환하는 대조적인 사안을 설명하고 있으므로, (a)가 가장 적절하다.

[Vocabulary]

credit sb for (공, 명예를) ~에게 돌리다

pass down (후대에) ~을 물려주다[전해주다]

trait n. (성격상의) 특성, 기질

Mendelian inheritance 멘델(식) 유전

freckle n. 주근깨

dimple n. 보조개

Make-up Vocabulary

1.

[정답] exceptional

[해석] 지구 최남단 대륙인, 남극 대륙은 극한의 지역입니다. 이 얼음으로 이루어진 곳에 Deception Island라는 섬이 있습니다. 이 섬은 남극 반도에서는 떨어져 있는 활화산으로 이례적이라 할 수 있습니다.

2.

[정답] compared

[해석] 자신을 사회적으로 인정받고 있다고 보는 학생들과 실제로 사회적으로 인정받는 학생들은 자기 자신을 이방인처럼 느끼는 학생들과 비교해 상당히 덜 적대적으로 행동을 했습니다.

3.

[정답] increase

[해석] 이 프로그램은 하향하는 미국 자동차 산업분야에서 차량 판매를 증대시키기 위해 만들어졌습니다.

4.

[정답] capable

[해석] 사람들은 대개 자신의 표정을 관리하고 있다고 생각합니다. 기분이 우울하거나 사과를 받을 요량으로 화가 난 듯이 보이려고 할 때, 사람들은 미소를 짓는 척 할 수 있습니다.

5.

[정답] repress

[해석] 이렇게 순간적인 표정은 미세표정이라 알려져 있는데, 감정을 숨기거나 억누르려 할 때 나타나게 됩니다.

6.

[정답] modify

[해석] 유전 공학은 새로운 유전 정보를 살아있는 세포에 삽입해 넣는 과정을 일컫습니다. 이는 생물체의 유전자를 조작해 그 성질을 바꾸려는 데 그 목적이 있습니다.

7.

[정답] reconsider

[해석] 그리고 나서 1960년대에는, 일반 소비재의 예술적인 표현미를 보였던 팝아트가 사람들로부터 고급 혹은 저급 예술에 대한 정의를 재고하도록 만들었습니다.

8.

[정답] controlled

[해석] 아이들은 여러 신체적 특징을 물려받은 것을 부모님 덕이라 생각할 수 있습니다. 단일 유전자에 의해 결정되는 성격상의 특징은 멘델의 유전법칙을 따르는 전형적인 예입니다.

9.

[정답] **creates**

[해석] 증기를 쐰 얼음과 성에로 뒤덮인 용암간의 특이한 조합은 세계적인 일대 장관(壯觀)을 만들어 내고 있습니다.

10.

[정답] **reality**

[해석] 연구에 참여한 164명의 피험자들 중, 자신을 인기 있다고 보고했으나 사실 실제로는 인기가 없었던 학생들과 실제로 인기가 있던 학생들은 크게 다르지 않은 사회적 이익을 경험했습니다.

11.

[정답] **efficient**

[해석] 더군다나, 정부 지도자들은 이로써 에너지 효율이 좋은 차량들이 더 보급되기를 기대했습니다.

12.

[정답] **traits**

[해석] 머리카락과 눈의 색깔이 한 때는 멘델법칙에 따르는 특징으로 사료되었지만 사실 좀 더 복잡한 유전 모형에 기인되어 있습니다.

Answer Keys

01. **(a)** 02. **(b)** 03. **(d)** 04. **(c)** 05. **(c)** 06. **(a)**
07. **(b)**

01.

Some of the most difficult patients for therapists are those who suffer from borderline personality disorder (BPD). BPD patients have intense and unstable relationships swinging from love to hate and back again. They typically view themselves as victims of circumstance and take little responsibility for themselves or their problems. ①**People with BPD often present as composed and self-assured patients but later exhibit unexpected behaviors including severe regressions, explosive emotions, self-mutilation, and psychosis. ②The nature of these symptoms makes it hard for a therapist to gain an accurate clinical perspective of their patients.** _________________, BPD was not officially classified as a disorder until the late 1950s.

(a) **As a result**
(b) However
(c) Nevertheless
(d) On the other hand

[Translation]

치료자들에게 가장 힘든 환자들 중 일부는 경계성 인격 장애(BPD)가 있는 환자들입니다. BPD 환자들은 사랑에서 증오로 바뀌기를 반복하는 강렬하고도 불안정한 관계를 맺습니다. 그들은 일반적으로 자신을 환경의 희생자들로 보고 자신이나 자신들의 문제에 대해 거의 책임을 지지 않습니다. ①BPD가 있는 사람들은 침착하고 자신감 있는 환자로 보이지만 나중에는 심각한 퇴행, 폭발하기 쉬운 감정, 자기 학대, 정신 이상을 포함하는 예상치 못한 행동을 드러냅니다. ②이러한 증상의 특징은 치료자들이 이들에 대한 정확한 임상적 견해를 갖는데 어려움을 줍니다. 그 결과, BPD는 1950년대 후반까지 공식적으로 장애로 분류되지 않았습니다.

(a) 그 결과
(b) 그러나
(c) 그럼에도 불구하고
(d) 다른 한편으로는

[Joseph's Solution]

빈칸 앞에 위치한 문장들과의 관계를 파악해서 삽입 가능한 논리적으로 합당한 접속사에 대해 묻고 있다. ①BPD 환자들은 정서 및 행동에 기복이 심해 극단의 예상치 못한 행동을 드러내고는 하는데, ②이러한 특징으로 인해 치료자가 정확한 임상적 견해를 갖는것이 쉽지 않았다고 기술되어 있다. 즉, 최근에서야 공식적으로 인격 장애로 분류된 것과는 인과적 관계에 있다고 볼 수 있으므로, 빈칸에는 보기 중 (a)가 가장 적절하다.

[Vocabulary]

borderline personality disorder [심리] 경계성 인격 장애
intense a. 극심한, 강렬한
composed a. 침착한, 차분한
self-assured a. 자신감 있는
regression n. 퇴행, 퇴보, 회귀
explosive a. 폭발성의, 폭발하기 쉬운
self-mutilation n. 자기 학대
psychosis n. 정신병, 정신 이상

02.

The Manchester Bobcats won in an exciting victory Saturday night. They were down 58-57 with just over one minute remaining, and the West High Tigers had the ball. The Tigers shot and missed, and Bobcat senior Eric Addams grabbed the rebound. He passed to teammate Fred Mathis, who dribbled down the court and made a lay-up to tie the two teams. ①**After a suspenseful timeout, the teams came back out on the floor. ②Addams threw the ball to Mathis, but the Tigers blocked Mathis, and he couldn't take a shot.** _________, Damon Meed, the Bobcat's shooting guard, ran around Mathis' back, grabbed the ball, and made a basket at the buzzer to bring the Bobcats to victory.

(a) First
(b) **Luckily**
(c) Therefore
(d) Likewise

[Translation]

Manchester Bobcats팀은 토요일 밤 통쾌한 승리를 거뒀습니다. 경기 종료 1분여를 남기고 그들은 58대 57로 뒤져 있는 상황에서, 공격권은 West High Tigers 팀이 쥐고 있었습니다. Tigers는 공을 날렸으나 들어가지 않게 되자, Bobcat의 노장 Eric Addams가 리바운드 공을 낚아챘습니다. 그는 동료 Fred Mathis에게 패스를 했는데, 이 선수가 드리블하여 팀을 동점으로 이끈 레이업 슛을 성공했습니다. ①긴장감이 돌았던 타임아웃 이후, 팀은 다시 코트로 복귀했습니다. ②Addams는 Mathis에게 공을 던졌지만, Tigers팀이 Mathis를 블록킹 해 슛을 날리지 못했습니다. 다행히도, Bobcat의 슈팅 가드를 담당하고 있는 Damon Meed가 Mathis의 뒤를 돌아 공을 낚아채 경기 종료와 함께 Bobcat에게 승리를 안기는 득점을 이루었습니다.

(a) 먼저
(b) **다행히도**
(c) 그러므로
(d) 마찬가지로

[Joseph's Solution]

빈칸 앞에 위치한 문장과의 관계를 통해서 문맥상 적절한 연결어

를 파악해야 한다. 양팀이 동점을 이룬 가운데, ①타임아웃이 끝나고 들어선 Bobcat의 Mathis가 블로킹으로 슛이 막혀 있던 차에 ② Meed선수의 기지로 종료와 동시에 팀을 승리로 이끈 극적인 장면을 연출했다고 기술되어 있다. 즉, 종료 바로 전 슈터가 슛을 날리지 못한 급박한 상황에서 가드가 이루어 낸 값진 득점에 대한 이야기가 이어지고 있으므로, 보기 중 (b)가 가장 적절하다.

[Vocabulary]

grab v. (단단히) 붙잡다[움켜잡다]

rebound n. (공이) 다시 튀어나옴[튀어 오름]

dribble v. 드리블하다

lay-up 레이업 슛(한 손으로 하는 슛)

suspenseful a. 긴장감을 주는

timeout n. (운동경기 중간의) 타임아웃

03.

The ancient Etruscans were a group of people who inhabited central Italy, around the area that is today known as Tuscany. With its own language, religion, and form of government, the Etruscans were gradually absorbed into the Roman Empire. Although scholars have studied Etruscans for years, there are still many mysteries to uncover – in particular, the origin of their language. ①**Researchers speculate that they spoke a non-Indo-European language called Tyrsenian, which is unrelated to any other language in existence.** _____________, the Etruscan language has been difficult to analyze as it resembles no other known languages.

(a) Moreover
(b) But
(c) Yet
(d) Therefore

[Translation]

고대 에트루리아인들은 오늘날 투스카니로 알려져 있는 지역 근처인 이탈리아 중부에 거주했던 사람들이었습니다. 에트루리아인들은 그들만의 언어, 종교 그리고 정치 형태와 함께 점차 로마 제국으로 흡수되었습니다. 비록 수년간 학자들이 에트루리아인들에 대해 연구해오고 있지만, 특히, 이들 언어의 기원 등과 함께 여전히 밝혀지지 않은 많은 미스터리들이 존재합니다. ①**연구자들은 이들이 Tyrsenian이라고 불렸던 비 인도 유럽어를 사용했었다고 추측하고 있는데, 이 언어는 현존하는 어떤 언어와도 연관되어 있지 않습니다. 그러므로,** 에트루리아인의 언어는 알려진 다른 언어들과 유사점이 없어 분석을 하는데 어려움이 있습니다.

(a) 게다가
(b) 그러나
(c) 그렇지만
(d) 그러므로

[Joseph's Solution]

①에서 에트루리아인의 언어인 Tyrsenian은 현존하는 어떤 언어와도 유사성이 없다고 설명되어 있어, 분석의 어려움을 언급한 빈칸이 위치한 문장의 원인이 되는 것을 알 수 있다. 따라서 빈칸에는 보기

중 (d)가 가장 적절하다.

[Vocabulary]

Etruscan n. 에트루리아 사람

inhabit v. (특정 지역에) 살다[거주/서식하다]

resemble v. 닮다, 비슷[유사]하다

absorb v. 흡수하다, 받아들이다

04.

Do you spend hundreds of dollars on expensive running shoes but still have aching feet? ①**Studies have shown that people who run without shoes tend to land on the ball or middle of the foot. _____________, ②they minimize the repetitive impact to the heel that shoe-wearers experience. People who run with shoes tend to put all their weight on the heel.** Researchers in human biology now believe that barefoot athletes may actually sustain fewer injuries than those who wear expensive footwear. While running shoes have only been around for the past 30 years, the human foot has evolved over thousands of years. Barefoot running enabled our ancestors to develop strong arches that support traveling long distances, giving them a significant advantage in evolutionary terms.

(a) Likewise
(b) Furthermore
(c) Thus
(d) Still

[Translation]

여러분은 수백 달러의 돈을 비싼 운동화에 쓰면서도 여전히 발이 아픈가요? ①**연구 결과 신발을 신지 않고 달리는 사람은 발 볼이나 발의 중간으로 착지 하는 경향이 있다고 합니다. 그러므로, ②그들은 신발을 착용하는 사람들이 경험하는 뒤꿈치로의 반복되는 강력한 충격을 최소화 합니다. 신발을 신고 달리는 사람은 자신의 모든 체중을 뒤꿈치에 실으려고 합니다.** 인간 생물학 분야의 연구자들은 최근 맨발의 운동 선수들이 실제로 비싼 신발을 신는 사람들 보다 상처를 덜 입을 수 있다고 생각합니다. 운동화가 겨우 지난 30년간 사용되어 온 반면, 사람의 발은 수천 년 이상 진화되어 왔습니다. 맨발 달리기는, 진화적인 면에서 커다란 이점을 주면서, 우리 조상들에게 장거리를 여행하는 것을 뒷받침하는 강한 장심을 발달시킬 수 있게 했습니다.

(a) 마찬가지로
(b) 더욱이
(c) 그러므로
(d) 여전히

[Joseph's Solution]

①연구에서 신발을 신지 않고 달리는 사람은 발 볼이나 발의 중간으로 착지 하려는 경향을 보였는데, ②이들은 신발을 착용하는 사람들이 경험하는 뒤꿈치로의 반복되는 강력한 충격을 최소화한다고 언급하고 있다. 따라서 ①의 내용이 ②의 원인이 되므로, 빈칸에는 보기 중 (c)가 가장 적절하다.

[Vocabulary]

running shoes 운동화

aching a. 쑤시는, 아린

ball of the foot 발의 앞부분, 발 앞의 둥근 부분

impact n. (강력한) 영향, 충격

human biology 인간 생물학

sustain v. (피해 등을) 입다[당하다]

be around 부근에 있다, 체재하다

enable v. (사람에게) ~을 할 수 있게 하다

arch n. 발바닥의 오목한 부분, 발 가운데 부분

05.

In today's unstable economic climate, control over your finances is essential for you and your family's peace of mind. That's why MoneyBoss offers you the personal help you need, all online. Why pay high fees to financial advisers who make promises they can never fulfill? MoneyBoss allows you to take control of your finances by helping you understand how to spend your money, create financial goals, and ensure that those goals are achieved. ①**Our online program is easy to use and available 24 hours a day, seven days a week.** ____________, you have the power to control your finances right from your computer, any time you like. Click on the link below to find out more.

(a) Nevertheless

(b) On the other hand

(c) In other words

(d) Otherwise

[Translation]

오늘날 불안정한 경제 환경에서, 여러분 자신의 자금에 대한 관리는 여러분을 비롯한 여러분 가족의 마음의 평안을 위해 지극히 중요합니다. 그것이 MoneyBoss가 여러분께 온라인상으로 여러분이 원하시는 개별적 지원을 제공해 드리는 이유입니다. 왜 절대 지킬 수 없는 약속을 하는 투자 고문들에게 높은 비용을 지불하시나요? MoneyBoss는 여러분이 돈을 어떻게 사용하는지, 재정 목표를 어떻게 설정하는지, 그리고 이러한 목표가 성취 되었는지를 어떻게 확실히 하는지 이해하도록 도와드림으로써 여러분의 자산을 관리하게 만듭니다. ①우리의 온라인 프로그램은 사용하기 쉽고 하루 24시간, 일주일 7일 이용이 가능합니다. 다시 말해서, 여러분은 원하는 언제나, 컴퓨터로 바로 자산 관리를 하실 권한이 있습니다. 더 알아보시려면, 아래 링크를 클릭하세요.

(a) 그럼에도 불구하고

(b) 다른 한편으로는

(c) 다시 말해서

(d) 그렇지 않으면

[Joseph's Solution]

①해당 온라인 재무 프로그램은 사용하기 쉽고 하루 24시간, 일주일 7일 이용이 가능하다고 언급되었다. 이어서 원하면 언제나, 바로 자산 관리를 할 권한을 갖게 된다라는 문장이 뒤에 이어지고 있다. 따라서 빈칸에는 앞의 내용을 다른 표현으로 풀이하거나 설명할 때 사용하는 연결어가 들어가야 하므로 (c)가 가장 적절하다.

[Vocabulary]

financial adviser 투자 고문, 재정 자문가

fulfill a promise 약속을 실천하다

essential a. 필수적인, 극히 중요한

06.

An accident can happen anytime and anyplace. Surprisingly, most serious accidents happen in the home. But many people assume that their home is their refuge, and don't bother to take a few simple steps to make their living space more secure. Falls, poisoning and choking top the list of the most common residential accidents and unfortunately, the outcome is often fatal. ①**Making sure your home is well-lit, installing railings, keeping dangerous substances locked up, and eating slowly are a few of the simple precautions you can take for a safer home. ____________, ②make sure you know basic first aid and keep emergency numbers next to your phone.**

(a) Furthermore

(b) Nevertheless

(c) Still

(d) Therefore

[Translation]

사고는 언제 어디서나 일어날 수 있습니다. 놀랍게도, 가장 심각한 사고는 집에서 발생합니다. 그러나 많은 이들은 자신의 집은 피난처라고 생각하여, 자신의 삶의 공간을 좀 더 안전하게 만드는 간단한 몇 단계를 취하려 하지 않습니다. 추락, 중독 및 질식은 가장 일반적인 거주지 사고의 목록에서 상위를 차지하며 불행히도, 그 결과는 종종 치명적입니다. ①여러분의 집이 불이 잘 켜지는지 확인하고, 난간을 설치하고, 위험한 물질들은 자물쇠를 채워 보관하고, 천천히 먹는 것은 여러분이 집의 안전을 위해 취할 수 있는 몇 가지 단순한 예방조처들입니다. 뿐만 아니라, ②여러분이 기본 응급상황에 대해 알고 있고, 긴급 전화번호를 전화기 옆에 두고 있는지 확인하십시오.

(a) 뿐만 아니라

(b) 그럼에도 불구하고

(c) 아직도

(d) 그러므로

[Joseph's Solution]

집안 내 안전사고 예방을 위해 ①에서 몇 가지 단순한 예방 대처법을 열거하면서 ②긴급 전화번호 역시 챙겼는지 확인하라는 내용이다. 같은 취지의 내용이 열거되면서 뒷 문장에서 추가적으로 언급한 내용이 좀 더 강조가 되고 있으므로, 보기 중 적절한 것은 (a)이다.

[Vocabulary]

refuge n. 피난처, 도피처, 은신처

top v. 최고이다, 1위를 하다

fatal a. 죽음을 초래하는, 치명적인

07.

①**The Italian Renaissance was a period of great intellectual awakening, noted for its talented painters and their use of perspective.** Perspective involves painting one-dimensional surfaces to resemble real-life, with objects getting smaller the further they are from the viewer. __________, some historians believe that the understanding and use of this artistic technique actually took place over a long period of time. ②**After analysis of the styles of Renaissance artists, it appears that true mastery of perspective was not accomplished until the mid-1500s, many years after the official end of the Renaissance.**

(a) As a result
(b) However
(c) Moreover
(d) Regardless

[Translation]
①이탈리아 르네상스는 천부적인 화가와 그들의 원근법 사용으로 주목을 받는 위대한 지적 각성의 시기였습니다. 원근법은 1차원적 표면을 그리는 것과 실생활과 유사하도록, 관찰자로부터 멀리 있을수록 더 작아지는 사물들을 포함합니다. **하지만,** 일부 역사가들은 이 예술 기법에 대한 이해와 사용은 실제로 오랜 기간에 걸쳐 나타났다고 생각합니다. ②르네상스 예술가들의 양식을 분석해보면, 진정한 원근법에 대한 정통은 공식적인 르네상스의 종료 후 여러 해가 지난, 1500년대 중반까지는 이루어지지 않았었다는 것이 나타납니다.

(a) 그 결과
(b) 하지만
(c) 게다가
(d) 개의치 않고

[Joseph's Solution]
Part 1에서 출제되는 연결어 문제로, 빈칸 앞뒤에 위치한 문장들의 관계를 파악해서 흐름상 적절한 연결어를 골라야 한다. ①이탈리아 르네상스는 원근법의 사용으로 알려져 있는데, ②르네상스 예술가들의 양식을 분석해보면, 진정한 원근법에 대한 정통은 공식적인 르네상스의 종료 이후에나 나타난다고 기술되어 있다. 즉, 원근법의 실제 사용은 ①에서 언급한 이탈리아 르네상스 시기가 아니라 그 이후 이므로, 정답은 역접관계에 사용되는 (b)이다.

[Vocabulary]
perspective n. 원근법, 투시 화법
one-dimensional a. 1차원의, 깊이가 없는
mastery n. 숙달, 정통

Make-up Vocabulary

1.
[정답] **responsibility**

[해석] BPD 환자들은 사랑에서 증오로 바뀌기를 반복하는 강렬하고도 불안정한 관계를 맺습니다. 그들은 일반적으로 자신을 환경의 희생자들로 보고 자신이나 자신들의 문제에 대해 거의 책임을 지지 않습니다.

2.
[정답] **unexpected**

[해석] BPD가 있는 사람들은 침착하고 자신감 있는 환자로 보이지만 나중에는 심각한 퇴행, 폭발하기 쉬운 감정, 자기 학대, 정신 이상을 포함하는 예상치 못한 행동을 드러냅니다.

3.
[정답] **uncover**

[해석] 비록 수년간 학자들이 에트루리아인들에 대해 연구해오고 있지만, 특히, 이들 언어의 기원 등과 함께 여전히 밝혀지지 않은 많은 미스터리들이 존재합니다.

4.
[정답] **advantage**

[해석] 맨발 달리기는, 진화적인 면에서 커다란 이점을 주면서, 우리 조상들에게 장거리를 여행하는 것을 뒷받침하는 강한 장심을 발달시킬 수 있게 했습니다.

5.
[정답] **essential**

[해석] 오늘날 불안정한 경제 환경에서, 여러분 자신의 자금에 대한 관리는 여러분을 비롯한 여러분 가족의 마음의 평안을 위해 지극히 중요합니다.

6.
[정답] **secure**

[해석] 놀랍게도, 가장 심각한 사고는 집에서 발생합니다. 그러나 많은 이들은 자신의 집은 피난처라고 생각하여, 자신의 삶의 공간을 좀 더 안전하게 만드는 간단한 몇 단계를 취하려 하지 않습니다.

7.
[정답] **resemble**

[해석] 이탈리아 르네상스는 천부적인 화가 및 원근법의 사용으로 주목을 받는 위대한 지적 각성의 시기였습니다. 원근법은 1차원적 표면을 그리는 것에 실생활과 유사하도록, 관찰자로부터 멀리 있을수록 더 작아지는 사물들을 포함합니다.

8.
[정답] **remaining**

[해석] Manchester Bobcats팀은 토요일 밤 통쾌한 승리를 거뒀습니다. 경기 종료 1분여를 남기고 그들은 58대 57로 뒤져 있는 상황에서, 공격권은 West High Tigers 팀이 쥐고 있었습니다.

9.

[정답] **ensure**

[해석] MoneyBoss는 여러분이 돈을 어떻게 사용하는지, 재정 목표를 어떻게 설정하는지, 그리고 이러한 목표가 성취 되었는지를 어떻게 확실히 하는지 이해하도록 도와드림으로써 여러분의 자산을 관리하게 만듭니다.

10.

[정답] **official**

[해석] 르네상스 예술가들의 양식을 분석해보면, 진정한 원근법에 대한 정통은 공식적인 르네상스의 종료 후 여러 해가 지난, 1500년대 중반까지는 이루어지지 않았었다는 것이 나타납니다.

11.

[정답] **common**

[해석] 추락, 중독 및 질식은 가장 일반적인 거주지 사고의 목록에서 상위를 차지하며 불행히도, 그 경과는 종종 치명적입니다.

12.

[정답] **available**

[해석] 우리의 온라인 프로그램은 사용하기 쉽고 하루 24시간, 일주일 7일 이용이 가능합니다. 다시 말해서, 여러분은 원하는 언제나, 컴퓨터로 바로 자산 관리를 하실 권한이 있습니다.

Answer Keys

01. **(d)** 02. **(b)** 03. **(b)** 04. **(c)** 05. **(d)** 06. **(c)**
07. **(b)**

01.

Modern chess has grown beyond a board game into an organized sport with structured leagues and international tournaments. ①**In contemporary play, top players are not merely subjected to competition between each other but also to human-computer chess matches. ②In 1968, international master David Levy said that within ten years, he would be able to beat any chess computer.** True to his word, Levy defeated the strongest existing computer in a 1978 match. ③**In 1989, a new computer beat Levy; however, the reigning world chess champion won two games off that computer later in the year. ④In the 21st century, chess programs have racked up considerable victories against the strongest players, but many believe that true chess expertise requires human thinking and emotion.**

Q: What is the main topic of the passage?

(a) A comparison between ancient and contemporary chess
(b) The world's top contemporary chess champions
(c) The regulations of international chess tournaments
(d) A history of human-computer chess matches

[Translation]

현대 체스는 보드 게임을 넘어서 체계화된 리그전 및 국제 시합을 갖춘 조직화된 스포츠로 성장해가고 있습니다. ①요즘 경기에서, 상위권 선수들은 서로간 경쟁뿐만 아니라 컴퓨터를 상대로 하는 경기에서도 경쟁을 하게 됩니다. ②1968년, 세계적인 명수(名手)였던 David Levy는 10년 동안에는 자신이 어떠한 체스 컴퓨터든 이길 수 있을 것이라고 했습니다. 약속대로, Levy는 1978년 경기에서 당시 가장 강력했던 컴퓨터를 패배시켰습니다. ③1989년, 새로운 컴퓨터는 Levy를 이겼는데; 하지만, 당대 군림하던 세계 체스 챔피언은 같은 해 후반 그 컴퓨터를 상대로 두 경기를 우승하게 됩니다. ④21세기에는, 체스 프로그램들이 최강의 선수들을 상대로 여러 번 승리를 얻어내고는 있지만, 많은 이들은 체스의 진정한 전문 기술은 인간의 사고와 감정을 필요로 한다고 믿고 있습니다.

질문: 지문의 주제는 무엇인가?

(a) 고대와 현대 체스의 비교
(b) 세계 최강 체스 챔피언들
(c) 국제 체스 시합 규칙
(d) 인간 대 컴퓨터 체스 경기의 역사

[Joseph's Solution]

지문의 주제가 무엇인지 묻는 문제로, 지엽적인 정보만을 담고 있는 선택지(distracter)에 유의해야 한다. 문장의 서두에서, 현대 체스는 조직화된 스포츠로써, ①선수들간 시합뿐 아니라 컴퓨터를 상대로도 경기를 진행하고 있다고 소개한 후, 이후 문장들 ②,③, ④에서 지난 세기 특정 시점들에 있었던 주요 사건 및 컴퓨터를 상대로 한 체스시합의 승패 기록을 언급하고 있다. 따라서 지문의 주제로 (d)가 가장 적절하다.

[Vocabulary]

organized a. 조직화된, 조직적인
tournament n. 승자 진출전, 시합, 경기
be subjected to ~을 받다[당하다]
competition n. 경쟁, 경기, 시합
true to one's word 약속한 대로 하다, 약속을 지켜서
reigning a. 군림하는, 세도를 부리는
rack up sth (시합에서 점수를) 쌓아 올리다
expertise n. 전문 지식[기술]

02.

In many vertebrate animals, including humans, the sense of taste combines with the sense of smell to create the brain's perception of flavor. In the West, experts traditionally identified four taste sensations: sweet, sour, salty, and bitter. ①**The East has traditionally listed two other basic tastes; these include piquance, a sensation one feels after eating chili peppers and other similar foods, and savoriness, found in foods like meat, cheese, and mushrooms. ②Recently, some neuroscientists have suggested making another taste category for the detection of fatty acids.** The evidence for a distinct fatty acid taste is not conclusive, but scientists continue to make new discoveries in taste sensation.

Q: What is the passage about?

(a) Differences in the way animal species perceive taste
(b) The growing number of identified taste sensations
(c) The importance of the connection between senses
(d) A refutation of the idea that there are only five senses

[Translation]

인간을 포함한 다양한 척추동물에서, 미각은 후각과 결합하여 뇌에서 맛을 지각하게 합니다. 서양에서, 전문가들은 전통적으로 단맛, 신맛, 짠맛 및 쓴맛 등의 네 가지 미각을 밝혀냈습니다. ①동양은 두 개의 기본 맛을 더 포함시키고 있는데; 여기에는 칠리 고추를 먹고 난 후에 느끼는 감각인, 통감을 주는 매운맛과, 육류, 치즈를 비롯해 버섯과 같은 음식에서 찾을 수 있는 감칠맛이 들어갑니다. ②최근, 일부 신경 과학자들은 기름진 맛의 발견으로 또 다른 맛의 범주를

만드는 것을 제안해오고 있습니다. 기름진 맛에 대한 뚜렷한 증거는 확실하지는 않지만, 과학자들은 미각에서의 새로운 발견을 계속해 나가고 있습니다.

질문: 지문은 무엇에 관한 것인가?

(a) 동물 종(種)간 맛을 인지하는 방식의 차이점

(b) 밝혀진 미각 수의 증가

(c) 감각들간 연결의 중요성

(d) 5개의 감각만이 존재한다는 견해에 대한 반박

[Joseph's Solution]

지문의 주된 소재가 무엇인지 묻고 있다. 서두에서, 서양인들이 밝혀낸 기본미각은 네 가지이지만 ①동양에서는 이전부터 두 개의 기본 미각을 더 구분해왔다고 언급하며, ②최근 들어 기본 미각 범주에 새로운 미각을 더 추가하고자 하는 움직임도 생겼다는 내용을 소개하고 있다. 따라서 주된 소재는 보기 중 (b)가 가장 적절하다.

[Vocabulary]

vertebrate a. 척추가 있는

sense of taste (=taste sensation) 미각, 미감

piquance n. 시큼털털하며 통감을 주는 매운 맛

savoriness n. 감칠맛

neuroscientist n. 신경 과학자

detection n. 발견, 간파, 탐지

distinct a. 뚜렷한, 분명한

conclusive a. 결정적인[확실한]

refutation n. 논박, 논파, 반박

03.

Literature comes in many forms beyond the classic novel. One example that has been around since the 19th century is the comic book. ①**Comic books originated from comic strips printed in magazines.** ②**Thus, the term "comic book" arose because the first ones were reprints of humorous news strips.** Comic books retained many of the strips' story-telling devices such as dialog in word balloons and brief, descriptive prose. The books, however, did not continue the strips' humorous mode. ③**This makes the term "comic book" misleading.**

Q: What is the passage mainly about?

(a) The wide variety of literature forms

(b) The origins of the term "comic book"

(c) Differences in comic book subject matter

(d) A comparison of early and modern comic books

[Translation]

문학은 고전 소설 말고도 여러 형태가 유행하게 됩니다. 19세기 이후 나타나고 있는 예의 하나로 만화책을 들 수 있습니다. ①만화책은 잡지로 인쇄된 연재만화에서 유래되었습니다. ②이와 같이, 처음으로 출판된 책들이 해학적인 뉴스 연재물의 간행본이었기에 "만화책" 이라는 용어가 생겨났습니다. 만화책은 많은 부분 말 풍선 및 짧은 묘사 위주의 산문(散文)을 사용한 대화체 같은 연재물의 이야기 진행 방식을 유지했습니다. 하지만, 이 책들은 연재물의 해학적인

방식을 계속 유지하지는 않았습니다. ③이는 "만화책"이라는 용어를 오해하게 합니다.

질문: 지문은 주로 무엇에 관한 것인가?

(a) 문학 형태의 다양성

(b) "만화책" 이라는 용어의 기원

(c) 만화책 소재에 있어서의 차이점

(d) 초기와 현대 만화책 비교

[Joseph's Solution]

지문에서 다루고 있는 주된 내용이 무엇인지 묻고 있다. 서두에서 문학 형태의 하나로 만화책(comic books)을 소개하면서, ①그 전신이 되는 연재만화며 ②용어가 생긴 유래 및 ③오용의 원인에 대해 기술하고 있다. 다시 말해, 지문 전반에서 만화책(comic books)이라는 용어가 생겨난 연유를 설명하고 있으므로, 보기 중 가장 적절한 것은 (b)이다.

[Vocabulary]

come in 들어오다, 유행하게 되다

be around 활동하고 있다, 체재하다

comic strip (신문·잡지의) 연재 만화

reprint n. (책 등의) 재판[중판] (간행)

retain v. (계속) 함유[간직]하다

descriptive a. 서술[묘사]하는, 기술적인

misleading a. 호도[오도]하는, 오해의 소지가 있는

04.

London has one of the premier theaters scenes in the world; unfortunately, it can also be one of the most expensive. ①**If you know where to look, however, it is possible to obtain discount tickets.** ②**One trick is to go to theaters in the morning because some set aside same-day tickets at a lower price.** ③**Students and children have the opportunity to get further discounts.** London celebrates "Kids Weeks" over the summer where children under 16 receive a free theater ticket when accompanied by a full-paying adult. Many theaters offer discount student tickets, but be sure to ask about the conditions because some have a limited view of the stage or require standing for the duration of the show.

Q: What is the passage mainly about?

(a) A comparison of theater prices across the globe

(b) Various benefits of the London theater scene

(c) Ideas on how to obtain discount London theater tickets

(d) Activities young tourists can do in London

[Translation]

런던은 세계 최고의 극장가들이 있는 곳이지만; 불행히도, 관람하기에는 가장 비싼 도시일 수도 있습니다. ①하지만, 어디서 볼지 알고 있다면, 할인 티켓을 구하는 것이 가능합니다. ②요령 하나는 극장을 오전에 가는 것인데 일부 극장은 당일 티켓을 저렴한 가격에 마련해두고 있기 때문입니다. ③학생과 어린이는 할인을 더 받을 수

있습니다. 런던은 여름 동안 16세 미만의 아이들이 전액 지불하고 성인 한 사람과 동반하는 경우에 무료 티켓을 받는 "어린이 주간"을 시행하고 있습니다. 많은 극장들이 학생 할인 티켓을 제공하지만, 일부는 무대 시야장애가 있거나 공연시간 동안 서있어야 하기에 관람 조건에 대해 물어보도록 하십시오.

질문: 지문은 주로 무엇에 관한 것인가?

(a) 전세계 극장 입장료 비교

(b) 런던 극장가의 다양한 혜택

(c) 런던 극장 할인티켓 구입 방법에 관한 아이디어

(d) 유소년 관광객이 런던에서 할 수 있는 활동들

[Joseph's Solution]

지문에서 주로 설명하고 있는 대상이 무엇인지 묻는 문제이다. 런던은 관람료가 비싸지만 ①할인 티켓을 구하는 것이 가능하다고 하면서, ②오전 관람할인과 더불어 ③학생 및 어린이 무료관람 주간과 학생 할인권 구입에 따른 주의점 등에 대해 설명하고 있다. 즉, 지문 전반에 걸쳐 런던 극장 티켓할인을 받을 수 있는 요령에 대해 언급하고 있으므로, (c)가 가장 적절하다.

[Vocabulary]

premier n. 최고의, 제1의

trick n. 비결, 요령

set aside (특정 목적에 쓰기 위해 돈·시간을) 따로 떼어 두다

be sure to do sth (명령문으로 쓰여) 꼭[반드시] ~을 해라

limited view 시야장애(석)

05.

①**We all have basic survival needs, but beyond food and shelter, people need other things to make them happy.** ②**Sometimes it is the smallest things that can make the biggest difference.** A recent poll asked 3,000 British people to rank life's little pleasures. The top fifty items encompassed a wide variety of activities including popping bubble wrap, singing your heart out to your favorite song in the car, and eating a Sunday roast with your family. The number one pleasure was curling up in bed after a long day and waking up feeling completely refreshed.

Q: What is the main topic of the article?

(a) An examination of a human's essential needs

(b) The importance of a good night's sleep

(c) Ways people survive without basic necessities

(d) The small things that make life better

[Translation]

①사람들은 모두 기본적인 생존 욕구가 있지만, 식량과 주거뿐 아니라 자신을 행복하게 만들어 주는 무언가를 필요로 합니다. ②때로 가장 큰 차이를 만드는 것은 가장 사소한 것일 수 있습니다. 최근의 한 여론조사는 영국인 3천명에게 삶의 소소한 즐거움에 관해 순위를 매겨달라고 했습니다. 상위 50위를 차지하는 항목은 버블랩 터트리기, 차 안에서 좋아하는 노래를 마음껏 부르기, 그리고 가족과 함께 Sunday roast 먹기 등의 다양한 활동들을 포함하고 있었습니다.

1위로는 피곤한 일과를 마치고 침대에서 몸을 웅크린 채 잠들어 완전히 상쾌해진 기분으로 일어나는 것을 꼽았습니다.

질문: 지문의 주제는 무엇인가?

(a) 인간의 기본 욕구에 대한 고찰

(b) 숙면의 중요성

(c) 기본 생필품 없이 생존하는 방법들

(d) 보다 나은 삶을 만드는 소소한 것들

[Joseph's Solution]

지문의 내용을 포괄할 수 있는 주제가 무엇인지 묻는 문제이다. 서두에서, ①사람들은 생존을 위한 기본적인 필요 이외에 행복감을 느끼고자 하는데, ②이는 때로 가장 사소한 것이 될 수 있다고 기술하며 영국에서 조사한 최근 여론조사 결과를 그 예로 들고 있다. 따라서 지문의 주제로 보기 중 (d)가 가장 적절하다.

[Vocabulary]

shelter n. 주거, 집

poll n. 여론 조사

encompass v. ~을 포함하다, 싸다

bubble wrap 에어비닐 포장지

sing one's heart out to ~을 마음껏 부르다

Sunday roast 가족이 모이는 일요일에 주로 먹는 대표적 구운 고기 요리

curl up (눕거나 앉아서) 몸을 웅크리다

06.

Saint Nicholas, or Santa Claus, is a widespread figure in Western cultures. ①**He is a mythical figure who is said to bring gifts to good children and coal to naughty children the night of December 24.** In various regions of the world, particularly Austria and Hungary, a second figure accompanies St. Nicholas to punish the children who haven't been good. ②**Instead of giving out lumps of coal, legend says that the Krampus whips children and then kidnaps them in a basket on his back.** The Krampus is portrayed as a horned, devil-like creature, and parents use the idea of him to warn their children against acting naughty.

Q: What is the main idea of the passage?

(a) Portrayals of Saint Nicholas in different cultures

(b) The transformation of Saint Nicholas into Santa Claus

(c) An overview of the mythical Krampus figure

(d) Rewards good children get from Santa Claus

[Translation]

서양 문화에서 성 니콜라스, 즉 산타 클로스는 널리 알려진 인물입니다. ①그는 12월 24일 밤에 착한 어린이들에게 선물을 주고 나쁜 어린이들에게는 석탄을 가져다 준다는 신화에 나오는 인물입니다. 세계의 여러 지역, 특히 오스트리아와 헝가리에서는, 착하게 굴지 않은 어린이들에게 벌을 주는 성 니콜라스가 등장합니다. ②석탄 덩어리를 주는 대신에, 전설은 크람푸스가 어린이들에게 매질을 하고 등에 달린 바구니에 담아 납치해간다고 말하고 있습니다. 크람푸스

는 뿔이 달리고, 악마같이 생긴 존재로 묘사되고 있어, 부모들은 자기 아이들에게 못되게 굴지 말라고 경고하는데 이를 이용합니다.

질문: 지문의 요지는 무엇인가?

(a) 다른 문화에 나타난 성 니콜라스에 관한 묘사

(b) 성 니콜라스에서 산타 클로스로의 변화

(c) 신화에 나오는 존재인 크람푸스에 관한 개관

(d) 착한 어린이들이 산타 클로스에게 받는 보상

[Joseph's Solution]

지문의 요지가 무엇인지 묻는 문제이다. 서두에서, ①서양에서 전해 내려오는 성 니콜라스에 관한 전설을 언급하며, ②이와 관련하여, 헝가리 및 오스트리아에서 구전되는 크람푸스라는 존재를 소개하고 있다. 서양 문화권 내에서 서로 달리 묘사되고 있는 성 니콜라스만이 설명되어 있으므로 (a)는 답이 될 수 없고, 명칭 변화에 대한 기술(b)은 언급된바 없으며, (d)역시 세부사항에 해당된다. 따라서 지문의 요지로 보기 중 (c)가 가장 적절하다.

[Vocabulary]

widespread a. 광범위한, 널리 퍼진

mythical a. 가공의, 사실이 아닌

accompany v. (사람과) 동반하다

lump n. 덩어리, 응어리

Krampus 몽마 형상을 한, 구전에 등장하는 악마적 생명체

07.

Have you ever been in a situation where you recognize someone's face but you cannot remember his or her name? ①**Most people use faces to recognize others, but some do not have that ability. ②Prosopagnosia is a condition that prevents a person from identifying someone by face.** Sufferers can still distinguish between objects with slightly different characteristics, which reveals that the disorder affects an area of the brain specifically devoted to recognizing faces. People with prosopagnosia typically recognize people by their hair, clothes or glasses, but it can be a frustrating life.

Q: What is the main topic of the passage?

(a) Tricks people can use to remember names

(b) **A description of a face blindness disorder**

(c) A recently discovered cure for prosopagnosia

(d) Proper etiquette after forgetting an acquaintance

[Translation]

얼굴은 알아보겠는데 이름을 기억해낼 수 없는 상황에 처해본 적 있으신가요? ①**사람들은 대개 얼굴로 누구인지 알아보지만, 어떤 이들은 그런 능력이 없습니다. ②안면인식 불능증은 개인이 얼굴로 타인을 알아보는 것을 막는 질환입니다.** 환자는 미미한 차이점을 지닌 사물들을 구분해낼 수 있기는 한데, 이는 그 장애가 얼굴을 인식하는데 특화된 뇌 영역에 영향을 미치고 있다는 것을 보여줍니다. 안면인식 불능증을 가진 이들은 일반적으로 사람을 머리카락, 의복 혹은 안경으로 인식하지만, 그것은 불만스런 삶이 될 수 있습니다.

질문: 지문의 주제는 무엇인가?

(a) 사람들이 이름을 기억하기 위해 사용할 수 있는 묘책

(b) **안면인식 장애에 관한 묘사**

(c) 최근 발견된 안면인식 불능증 치료법

(d) 지인을 기억하지 못한 후의 적절한 에티켓

[Joseph's Solution]

안면인식 불능증에 관한 지문 전체의 내용을 포괄할 수 있는 주제를 묻는 문제이다. ①누구인지 얼굴로 알아보는 능력이 없는 이들도 있는데, ②안면인식 불능증이 바로 그러한 질환이라고 소개하며, 그 환자들의 증상적 특징과 안면인식을 위한 이들의 자구책을 언급하고 있다. 따라서 지문의 주제로 보기 중 (b)가 가장 적절하다.

[Vocabulary]

recognize v. (누구인지) 알아보다

prosopagnosia n. 안면인식 불능증(온전한 수준의 시각처리에도 불구하고 안면인식 장애를 갖는 시각 실인증[부지증]의 한 유형)

condition n. (치유가 안 되는 만성) 질환[문제]

distinguish v. 구별하다

face blindness disorder 안면인식 장애

Make-up Vocabulary

1.

[정답] beat

[해석] 1968년, 세계적인 명수였던 David Levy는 10년 동안에는 자신이 어떠한 체스 컴퓨터든 이길 수 있을 것이라고 했습니다. 약속대로, Levy는 1978년 경기에서 당시 가장 강력했던 컴퓨터를 패배시켰습니다.

2.

[정답] requires

[해석] 21세기에는, 체스 프로그램들이 최강의 선수들을 상대로 여러 번 승리를 얻어내고는 있지만, 많은 이들은 체스의 진정한 전문 기술은 인간의 사고와 감정을 필요로 한다고 믿고 있습니다.

3.

[정답] originated

[해석] 19세기 이후 나타나고 있는 예의 하나로 만화책을 들 수 있습니다. 만화책은 잡지로 인쇄된 연재만화에서 유래되었습니다.

4.

[정답] vertebrate

[해석] 인간을 포함한 다양한 척추동물에서, 미각은 후각과 결합하여 뇌에서 맛을 지각하게 합니다. 서양에서, 전문가들은 전통적으로 단맛, 신맛, 짠맛 및 쓴맛 등의 네 가지 미각을 밝혀냈습니다.

5.

[정답] recognize

[해석] 사람들은 대개 얼굴로 누구인지 알아보지만, 어떤 이들은

그런 능력이 없습니다. 안면인식 불능증은 개인이 얼굴로
타인을 알아보는 것을 막는 질환입니다.

6.

[정답] **punish**

[해석] 세계의 여러 지역, 특히 오스트리아와 헝가리에서는, 착하
게 굴지 않은 어린이들에게 벌을 주는 성 니콜라스가 등장
합니다. 석탄 덩어리를 주는 대신에, 전설은 크람푸스가 어
린이들에게 매질을 하고 등에 달린 바구니에 담아 납치해간
다고 말하고 있습니다.

7.

[정답] **distinguish**

[해석] 환자는 미미한 차이점을 지닌 사물들을 구분해낼 수 있기는
한데, 이는 그 장애가 얼굴을 인식하는데 특화된 뇌 영역에
영향을 미치고 있다는 것을 보여줍니다.

8.

[정답] **widespread**

[해석] 서양 문화에서 성 니콜라스, 즉 산타 클로스는 널리 알려진
인물입니다. 그는 12월 24일 밤에 착한 어린이들에게 선물
을 주고 나쁜 어린이들에게는 석탄을 가져다 준다는 전설에
나오는 인물입니다.

9.

[정답] **refreshed**

[해석] 1위로는 피곤한 일과를 마치고 침대에서 몸을 웅크린 채 잠
들어 완전히 상쾌해진 기분으로 일어나는 것을 꼽았습니다.

10.

[정답] **expensive**

[해석] 런던은 세계 최고의 극장가들이 있는 곳이지만; 불행히도,
관람하기에는 가장 비싼 도시일 수도 있습니다. 하지만,
어디서 볼지 알고 있다면, 할인 티켓을 구하는 것이 가능
합니다.

11.

[정답] **duration**

[해석] 많은 극장들이 학생 할인 티켓을 제공하지만, 일부는 무대
시야장애가 있거나 공연시간 동안 서있어야 하기에 관람 조
건에 대해 물어보도록 하십시오.

12.

[정답] **retained**

[해석] 만화책은 많은 부분 말 풍선 및 짧은 묘사 위주의 산문을 사
용한 대화체 같은 연재물의 이야기 진행 방식을 유지했습니
다. 하지만, 이 책들은 연재물의 해학적인 방식을 계속 유지
하지는 않았습니다. 이는 "만화책"이라는 용어를 오해하게
합니다.

Answer Keys

01. (c) 02. (a) 03. (c) 04. (b) 05. (c) 06. (a)
07. (a)

01.

During the Great Depression of the 1930s, thousands of people lost their jobs and were unable to find work. Although the government tended to focus on finding employment for workers, people in the creative fields also needed support. ①**Following a financially unstable career path is challenging even in the best of times, so performing and visual artists got a boost when the Works Progress Administration established federally supported arts programs.** ②**The success of these programs marked the beginning of public arts support, helping thousands of artists to enhance our lives with their creativity.** ③**Without government funding, many artists would have to turn to other careers to survive, to the detriment of society.**

Q: What is the main topic of the passage?

(a) The origins of giving public funding to unemployed workers
(b) Why working in a creative field is a difficult career path
(c) The effects of federal funding for art in a tough economic period
(d) How artists continue to get funding for their creative projects

[Translation]
1930년대 대공항 동안, 수천명의 사람들이 직업을 잃고 구직을 할 수 없었습니다. 비록 정부가 노동자들을 위해 고용을 하는데 중점을 두려고 했지만, 창조적인 분야에 있는 사람들 또한 지원을 필요로 했습니다. ①재정적으로 불안정한 진로를 가는 것은 사정이 좋을 때조차 도전적인 것이라, 공공산업 진흥국이 연방에서 지원되는 예술 프로그램을 설치했을 때, 공연 및 시각 예술가들은 힘을 얻었습니다. ②이 프로그램들의 성공은 수천의 예술가들이 창조력으로 자신의 삶을 향상시키는데 일조하며 공공 예술지원의 시작이 될 것임을 보여주었습니다. ③정부 지원금이 없었다면, 다수의 예술가들이 생존을 위한 다른 직업으로, 곧 사회적 손실로 전환해야만 했을 것입니다.

질문: 지문의 주제는 무엇인가?

(a) 공공 자금을 실직자들에게 지급하는 것의 기원
(b) 창조적 분야의 일이 어려운 진로인 이유
(c) 경제적으로 어려운 시기에 주어진 예술에 대한 연방 보조금의 영향

(d) 예술가들이 자신들의 창의적 프로젝트에 대한 보조금을 얻게 된 방법

[Joseph's Solution]
지문의 내용을 포함할 수 있는 주제가 무엇인지 묻는 문제이다. 서두에서, 대공항 시절 각 분야 실질자가 속출했을 때, ①공공산업 진흥국의 연방 보조금으로 예술 프로그램을 설치해 예술을 지원한 일은 예술가들에게 고무적이었을 뿐 아니라, ②공공 예술지원의 시작을 알렸는데 ③정부 지원금이 없었다면, 예술 분야의 진전도 없었을 것이라고 기술되어 있다. 따라서 지문의 주제로 보기 중 (c)가 가장 적절하다.

[Vocabulary]
career path 진로
Works Progress Administration(WPA) 공공산업진흥국
boost n. 격려, (신장시키는) 힘, 부양책
mark v. (새로운 일이 일어날) 전조이다, ~일 것임을 보여주다
detriment n. 손상(을 초래하는 것)
unemployed a. 실직한, 실업(자)의
unstable a. 불안정한
enhance v. 높이다, 향상시키다

02.

We enjoy watching monkeys and gorillas interact with each other because they so often resemble people in their behavior. ①**But unlike most other primates, orangutans lead solitary lives.** Studies reveal that while young orangutans are social, when they reach adolescence they move into the forest to establish homes by themselves. ②**Their isolated lifestyle may be related to a need for large quantities of fruit.** ③**The small amount of food available over a relatively large area forces orangutans to remain solitary in their search for nourishment, thereby limiting opportunities for social interaction.**

Q: What is the main idea of the passage?

(a) Factors affecting orangutan behavior
(b) How orangutans survive without food
(c) What foods orangutans like to eat
(d) The hierarchy of orangutan groups

[Translation]
원숭이와 고릴라들이 서로 간 교류하는 것은 인간의 행동과 너무나 비슷하여 우리는 이런 행동을 보는 것을 즐겨 합니다. ①그러나 대부분의 다른 영장류와는 달리, 오랑우탄은 단독 생활방식을 추구합니다. 연구는 어린 오랑우탄들이 사회적인데 반해, 사춘기에 다다르면 스스로 집을 짓기 위해 숲으로 이동한다는 것을 보여주고 있습니다. ②그들의 소외된 삶의 방식은 많은 양의 과일에 대한 필요와 연관되었을 수 있습니다. ③적은 양의 식량이 상대적으로 넓은 지역에 걸쳐 존재하는 것이 오랑우탄들을 양분을 찾아 단독으로 지내게 만

들고, 그렇게 함으로써 사회적 교류의 기회는 제한됩니다.

질문: 지문의 요지는 무엇인가?

(a) 오랑우탄의 행동에 영향을 주는 요인들
(b) 오랑우탄이 식량 없이 생존하는 방법
(c) 오랑우탄이 즐겨먹는 먹이
(d) 오랑우탄 사회의 서열구조

[Joseph's Solution]
지문의 요지가 무엇인지 묻는 문제이다. 지문은 ①대부분의 다른 영장류와는 달리, 오랑우탄은 단독 생활방식을 추구하는데, ②그들의 소외된 삶은 먹이의 양과 연관되었을 가능성이 높다고 언급한다. ③즉, 넓은 지역을 유지해야만이 식사량을 채울 수 있으므로, 오랑우탄들은 양분을 찾아 단독으로 지내게 되고, 이는 사회적 교류의 기회를 제한한다고 기술되어 있다. 따라서, 지문의 요지로 가장 적절한 것은 (a)이다.

[Vocabulary]
interact v. 상호 작용하다

solitary a. 혼자만의, 단독의

lead v. 지내다, (어떻게) 살아가다

thereby adv. 그것에 의하여, 그 때문에

reveal v. 드러내다, 밝히다

adolescence n. 청소년기

isolated a. 고립된, 외떨어진

nourishment n. 음식물, 영양분, 자양분

03.

Have you ever had a terrifying dream that something was holding you down? If so, you may have been suffering from something known as sleep paralysis. **①During REM sleep, a natural paralysis of the body occurs. ②For reasons still unexplained, some people's brains may wake up during this phase, resulting in full consciousness but an inability move. ③This often provokes strong feelings of panic and fear. ④This effect is linked to folklore in cultures all over the world.** In Japan, the phenomenon is called kanashibari, which means "bound in metal." In Thailand, it is called phi mae mai, or the "widow ghost," in the belief that the spirit of a woman holds the victim down.

Q: What is the passage about?

(a) Why the brain stays active during REM sleep
(b) Various cultural attitudes towards sleep disorders
(c) A sleep disorder that causes temporary paralysis
(d) The side effects of not reaching REM sleep

[Translation]
무언가 자신을 잡아당기는 무서운 꿈을 한번이라도 꿔본 적 있으신가요? 그렇다면, 당신은 수면 마비로 알려진 어떤 것을 앓았을 수도 있습니다. ①REM 수면 동안, 신체의 자연적 마비가 일어납니다. ② 여전히 설명되지 못한 이유들 때문에, 어떤 이들의 뇌는 이 단계 동

안에 깨어 있을 수 있어, 의식 상태에 놓여있지만 움직일 수 없게 됩니다. ③이는 종종 강한 공황감 및 공포감을 일으킵니다. ④이러한 느낌은 전 세계의 문화의 민속과 연결됩니다. 일본에서는, 그 현상을 kanashibari라고 불리는데, 이는 "쇠줄로 묶은 듯이 단단히 묶임"을 의미합니다. 태국에서는, 여성의 영혼이 희생량을 잡아 당긴다는 믿음에서 phi mae mai 혹은 "과부 귀신"이라고 불립니다.

질문: 지문은 무엇에 관한 것인가?

(a) 뇌가 REM 수면 동안 활동을 하는 이유
(b) 수면 장애에 대한 다양한 문화적 태도
(c) 순간적인 마비를 일으키는 수면 장애
(d) REM 수면에 접근하지 않을 때의 부작용

[Joseph's Solution]
지문의 주된 소재가 무엇인지 묻는 문제이다. REM 수면 동안, 인체는 자연적 마비가 나타나는데, ②어떤이들은 이 단계에 의식상태를 유지하고 있는 경우가 있는데 ③이는 공황감 및 공포감을 일으키고, ④이러한 느낌은 전 세계의 문화의 민속과 연결되어 있다고 설명하고 있다. 따라서 지문의 주된 소재로 가장 적절한 것은 (c)이다.

[Vocabulary]
sleep paralysis [체육학] 수면 마비

rapid eye movement(REM) (수면 중) 급속 수면 안구 운동

effect n. 결과, 느낌[인상]

folklore n. 민속, 전통 문화

hold down 억제하다, 제압하다

consciousness n. 의식, 자각

inability n. 무능, 불능

provoke v. 유발하다, 도발하다

disorder n. 장애, 어수선함

04.

①In a ten-year study of 40,000 Spanish adults, researchers found that eating a Mediterranean diet significantly reduced the risk of heart diseases. Specific components of the diet vary according to region, but the general trends include olive oil, fruits, vegetables, whole-grains, and legumes. **②The fat content of the Mediterranean diet is relatively high, however, people who follow the diet are much less likely to develop cardiovascular diseases compared to other populations with high levels of fat consumption. ③This can be attributed to the fact that Mediterranean diet is low in saturated fat and high in monounsaturated fat and dietary fiber.**

Q: What is the main topic of the passage?

(a) Foods that can help you lose weight
(b) Benefits of the Mediterranean diet
(c) Risks factors of heart diseases
(d) Diet differences in world regions

[Translation]
①스페인 성인 4만 명에 대한 10년간의 연구에서, 연구자들은 지중

해 식이 요법이 심장 질환 위험을 현저히 낮추었다고 밝혀냈습니다. 그 식이 요법의 구체적인 구성요소들은 지역에 따라 달라지지만, 일반적으로 올리브유, 과일, 야채, 통곡물 및 콩류를 포함하고 있습니다. ②지중해 식이 요법의 지방 함량은 상대적으로 높은데, 이 식이 요법을 하는 이들은 높은 수준의 지방 섭취를 하고 있는 다른 사람들과 비교해 심혈관계 질환이 발생할 가능성이 훨씬 낮습니다. ③이는 지중해 식이 요법이 포화 지방은 낮고 불포화 지방 및 식이성 섬유가 높다는 사실에 기인한 것일 수 있습니다.

질문: 지문의 주제는 무엇인가?

(a) 체중을 낮추는데 도움을 줄 수 있는 음식들

(b) 지중해 식이 요법의 이점들

(c) 심장 질환의 위험 요인들

(d) 세계 각지의 식습관 차이들

[Joseph's Solution]

지문의 내용을 포함할 수 있는 주제가 무엇인지 묻는 문제이다. 서두에서, ①지중해 식이 요법은 심장 질환을 낮추는 데 효과가 있다고 그 효능을 검증한 연구결과를 언급하며, 지중해 식이 요법이 ②지방함량이 높음에도 이러한 효능을 보이는 것은 ③포화 지방은 낮고 불포화 지방 및 식이성 섬유가 높기 때문이라고 기술하고 있다. 즉, 지문 전반에서 심장 질환 발병을 낮추는 효과를 내는 지중해 식이 요법에 대해 설명하고 있으므로, 보기 중 (b)가 가장 적절하다.

[Vocabulary]

Mediterranean a. 지중해의

legume n. 콩과(科) 식물, 콩류

cardiovascular a. 심장 혈관의

saturated a. 포화된

monounsaturated a. 단일불포화의

dietary fiber 식이성 섬유, 섬유질 식품

be attributed to ~에 기인하다, ~의 덕분으로 여겨지다

05.

①In an emergency with many people present, witnesses are not likely to assist those in trouble. This phenomenon is known as the bystander effect. Social psychologists began investigating it after the widely publicized Kitty Genovese murder. Newspapers reported that over the course of an hour, 38 people witnessed Kitty being killed, and none made an effort to help. In lab settings, researchers have found that when someone fakes a seizure more people fail to act when others are around. **②One explanation for this phenomenon is called "diffusion of responsibility." ③Everyone assumes someone else is planning to act. ④People also judge the reactions of those around them, and when everyone else fails to act, they reason they should do nothing as well.**

Q: What is the passage mainly about?

(a) Ways to inspire people to help in emergencies

(b) The gruesome murder of Kitty Genovese

(c) The tendency toward inaction when others are nearby

(d) How to judge whether an emergency requires action

[Translation]

①많은 사람들이 있는 비상 상황에서, 목격자들은 위급 상황에 있는 이들을 도우려고 하지 않습니다. 이런 현상은 방관자 효과라고 알려져 있습니다. 널리 알려졌던 Kitty Genovese 살인사건 이후 사회 심리학자들은 이것에 대해 연구하기 시작했습니다. 신문은 한 시간이 넘는 시간 동안, 38명이나 되는 사람들은 Kitty가 살해 되는 광경을 그저 목격하면서 누구도 도우려고 나서지 않았다고 보도했습니다. 실험실 상황에서, 연구자들은 연구 보조자가 거짓으로 발작을 보일 때 주변에 다른 이들이 있을 경우 더 조치를 취하지 않는다는 것을 밝혔습니다. ②이 현상에 대한 원인을 "책임 분산"이라 합니다. ③모든 이들은 나 아닌 다른 누군가가 조치를 취할 거라 생각합니다. ④또한 자신들 주변에 있는 이들의 반응을 판단하고, 모두가 어떤 행동도 보이지 않을 때, 자신들도 역시 아무것도 하지 않아야 한다고 추론합니다.

질문: 지문은 주로 무엇에 관한 것인가?

(a) 비상 상황에서 돕도록 사람들을 격려하는 방법

(b) 끔찍했던 Kitty Genovese 살인 사건

(c) 타인들이 근처에 있을 때 방관을 보이는 경향

(d) 비상 상황에 행동이 필요한 것인지 판단하는 방법

[Joseph's Solution]

서두에서, ①사람들은 주위에 사람들이 많을수록 어려움에 처한 사람을 돕지 않는 경향이 있는데, 방관자 효과로 불리는 ②이 현상은 "책임 분산" 때문으로, ③다른 누군가가 조처를 취할 거라는 생각과 ④다른 주변인들의 방관을 보며 자신도 아무일 하지 않아도 된다고 추론하는 인간의 심리가 그 원인이라고 설명하고 있다. 즉, 지문은 주로 이러한 인간의 심리적 특성에 대해 기술하고 있으므로, 보기 중 (c)가 가장 적절하다.

[Vocabulary]

bystander effect [심리] 방관자효과

publicize v. 알리다, 광고[홍보]하다

seizure n. (병의) 발작

diffusion of responsibility [심리] 책임 분산

assume v. (사실일 것으로) 추정[상정]하다

reason v. 판단하다, 추리[추론]하다

inspire v. (열의를 갖도록) 고무[격려]하다

gruesome a. 섬뜩한, 소름 끼치는

inaction n. (보통 못마땅함) 활동 부족, 무대책

06.

Beginning an exercise plan is a great step on the road to improving your life, yet some novices end up making counterproductive decisions based on lack of knowledge. Most people strive to add a cardiovascular activity to their workout. **①While cardio is vital to promoting a healthy lifestyle, too much can create unwanted problems in your** fitness and overall health. ②Over-doing cardio exercises results in the body pulling energy from its muscle stores instead of its fat storage. ③ This weakens the immune system and the brain's mental processes. For a beginner, cardio routines should not extend beyond an average of 45 minutes per day.

Q: What is main topic of the passage?

(a) Too much cardio can be dangerous to your health.
(b) The treatments for overtraining are ineffective.
(c) It is always beneficial to add more cardio activity.
(d) Cardio routines should be combined with stretching.

[Translation]

운동 계획을 시작하는 것은 자신의 삶을 개선시키는 길로 들어서는 대단한 진전이지만, 일부 초보자들은 지식 부족으로 인해 그릇된 판단에 이릅니다. 대부분의 사람들은 자신들의 운동에 심혈관 활동을 추가하려고 매진합니다. ①심장 강화운동이 건강한 생활습관을 증진시키는데 필수적인 반면, 과도하면 신체 단련과 전반적인 건강에 원치 않은 문제를 일으킬 수도 있습니다. ②지나친 심장 강화 운동은 신체에 축적된 지방이 아닌 근육에서 에너지를 끌어오는 결과를 낳습니다. ③이는 면역 시스템과 뇌의 사고 과정을 약화시킵니다. 초보자는 심장 강화운동을 하루 평균 45분 이상으로 늘려서는 안됩니다.

질문: 지문의 주제는 무엇인가?

(a) 과도한 심장 강화운동은 건강에 해가될 수 있습니다.
(b) 훈련 과다에 대한 치료는 효과가 없습니다.
(c) 심장 강화운동을 더 추가하는 것은 언제나 이롭습니다.
(d) 심장 강화운동은 몸풀기와 병행되어야 합니다.

[Joseph's Solution]

지문의 내용을 포함하는 주제가 무엇인지 묻는 대의파악 문제이다. ①심근 강화운동은 과도하면 신체 단련 및 건강상 문제를 일으킬 수도 있는데, 이는 ②근육에서 에너지를 끌어와 ③면역 시스템과 뇌의 사고 과정을 약화시키기 때문이라고 기술하고 있다. 따라서 지문의 주제로 보기 중 (a)가 가장 적절하다. 보기 (b)와 (d)에 대한 언급은 지문에서 찾아볼 수 없으며, (c)는 지문의 내용을 오도하고 있다.

[Vocabulary]

novice n. 초보자

counterproductive a. 역효과를 낳는

strive v. 분투하다

cardiovascular a. 심혈관의

workout n. 운동

cardio n. (달리기 등) 심장 강화 운동

vital a. 필수적인

fitness n. 신체 단련, (신체적인) 건강

overdo v. 지나치게 하다, 과장하다

07.

①**Growing up, what we learn from our siblings significantly influences our social and emotional development. ②Of course, parents also affect** their child's development, and the information parents teach sometimes coincides with behaviors learned from siblings. Nevertheless, the two groups usually provide different types of examples. ③**Parents model social etiquette, such as how to behave in a public setting; siblings model behaviors in everyday situations, like how to act around friends.** Children without siblings are more likely to develop social skills through friends.

Q: What is the passage mainly about?

(a) Siblings and parents teach social behaviors through example.
(b) Siblings and parents model the same types of behavior.
(c) Parents teach their kids about peer interaction.
(d) Single children have no surrogates for siblings.

[Translation]

①자라면서, 우리가 형제 자매들로부터 배우는 것은 우리의 사회적, 정서적 발달에 지대한 영향을 줍니다. ②물론, 부모 역시 아이들의 발달에 영향을 미치며, 부모가 가르친 정보는 때로 형제 자매로부터 배운 행동들과 유사합니다. 그럼에도, 두 집단은 항상 서로 다른 종류의 예를 주고 있습니다. ③부모는 공적 환경에서는 어떻게 행동해야 하는 지 등의 사회적 예절을, 형제 자매는 친구들과는 어떻게 행동해야 하는 지 등 여러 모든 상황의 행동들을 본받도록 합니다. 형제 자매가 없는 아이들은 친구들을 통해 사회적 기술을 배우게 됩니다.

질문: 지문은 주로 무엇에 대한 것인가?

(a) 형재 자매 및 부모는 예를 보임으로써 사회적 행동을 가르친다.
(b) 형제 자매 및 부모는 같은 유형의 행동을 본받게 한다.
(c) 부모는 자신의 아이들에게 또래와의 교류에 대해 가르친다.
(d) 외동인 아이들은 형제 자매에 대한 대리적 존재가 없다.

[Joseph's Solution]

지문이 주로 무엇에 관해 설명하고 있는지 묻고 있다. ①자라면서, 우리는 형제 자매들은 물론, ②부모에게서 행동 및 정서적인 면에서 지대한 영향을 받는데, ③그것은 다소 상황 및 관계에 따른 차이가 있기는 하다고 언급하며 주로 가족 구성원에게서 배우게 되는 사회적 행동 기술에 대해 설명하고 있다. 따라서 지문의 주제로 (a)가 가장 적절하다.

[Vocabulary]

sibling n. 형제자매

coincide v. 일치하다, 아주 비슷하다

model v. 모형[견본]을 만들다

surrogate n. 대리, 대행자(deputy)

peer n. 또래

1.

[정답] **employment**

[해석] 1930년대 대공항 동안, 수천명의 사람들이 직업을 잃고 구직을 할 수 없었습니다. 비록 정부가 노동자들을 위해 고용을 구해보는데 중점을 두려고 했지만, 창조적인 분야에 있는 사람들 또한 지원을 필요로 했습니다.

2.

[정답] **boost**

[해석] 재정적으로 불안정한 진로를 가는 것은 사정이 좋을 때조차 도전적인 것이라, 공공산업 진흥국이 연방에서 지원되는 예술 프로그램을 설치했을 때, 공연 및 시각 예술가들은 힘을 얻었습니다.

3.

[정답] **solitary**

[해석] 원숭이 고릴라들이 서로 간 교류하는 것은 인간의 행동과 너무나 비슷하여 우리는 이런 행동을 보는 것을 즐겨 합니다. 그러나 대부분의 다른 영장류와는 달리, 오랑우탄은 단독 생활방식을 추구합니다.

4.

[정답] **consciousness**

[해석] REM 수면 동안, 신체의 자연적 마비가 일어납니다. 여전히 설명되지 못한 이유들 때문에, 어떤 이들의 뇌는 이 단계 동안에 깨어 있을 수 있어, 의식 상태에 놓여있지만 움직일 수 없게 됩니다.

5.

[정답] **improving**

[해석] 운동 계획을 시작하는 것은 자신의 삶을 향상하는 길로 들어서는 대단한 진전이지만, 일부 초보자들은 지식 부족으로 인해 그릇된 판단에 이르게 합니다.

6.

[정답] **extend**

[해석] 초보자는 심장 강화운동을 하루 평균 45분 이상으로 늘려서는 안됩니다.

7.

[정답] **opportunities**

[해석] 적은 양의 식량이 상대적으로 넓은 지역에 걸쳐 존재하는 것이 오랑우탄들을 양분을 찾아 단독으로 지내게 만들고, 그렇게 함으로써 사회적 교류의 기회는 제한됩니다.

8.

[정답] **influences**

[해석] 자라면서, 우리가 형제 자매들로부터 배우는 것은 우리의 사회적, 정서적 발달에 지대한 영향을 줍니다.

9.

[정답] **reduced**

[해석] 스페인 성인 4만 명에 대한 10년간의 연구에서, 연구자들은 지중해 다이어트가 심장 질환 위험을 현저히 낮추었다고 밝혀냈습니다.

10.

[정답] **attributed**

[해석] 이는 지중해 식이 요법이 포화 지방은 낮고 불포화 지방 및 식이성 섬유가 높다는 사실에 기인한 것일 수 있습니다.

11.

[정답] **judge**

[해석] 이 현상에 대한 원인을 "책임 분산"이라 합니다. 모든 이들은 나 아닌 다른 누군가가 조처를 취할 거라 생각합니다. 또한 자신들 주변에 있는 이들의 반응을 판단하고, 모두가 어떤 행동도 보이지 않을 때, 자신들도 역시 아무일 하지 않아야 한다고 추론합니다.

12.

[정답] **promoting**

[해석] 대부분의 사람들은 자신들의 운동에 심혈관 활동을 추가하려고 매진합니다. 심장 강화운동이 건강한 생활습관을 증진시키는데 필수적인 반면, 과도하면 신체 단련과 전반적인 건강에 원치 않은 문제를 일으킬 수도 있습니다.

Answer Keys

01. **(c)** 02. **(d)** 03. **(a)** 04. **(d)** 05. **(b)** 06. **(c)**

01.

①**Blueberries are a popular fruit, enjoyed for their sweet and refreshing taste, their unique aroma and their dark blue color.** ②**Blueberries are also excellent for your health since they are rich in vitamins A, C and E, as well as in the minerals potassium, manganese and magnesium. They are high in fiber and low in saturated fat, cholesterol and sodium, factors that contribute to a healthy diet.** Recent studies indicate that blueberries, more than any other fruit, provide the most antioxidants, which prevent cancer-causing cell damage, and that they may be effective against aging. This may include boosting the health of your brain cells, thereby preventing memory loss and potentially the age-related problem of Alzheimer's disease.

Q: Which of the following is the best title of the above passage?

(a) Components of a Healthy Diet
(b) The Vitamin Content of Blueberries
(c) The Benefits of Eating Blueberries
(d) How Blueberries Prevent Cancer

[Translation]
①블루베리는 달고 신선한 맛과 독특한 향 및 검푸른 색상 때문에 즐겨먹는 인기 있는 과일입니다. ②블루베리는 또한 비타민 A, C 및 E를 포함해 칼륨, 광물, 망간 및 마그네슘이 풍부하여 건강에도 좋습니다. 이 과일은 건강한 식습관을 만드는데 큰 역할을 하는 섬유질이 많이 함유되어 있고 포화지방, 나트륨 및 콜레스테롤은 낮게 함유되어 있습니다. 최근 연구들은 블루베리가 발암성 세포 손상을 방지하는 산화 방지제를 가장 많이 공급해주며, 노화 방지에도 효과적일 수 있다고 보여주고 있습니다. 이는 뇌 세포의 건강을 증진시키는 것을 포함할 수 있는데, 그렇게 함으로써 기억 상실 및 어쩌면 노화와 관련 있는 질병인 치매를 예방해 줄 수 있습니다.

질문: 다음 중 지문의 제목으로 가장 알맞은 것은?

(a) 건강한 식습관의 구성요소
(b) 블루베리의 비타민 함량
(c) 블루베리 섭취의 혜택
(d) 블루베리는 어떻게 암을 예방하는가

[Joseph's Solution]
지문의 내용을 포괄할 수 있는 제목이 무엇인지 묻고 있다. 지문은 전문에 걸쳐 ①블루베리가 맛, 향, 색상이 뛰어날 뿐 아니라, ②다양한 비타민, 무기질, 섬유질 및 산화 방지제가 다량 함유되어 있고 포화지방, 나트륨 및 콜레스테롤 등이 낮아, 항암 효과 및 노화방지를

비롯해 치매예방에도 효과가 있는 건강에 좋은 과일이라고 언급하고 있다. 따라서 지문의 제목으로 보기 중 (c)가 가장 적절하다.

[Vocabulary]
potassium minerals 칼륨 광물
manganese n. 망간(금속 원소)
magnesium n. 마그네슘(금속 원소)
fiber n. 섬유, 섬유질
saturated fat n. 포화 지방
sodium n. 나트륨
cholesterol n. 콜레스테롤
antioxidant n. [생물] 산화 방지제, [화학] (식품의) 방부제
thereby adv. 그렇게 함으로써, 그것 때문에
boost v. 신장시키다, 북돋우다

02.

Millions of people suffer from insomnia, the inability to sleep at night. Remedies to help people sleep have been around for centuries, but until recently, many of these treatments were highly addictive and even potentially deadly. ①**New treatments are much safer but can still cause dependence and withdrawal problems.** Although people who suffer from chronic pain will require sleep medication for their entire lives, most insomniacs only need medication for a short time. ②**But because sleep medications only address the symptoms of insomnia and not the causes, many doctors believe that the best approach to dealing with sleep problems is cognitive-behavioral therapy, which helps people learn how to have better sleep habits.**

Q: Which of the following best summarizes the passage?

(a) Long-term treatment with sleep medicines is necessary for all insomniacs.
(b) In the past, people had more difficulty sleeping due to more stressful lives.
(c) Insomnia medication is only for short-term treatment of chronic pain.
(d) Medication helps insomniacs, but treating the root causes is more effective.

[Translation]
수많은 사람들이 밤에 잠을 이룰 수 없는 불면증으로 고통 받고 있습니다. 사람들이 잠들도록 돕는 치료약들은 수 세기 동안 우리 주변에 있었지만, 최근까지 이러한 치료제의 대부분은 대단히 중독성이 있으며 잠재적으로 치명적이었습니다. ①**새로운 치료제들은 이전 보다는 훨씬 안전하지만, 여전히 의존성과 금단 문제를 유발합니다.** 만성적인 고통에 시달리는 사람들은 일생 동안 수면제가 필요

함에도 불구하고, 대부분의 불면증 환자들은 단기간 동안만 치료제가 필요합니다. ②그러나 수면제가 불면증의 원인이 아닌 증상만을 다루기 때문에, 많은 의사들은 수면 문제를 다루는데 있어 최상의 접근은 인지행동적 치료라고 생각하는데, 인지행동적 치료는 사람들이 더 나은 수면 습관을 갖는 방법을 배우는데 도움을 주고 있습니다.

질문: 다음 중 지문을 가장 잘 요약한 것은?

(a) 수면제의 장기적 처치는 모든 불면증에 필수적이다.

(b) 과거에는, 사람들이 더 스트레스를 받았기에 잠드는 데 더 어려움이 있었다.

(c) 불면증 치료제는 만성적인 통증의 단기적 치료에만 있다.

(d) **의약품은 불면증에 도움이 되지만, 근본적인 원인을 치료하는 것이 보다 효과적이다.**

[Joseph's Solution]

지문의 핵심이 되는 요지를 묻는 문제이다. 서두에서, 불면증에 대한 ①새로운 치료제들은 역시 의존성과 금단 문제를 유발하는데, ②이러한 치료제는 대증적인 요법으로, 의사는 올바른 수면 습관을 익힐 수 있는 인지행동적 치료가 보다 근본적 대책이라고 생각한다고 기술되어 있다. 따라서 지문의 요약으로 보기 중 (d)가 가장 적절하다.

[Vocabulary]

insomnia n. 불면증

remedy n. 해결[개선]책, 치료(약)

be around 부근에 있다, 체재하다

addictive a. (약물 등이) 중독성의

potentially adv. 가능성 있게, 잠재적으로

deadly a. 생명을 앗아가는[앗아갈], 치명적인

dependence n. 의존성, 중독

withdrawal n. (약물 중독 등으로 인한) 금단

insomniac n. 불면증 환자, 불면증에 시달리는 사람

address v. (어려운 문제 등을) 다루다, 처리하다

chronic n. 만성적인

root cause (문제, 난관의) 주요 원인

treat v. 치료하다, 처치하다

03.

To Whom It May Concern:

My husband and I recently dined at your restaurant where we were dismayed by some of the changes that have taken place. Oreste's has been our favorite dining establishment for years, but it must be under new management. I cannot imagine another explanation. ①**Although the menu has not changed, we were disturbed by the generally shabby atmosphere. ②In particular, we noticed that the tablecloths were grimy, the lettuce in our salads was wilted, and there was an unpleasant odor coming from the kitchen.** My friend, who dined at your restaurant last week, even saw a cockroach under her chair! ③**We hope that you will take note of our comments and make the necessary changes.** We would be very sorry to lose the Oreste's that we know and love.

Regards,
Mr. and Mrs. Wilkinson

Q: What is the purpose of the letter?

(a) To complain about cleanliness at the restaurant

(b) To request new management for the restaurant

(c) To request a refund from the restaurant

(d) To request a menu change at the restaurant

[Translation]

관계자 제위:

제 남편과 저는 최근 일어났었던 몇몇 변화들로 인해 경악을 금치 못했던 당신네 음식점에서 만찬을 들었습니다. Oreste's는 저희가 수년간 아주 좋아하던 정찬을 즐기는 음식업소였지만, 새로운 경영 관리하에 있는 게 틀림없습니다. 전 다른 설명은 상상도 안 가는군요. ①메뉴는 그대로지만, 우리는 대개 지저분한 분위기 때문에 방해를 받았어요. ②특히, 우린 식탁보가 더럽고, 샐러드에 있던 양상추는 살짝 데쳐 있었으며 부엌에서는 불쾌한 냄새가 올라오고 있었다는 걸 알아챘습니다. 당신네 음식점에서 지난 주에 정찬을 했던 제 친구조차 의자 아래서 바퀴벌레를 보았고요! ③우리는 당신께서 우리의 비평에 주목하시고 필수적인 변화를 주시길 바랍니다. 우리는 우리가 알고 있고 사랑하는 Oreste's를 잃은 것에 매우 유감스럽게 생각합니다.

안부를 전하며,
Wilkinson 부부

질문: 편지의 목적은 무엇인가?

(a) 음식점의 위생에 대해 항의하려고

(b) 음식점의 경영 관리에 대해 요청하려고

(c) 음식점에 환불을 요청하려고

(d) 음식점의 메뉴 변경을 요청하려고

[Joseph's Solution]

지문의 글을 작성한 목적이 무엇인지 묻고 있다. 필자는 즐겨 찾던 음식점이 ①메뉴는 그대로지만, ②형편없는 위생상태 및 조리상태는 물론, 악취까지 심하게 났기에, 글을 읽게 되는 관계자가 ③자신의 비평을 묵과하지 말고 필요한 조치를 취하길 원하고 있다고 글을 쓴 목적을 밝히고 있다. 따라서 정답은 (a)가 가장 적절하다.

[Vocabulary]

To whom it may concern (불특정 상대에 대한 편지 첫머리) 관계자 제위[각위]

grimy a. 때 묻은, 더러운

wilted a. 살짝 익힌[데친]

take note of ~에 주목[주의]하다, 알아채다

shabby a. 다 낡은, 허름한

lettuce n. 상추

odor n. 냄새, 악취

04.

Dear Ms. Oglethorpe,

We thank you for your recent submission to Creative Story Journal. Although we have already planned our next six issues, we would like to include your story in the October edition. Upon publication of your work, you will receive the standard fee that we pay all our contributors. ①**We do ask, however, that you provide us with a brief personal biography as well as payment instructions. ②We would like this information by the end of the month, as we will need to review your profile and our accounting office must set up a record for you.** In the meantime, we welcome you to our team of collaborators and look forward to reading your new stories.

Sincerely,
Carl Schachner, Editor

Q: What is the main purpose of the letter?

(a) To set forth publication terms
(b) To ask for additional stories
(c) To thank the writer for her story
(d) To request personal information

[Translation]

Oglethorpe 양,
최근 Creative Story Journal에 투고해 주셔서 감사 드립니다. 비록 저희는 다음 6호 간행을 이미 계획해 두었지만, 당신의 글을 10월 판에 포함시키고자 합니다. 당신의 작품이 출판되자마자, 저희의 모든 기고자들에게 지불하는 표준 수수료를 받으실 겁니다. ①하지만, 저희에게 간단한 개인 약력과 함께 지불 지침서를 보내주시기를 부탁 드립니다. ②저희는 보내주신 프로파일을 정밀하게 살펴야 하고 회계사무실은 당신에 대한 기록을 설정해야만 하기에, 이 정보를 월 말 전까지 받았으면 합니다. 우선, 공편자 팀에 오신 것을 환영하며 당신의 새 작품을 읽게 되길 기대합니다.

마음으로부터,
편집자,
Carl Schachner

질문: 편지의 주된 목적은 무엇인가?

(a) 출판 용어를 설명하기 위해
(b) 추가적인 작품을 요청하기 위해
(c) 작가에게 작품에 대해 감사하기 위해
(d) 개인 정보를 요청하기 위해

[Joseph's Solution]

편집자가 편지를 보내는 주요 목적이 무엇인지 묻고 있다. 서두에서, 편집자는 투고에 대한 감사와 원고 출판계획에 대해 알리면서, 일정이 급한 사안인 ①개인 약력 및 지불 지침서에 대한 제출을 요청하고 있는데, ②이는 리뷰와 기록설정 기간을 요하는 자료라 빠른 시간 내에 받고자 한다. 따라서 편지의 목적으로 가장 적절한 것은 (d)이다.

[Vocabulary]

submission n. (서류, 제안서 등의) 제출
issue n. (정기 간행물의) 호
contributor n. 기고자
standard fee 표준 수수료

collaborator n. 공편자, 합작자
set forth 진술하다, 밝히다, 설명하다

05.

①**Being a pilot sounds exciting, but this job requires significant training and a high threshold for stress.** The first step requires passing ground school and logging at least 250 hours in the air. The next step involves logging additional flight hours as a regional pilot to build enough experience to be considered by a commercial airline. Even for those with the best training, the current economic situation will greatly affect the availability of jobs, as the aviation industry is particularly influenced by economic factors. If you have the patience and persistence for flight training and can endure grueling schedules and low pay at a commuter airline in the beginning, you may eventually become a pilot with a major airline.

Q: What is the best title for the passage?

(a) Regional Airlines Seeking New Pilots
(b) The Challenge of Becoming a Pilot
(c) Economic Considerations for Pilots
(d) How to Find Work as a Pilot

[Translation]

①조종사가 되는 것은 흥미진진하게 들리는데, 이 직업은 상당한 훈련 및 스트레스에 대한 높은 인내를 필요로 합니다. 첫 번째 단계는 지상 이론 교육을 이수하고 적어도 250 시간의 비행 경력을 갖는 것입니다. 다음 단계는 지역 항공 조종사로써 민간 항공사에서 고려될 만큼 충분한 경험을 쌓기 위해 추가시간 비행 경력이 필요합니다. 최상의 훈련을 갖춘 이들 조차, 최근의 경제 상황은 항공 산업이 특히 경제 요인에 의해 영향을 받기 때문에, 항공 관련직종의 일자리에 크게 영향을 줄 것입니다. 만일 당신이 비행 훈련에 대한 인내심과 꾸준함이 있고 초기의 통근 항공사에서 힘든 일정 및 낮은 급료를 이겨낼 수 있다면, 결국엔 주요 항공사의 항공 조종사가 될 것입니다.

질문: 지문의 제목으로 가장 알맞은 것은?

(a) 신참 조종사를 모집하는 지역 항공사
(b) 조종사가 되는 도전
(c) 조종사에 대한 경제적인 고려사항
(d) 조종사로써 구직하는 방법

[Joseph's Solution]

지문의 내용에 어울리는 제목을 묻고 있다. 서두에서, 비행기 조종사가 되기 위해서는 힘든 훈련과 강한 인내력이 필요하다고 설명하면서, 지문 전반에서 조종사 되는 방법을 단계별로 나누어 이루어야 하는 과제 및 성취조건 등을 열거하고 있다. 따라서 지문의 제목으로 가장 적절한 것은 (b)이다.

[Vocabulary]

threshold n. 한계점
ground school (조종사) 지상 이론 교육

log v. 항해[운항/비행]하다
commercial airline 상업(사업)용 민간 항공사
involve v. 포함하다, (필연적으로) 수반하다
availability n. 유효성, 유용성
aviation n. 항공
grueling a. 녹초로 만드는, 엄한
commuter airline 통근 항공

06.

They say a picture is worth a thousand words, and this is especially true of photojournalism. ①**The media and political leaders both recognized the importance of photojournalists during World War II, when pictures from warzones were used to sway public opinion, in support of or against issues.** Professional news photographers joined soldiers in combat to capture the consequences of war up close. Although people were often shocked by the images they saw in newspapers and magazines, photography brought the reality of battles home. ②**From then on, photojournalists played an important role in conflicts around the world, keeping the public informed and often influencing political decisions and elections.**

Q: What is the best title for the passage?

(a) Famous Photojournalists of World War II
(b) The Media's Portrayal of Violent Battles
(c) The Importance of Photojournalists
(d) Photography's Impact on Politics

[Translation]

미술품 한 점이 천 마디 말의 가치를 지닌다고들 하는데, 이는 특히 사진보도에 있어서 맞는말 입니다. ①**미디어와 정치 지도자들은 모두 2차 대전 중 교전지역의 사진이, 사안에 찬성하거나 반대하는, 여론을 뒤흔드는 데 사용되었을 때, 사진보도의 중요성을 알아차렸습니다.** 전문 뉴스 사진작가들은 전쟁의 결과를 바로 가까이에서 잡아내기 위해 전투병사에 합류했습니다. 비록 사람들이 종종 신문과 잡지에서 보는 그 이미지들로 인해 충격을 받았지만, 사진은 가정에 전투의 참상을 전달했습니다. ②**그때부터 보도 사진가들은, 대중들에게 정보를 계속적으로 전달하고 종종 정치적 결정과 선거에 영향을 주면서, 전 세계의 분쟁에 중요한 역할을 담당했습니다.**

질문: 지문의 제목으로 가장 알맞은 것은?

(a) 유명한 세계 2차 대전의 보도 사진사들
(b) 미디어의 폭력적 전투에 대한 묘사
(c) 보도 사진가들의 중요성
(d) 사진의 정치에 대한 영향

[Joseph's Solution]

지문의 내용을 포함할 수 있는 제목을 묻는 문제이다. 지문은 ①미디어와 정치 지도자들은 모두 2차 대전 중 사진보도의 중요성을 알아차렸는데, ②그때부터 보도 사진가들은 대중들에게 계속적으로 정보를 전달하고 정치에 영향을 주면서, 전 세계의 분쟁에 있어 중

요한 역할을 담당했다고 설명되어 있다. 따라서, 지문의 제목으로 가장 적절한 것은 (c)이다.

[Vocabulary]

photojournalism n. (잡지에서의) 사진 보도
warzone n. (공해의) 교전 지역
sway v. 흔들리다[흔들다]
consequence n. (발생한 일의) 결과
from then on 그때부터 계속해서
portrayal n. (그림, 책 등에서의) 묘사

Make-up Vocabulary

1.
[정답] effective

[해석] 최근 연구들은 블루베리가 발암성 세포 손상을 방지하는 산화 방지제를 가장 많이 공급해주며, 노화 방지에도 효과적일 수 있다고 보여주고 있습니다.

2.
[정답] boosting

[해석] 이는 뇌 세포의 건강을 증진시키는 것을 포함할 수 있는데, 그렇게 함으로써 기억 상실 및 어쩌면 노화와 관련 있는 질병인 치매를 예방해 줄 수 있습니다.

3.
[정답] recognized

[해석] 미디어와 정치 지도자들은 모두 2차 대전 중 교전지역의 사진이, 사안에 찬성하거나 반대하는, 여론을 뒤흔드는 데 사용되었을 때, 사진보도의 중요성을 알아차렸습니다.

4.
[정답] dismayed

[해석] 제 남편과 저는 최근 일어났던 몇몇 변화들로 인해 경악을 금치 못했던 당신네 음식점에서 만찬을 들었습니다.

5.
[정답] unpleasant

[해석] 특히, 우린 식탁보가 더럽고, 샐러드에 있던 양상추는 살짝 데쳐 있었으며 부엌에서는 불쾌한 냄새가 올라오고 있었다는 걸 알아챘습니다.

6.
[정답] include

[해석] 최근 Creative Story Journal에 투고해 주셔서 감사 드립니다. 비록 저희는 다음 6호 간행을 이미 계획해두었지만, 당신의 글을 10월 판에 포함시키고자 합니다.

7.
[정답] influencing

[해석] 그때부터 보도 사진가들은, 대중들에게 정보를 계속적으로 전달하고 종종 정치적 결정과 선거에 영향을 주면서, 전 세계의 분쟁에 중요한 역할을 담당했습니다.

8.

[정답] **requires**

[해석] 조종사가 되는 것은 흥미진진하게 들리는데, 이 직업은 상당한 훈련 및 스트레스에 대한 높은 인내를 필요로 합니다. 첫 번째 단계는 지상 이론 교육을 이수하고 적어도 250 시간의 비행 경력이 필요합니다.

9.

[정답] **availability**

[해석] 최상의 훈련을 갖춘 이들 조차, 최근의 경제 상황은 항공 산업이 특히 경제 요인에 의해 영향을 받기 때문에, 항공 관련 직종의 일자리에 크게 영향을 줄 것입니다.

10.

[정답] **chronic**

[해석] 새로운 치료제들은 이전 보다는 훨씬 안전하지만, 여전히 의존성과 금단 문제를 유발합니다. 만성적인 고통에 시달리는 사람들은 일생 동안 수면제가 필요함에도 불구하고, 대부분의 불면증 환자들은 단기간 동안만 치료제가 필요합니다.

11.

[정답] **approach**

[해석] 그러나 수면제가 불면증의 원인이 아닌 증상만을 다루기 때문에, 많은 의사들은 수면 문제를 다루는데 있어 최상의 접근은 인지행동적 치료라고 생각하는데, 인지행동적 치료는 사람들이 더 나은 수면 습관을 갖는 방법을 배우는데 도움을 주고 있습니다.

12.

[정답] **reality**

[해석] 비록 사람들이 종종 신문과 잡지에서 보는 그 이미지들로 인해 충격을 받았지만, 사진은 가정에 전투의 참상을 전달했습니다.

Answer Keys

01. (d) 02. (c) 03. (a) 04. (c) 05. (d) 06. (a)

01.

The Black Plague was the one of the worst epidemics in history wiping out one third of the population of Europe during the Middle Ages. ①**The plague is commonly referred to as the Black Death, but the disease came in three distinct forms.** The bubonic plague caused victims to have large, inflamed lymph nodes surrounding the neck, groin and armpits. ②**The swollen nodes generally turned black, hence the name of the disease.** The pneumonic plague affected the lungs, causing victims to cough up blood. The third strain, septicemic plague, caused high fever and excessive blood clotting which turned sufferers' skin a purple shade.

Q: According to the passage, why was the plague given the name "the Black Death"?

(a) It wiped out a vast amount of people in the Middle Ages.
(b) The various strains all affected different body parts.
(c) It usually caused victims' skin to change color.
(d) Dark lymph nodes were a symptom of one strain.

[Translation]
페스트는 중세 유럽인구의 3분의 1을 말살시킨 역사상 최악의 전염병 중 하나였습니다. ①페스트는 흔히 흑사병으로 불리지만, 이 질병은 뚜렷이 구별되는 세 가지 유형으로 유입되었습니다. 림프절 페스트는 환자에게 목, 사타구니 및 겨드랑이 주위 림프절에 광범위 염증을 유발시켰습니다. ②부어 오른 림프절이 보통은 검게 변했기에, 그러한 이름을 얻게 되었습니다. 폐렴형 페스트는 폐에 영향을 주어, 환자들은 기침 끝에 피를 토해내곤 했습니다. 세 번째 유형인, 폐혈증형 페스트는 고열과 환자의 혈색을 잿빛으로 만드는 과도한 혈병화를 일으켰습니다.

질문: 지문에 따르면, 그 전염병은 왜 "흑사병"이라는 이름을 얻게 되었나?

(a) 중세에 어마어마한 수의 인명을 앗아갔기 때문에
(b) 다양한 종류가 모두 신체의 다른 부위에 영향을 주었기 때문에
(c) 환자의 피부색을 변화시켰기 때문에
(d) 암색 림프절이 질병의 한 유형의 증상이었기 때문에

[Joseph's Solution]
지문의 세부사항을 묻는 문제이다. ①중세 유럽 전역에 퍼진 페스트가 흑사병이라는 별칭을 얻은 이유에 대해, 림프절 페스트의 한 증상인 ②변색이 그 이유였다고 밝히고 있다. 따라서 정답은 (d)이다.

[Vocabulary]

the Black Plague 페스트

epidemic n. 유행병, 유행성 (전염병)

wipe (sb/sth) out ~을 완전히 파괴하다[없애 버리다]

plague n. 전염병

the Black Death 흑사병

bubonic a. 서혜 임파선종의

(the) bubonic plague 림프절 페스트(가래톳 흑사병)

inflamed a. 신체 부위에 염증이 생긴

lymph node 림프[임파]절

groin n. 사타구니, 서혜부

armpit n. 겨드랑이

swollen a. (몸의 일부가) 부어오른

pneumonic a. 폐렴, 폐의

pneumonic plague 폐렴형 페스트

cough up ~을 내놓다[토해 내다]

strain n. (질병 등의) 종류[유형]

septicemic plague 패혈증형 흑사병

blood clotting 혈병화(응혈(凝血) 과정; 혈액이 혈관 밖으로 나온 경우에 응고하여 암적색의 단단한 것으로 되는 현상)

02.

If you are a busy mom, Wash-It-Right 3-in-1 Laundry Sheets are the answer to your prayers. ①**With Wash-It-Right 3-in-1 laundry has never been easier. ② One powerful sheet contains a load's worth of detergent, softener, and anti-static.** Simply drop the sheet into your washer along with your dirty clothes, and the detergent is released in the wash cycle. Then transfer everything to your dryer. The heat activates the sheet's stripe, which softens and removes static from your clothes. With 3-in-1 sheets, you can say goodbye to the annoyance of bulky bottles, the hassle of measuring, and the cost of separate products.

Q: According to the ad, what are the benefits of Wash-It-Right laundry sheets?

(a) They clean clothes better than other products.
(b) They are non-hazardous and environmentally friendly.
(c) They reduce the number of products needed for laundry.
(d) They cut down the amount of water the washer uses.

[Translation]
바쁜 엄마시라면, 한번 사용으로 세가지 효과를 내는 Wash-It-Right 세탁용 시트가 여러분의 기도에 대한 응답이 되어드립니다. ① Wash-It-Right 3-in-1만 있으면 세탁이 이렇게 쉬울 수 없습니

다. ②강력한 1장에는 한 번 사용량에 해당하는 세제, 섬유 유연제 및 정전기 방지제가 들어 있습니다. 시트를 그저 빨래감이 들어있는 세탁기에 넣어 주시면, 세제는 세탁 회전단계에서 풀립니다. 그리고 나서 건조기로 옮겨주세요. 열은 시트 줄무늬를 활성화하는데, 이는 유연하게 하여 의복에 있는 정전기를 없애줍니다. 3-in-1시트로, 들기도 버거운 용기, 번거로운 계량 그리고 개별 제품 구입비용으로 인한 성가심에 작별을 고하실 수 있습니다.

질문: Wash-It-Right 3-in-1의 이점은 무엇인가?

(a) 기타 제품들보다 의류를 더 잘 세탁한다.

(b) 유해성이 없고 환경 친화적이다.

(c) 세탁에 필요한 제품 수를 줄여준다.

(d) 세탁기가 쓰는 물의 양을 낮춘다.

[Joseph's Solution]
세부정보(Wash-It-Right 3-in-1의 이점)를 묻는 문제이다. ①해당 제품은 세탁을 더할 나위 없이 용이하게 하는데, ②한 번 사용으로 3가지 별도 제품들(세제, 섬유 유연제 및 정전기 방지제)이 내는 효과를 얻을 수 있기 때문이다. 본 제품을 사용하면 별도 제품을 구매할 필요가 없게 되므로, 이를 포함하는 내용의 (c)가 정답이다.

[Vocabulary]
3-in-1 세 가지가 하나에 포함된, 한번에 세가지 효과를 얻는

prayer n. 기도 (내용)

detergent n. 세제

softener n. (세탁 때 넣는) 섬유 유연제

antistatic n. 정전기 방지제

static n. 정전기, 공전

bulky a. 물건이 부피가 큰[커서 옮기기 힘든]

hassle n. 귀찮은[번거로운] 상황[일]

non-hazardous a. 비유해성의

friendly a. 우호적인, 친화적인

03.

Archold Products is looking for current college students to be Campus Brand Managers. You will be responsible for creating a buzz and building the Archold brand on your college campus. More specifically, your objective will be to gain 1,000 users through word of mouth, distributing flyers and other grassroots marketing efforts. You'll also raise awareness through digital flyers and social media sites. ①**You will gain great marketing skills as well as public relations experience by talking to campus leaders, student organizations, and local media outlets. ②With current marketing trends shifting toward social media and personalization, our team will prepare you for a future in business, and you will have fun doing it!**

Q: Which is a reason for becoming a Campus Brand Manager?

(a) You will gain skills that can carry over into a career.

(b) You will improve your popularity amongst your peers.

(c) You will become a more involved student on your campus.

(d) You will learn how to network better on social media sites.

[Translation]
Archold Products사는 교내 브랜드 관리자가 될 대학 재학생 여러분을 기다립니다. 여러분은 입소문을 내어 자신이 다니는 대학 캠퍼스에 Archold 브랜드를 구축하는 일을 책임지게 됩니다. 좀 더 구체적으로 이야기 하자면, 여러분의 목표는 입소문, 전단지 배포 및 그 외 풀뿌리 마케팅 활동을 통해 구매자 천명을 얻는 것입니다. 또한 디지털 전단 및 사회 미디어 사이트를 통해 인식을 높이셔야 합니다. ①여러분은 캠퍼스 대표, 학생 동아리 및 지역 언론 매체와 대화하면서 마케팅 기술뿐 아니라 홍보 경력을 쌓게 될 것입니다. ②사회 미디어와 개인화로 최근 마케팅 추세가 이동함에 따라, 우리 팀은 여러분이 앞날의 비즈니스를 대비하게 준비시킬 것이며, 여러분은 근무하면서 즐기게 될 것입니다!

질문: 다음 중 교내 브랜드 관리자가 되어야 하는 이유는 무엇인가?

(a) 직업에까지 이어갈 기술을 얻을 수 있다.

(b) 동년배들 사이에서 인기를 높일 수 있다.

(c) 자신의 캠퍼스에 관여도 높은 학생이 될 것이다.

(d) 사회 미디어 사이트에서 소통을 보다 잘 하는 방법을 배울 것이다.

[Joseph's Solution]
지문은 채용 공고문으로, 질문에서 요구하는 세부정보를 찾는 문제이다. ①에서 학생들이 캠퍼스 브랜드 관리자로 활동하게 되면 마케팅 기술뿐 아니라 홍보 경력을 쌓을 수 있는데, 해당 회사에서 지향하는 마케팅 수단이 ②최근 마케팅 추세와 맞아 학생들에게 미래를 대비할 수 있는 기회가 될 것이라 설명하고 있다. 따라서 정답은 (a)이다.

[Vocabulary]
buzz n. 웅성거림, 소문

grass roots 민초, 보통 사람들[구성원들]

social media 사회(적) 매체

awareness n. (무엇의 중요성에 대한) 의식[관심]

public relation 홍보[공보](활동)

media outlet 언론 매체, 언론사

personalization n. 개인화

carry over into ~에까지 이어지다

peer n. (사회적·법적으로) 지위가 동등한 사람, 필적하는 사람

04.

Lise Meitner was a prominent Austrian physicist who worked in nuclear physics in the early 1900s.
①**She and her colleague, Otto Hahn, discovered nuclear fission; however, in 1944, only Hahn was awarded a Nobel Prize for his achievement. ②Meitner became another of many women whose achievements were ignored by the Nobel committee.** Meitner and Hahn had studied nuclear

reactivity together for thirty years, combining her knowledge of physics with his knowledge of chemistry. The Nobel committee never acknowledged any prejudice. Still, Meitner received several notable achievements for her nuclear fission work from other sources, including the Enrico Fermi Award. She even had an element named in her honor.

Q: What is the reason that Meitner did not win the Nobel Prize?

(a) She did not do as much work on the project as her colleague.

(b) Her previous accomplishments put her out of the running.

(c) As a woman in the sciences, she was a victim of sexism.

(d) The Nobel committee did not accept work in nuclear fission.

[Translation]

Lise Meitner는 1900년대 초 핵물리학계에서 연구하던 오스트리아 출신의 걸출한 물리학자였습니다. ①그녀와 그녀의 동료였던, Otto Hahn은 핵분열을 밝혀냈지만; 1994년, Hahn만이 공적을 인정받아 노벨상을 수상했습니다. ②Meitner는 노벨상 위원회로부터 공적을 외면당했던 수 많은 여성들 중 하나가 되었습니다. Meitner와 Hahn은 핵 반응도를 30년간 함께 연구하면서 그녀의 물리학에 대한 지식은 Hahn의 화학에 대한 지식과 결합되었습니다. 노벨상 위원회는 어떠한 편견도 사실로 인정하지 않았습니다. 그럼에도 불구하고, Meitner는 Enrico Fermi상을 비롯한 다른 시상기구로부터 핵분열 연구에 대한 뛰어난 공적을 인정받았습니다. 그녀는 그녀에게 경의를 표하는 의미에서 자신의 이름으로 명명된 화학원소 조차 있었습니다.

질문: Meitner가 노벨상을 수상하지 못한 이유는 무엇인가?

(a) 그녀는 동료들이 해당 프로젝트에 쏟은 만큼 노력을 보이지 않았다.

(b) 그녀가 이전에 이룬 업적들이 그녀를 실격시켰다.

(c) 과학계의 여성으로서, 그녀는 성차별의 희생자였다.

(d) 노벨상 위원회는 핵분열에 대한 업적을 인정하지 않았다.

[Joseph's Solution]

Meitner가 노벨상을 수상하지 못한 이유를 묻는 문제이다. ① Meitner는 남성 동료와 함께 연구를 했지만 노벨상은 동료에게 돌아갔는데, 이는 ②당시 학계에 만연했던 성차별적인 보수성향 때문이라고 설명되어 있다. 따라서 정답은 (c)이다.

[Vocabulary]

prominent a. 두드러진, 유명한

nuclear physics 핵물리학

nuclear fission [물리] 핵분열

nuclear reactivity [물리] (원자로의) 핵 반응도

prejudice n. 편견

still adv. 그런데도, 그럼에도 불구하고

notable a. 주목할 만한, 눈에 띄는; 중요한, 유명한

Enrico Fermi Award 에너지 과학 및 기술 관련 업적에 대해 국제적으로 그 위상을 인정받은 과학자들에게 수여되는 대통령 상으로, 美 정부 산하 에너

지성에서 주최

out of the running 이미 고려되지 않는, 실격 당한

05.

Galileo, one of the most famous leaders of the Scientific Revolution, was an inventor, physicist, mathematician, astronomer, and philosopher. His numerous accomplishments brought him fame in his lifetime, and today he is considered the father of modern science. ①**He is best known for his accurate astronomical studies, which generated a lot of controversy in his time. ②Based on calculations using a telescope, Galileo determined that the Earth and all the planets revolved around the sun.** This contradicted the widely held view at the time that everything in the universe revolved around the Earth. The Catholic Church, in response to the publication of Galileo's theory, found him guilty of heresy and confined him to house arrest for the rest of his life.

Q: According to the passage, what was Galileo's most significant accomplishment?

(a) He calculated the speed of the Earth's revolutions around the sun.

(b) He invented many useful tools for astronomical studies.

(c) He proved that the teachings of the Catholic Church were wrong.

(d) He determined that the sun was the center of the universe.

[Translation]

과학 혁명의 가장 잘 알려진 대표자 중 하나인 Galileo는 발명가인 동시에, 물리학자, 수학자, 천문학자이며 철학자였습니다. 그의 수없이 많은 업적들은 그의 일생에 명성을 안겨줬으며, 오늘날 현대 과학의 아버지로 간주되고 있습니다. ①그는 정밀한 천문학 연구로 가장 잘 알려져 있는데, 이는 당대에 많은 논란을 일으켰습니다. ② 천체 망원경을 사용한 계산에 기인하여, Galileo는 지구와 모든 행성은 태양 주변을 회전한다는 것을 밝혀냈습니다. 이는 우주의 만물은 지구를 중심으로 돌고 있다라는 당대 만연했던 견해와는 모순이 되었습니다. 가톨릭 교회는 Galileo이론의 출판에 대해 그를 이단 죄로 평결하고 여생 동안 집에 감금시켰습니다.

질문: 지문에 따르면, Galileo의 가장 지대한 업적은 무엇인가?

(a) 그는 태양을 축으로 한 지구 공전 속도를 계산했다.

(b) 그는 천문학 연구를 위한 많은 유용한 도구를 발명했다.

(c) 그는 가톨릭 교회의 가르침은 그르다는 것을 증명했다.

(d) 그는 태양이 우주의 중심이라는 것을 밝혀냈다.

[Joseph's Solution]

지문을 읽고 갈릴레오의 가장 위대한 업적을 찾아야 한다. ①갈릴레오는 당대에는 많은 논란을 일으켰던 천문학 연구로 가장 잘 알려져 있는데, ②그 연구로 지구의 공전을 알아냈다고 설명하고 있다. 따

라서 보기에서 이와 관련된 내용의 (d)가 정답이다.

06.

The powerful Incan Empire constructed the city Machu Picchu on a mountaintop in the mid-1400s. But it was abandoned a little over 100 years later and remained unknown to the world until it was rediscovered in 1911. ①**Built 2,340 meters above sea level on a mountain ridge, the purpose of Machu Picchu has intrigued archaeologists.** Some claim that it was built to honor the birthplace of the Incan sun gods, while others believe that the structure of both the mountains and the city itself corresponded to important astronomical events. Still another theory asserts that the mountain city was an Incan prison. ②**The origin of Machu Picchu may never be determined,** but the mystery surrounding it helps make it Peru's most visited tourist attraction.

Q: Why are archaeologists intrigued by Machu Picchu?

(a) Because its function is uncertain.
(b) Because it is high in the mountains.
(c) Because it was abandoned by the Incans.
(d) Because it is a famous tourist.

[Translation]
강대했던 잉카 제국은 1400년대 중반 Machu Picchu라는 도시를 산 정상에 건설했습니다. 그러나 그것은 100년이 조금 지나 버려져 1911년 재발견 되기 전까지 세상에 알려지지 않은 채 남아있었습니다. ①**해발 2,340 미터 산마루에 건축된, Machu Picchu의 목적은 고고학자들에게 호기심을 불러일으켰습니다.** 혹자는 산과 도시 자체의 구조는 중요한 천문학적 사건들과 일치했다고 생각하는 반면, 일부는 잉카 태양 신들의 출생지를 찬미하려고 도시가 지어졌다고 주장하고 있습니다. 그럼에도 또 다른 가설은 산에 있는 그 도시는 잉카의 교도소였다고 역설하고 있습니다. ②**Machu Picchu의 기원은 결코 밝혀지지 않을지 모르지만,** 이를 둘러싼 미스터리는 그곳을 페루에서 가장 관광객이 많이 방문하는 관광 명소로 만드는 데 일조하고 있습니다.

질문: 왜 고고학자들은 Machu Picchu에 흥미를 느끼는가?

(a) 그 기능이 불확실하기 때문에

(b) 그것이 산 위에 높이 위치해 있기 때문에
(c) 그것이 잉카인들에 의해 버려졌기 때문에
(d) 그것이 유명한 관광 명소이기 때문에

[Joseph's Solution]
지문에서 고고학자들이 Machu Picchu에 흥미를 느끼는 이유를 찾아야 한다. ①산마루에 건축된, Machu Picchu은 그 건축 목적이 ②밝혀지지 않았기에 ①고고학자들에게 호기심을 불러일으키고 있다고 설명되어 있다. 따라서 '그 기능이 불확실하다'는 (a)가 정답이다.

Make-up Vocabulary

1.

[정답] **epidemics**

[해석] 페스트는 중세 유럽인구의 3분의 1을 말살시킨 역사상 최악의 전염병 중 하나였습니다.

2.

[정답] **numerous**

[해석] 과학 혁명의 가장 잘 알려진 대표자 중 하나인 Galileo는 발명가인 동시에, 물리학자, 수학자, 천문학자이며 철학자였습니다. 그의 수 없이 많은 업적들은 그의 일생에 명성을 안겨줬으며, 오늘날 현대 과학의 아버지로 간주되고 있습니다.

3.

[정답] **controversy**

[해석] 그는 정밀한 천문학 연구로 가장 잘 알려져 있는데, 이는 당대에 많은 논란을 일으켰습니다.

4.

[정답] **combining**

[해석] Meitner와 Hahn은 핵 반응도를 30년간 함께 연구하면서 그녀의 물리학에 대한 지식은 Hahn의 화학에 대한 지식과 결합되었습니다.

5.

[정답] **removes**

[해석] 시트를 그저 빨래감이 들어있는 세탁기에 넣어 주시면, 세제는 세탁 회전단계에서 풀립니다. 그리고 나서 건조기로 옮겨주세요. 열은 시트 줄무늬를 활성화하는데, 이는 유연하게 하여 의복에 있는 정전기를 없애줍니다.

6.

[정답] **affected**

[해석] 폐렴형 페스트는 폐에 영향을 주어, 환자들은 기침 끝에 피를 토해내곤 했습니다. 세 번째 유형인, 폐혈증형 페스트는 고열과 환자의 혈색을 잿빛으로 만드는 과도한 혈병화를 일으켰습니다.

7.

[정답] **abandoned**

[해석] 강대했던 잉카 제국은 1400년대 중반 Machu Picchu라는 도시를 산 정상에 건설했습니다. 그러나 그것은 100년이 조금 지나 버려져 1911년 재발견 되기 전까지 세상에 알려지지 않은 채 남아있었습니다.

8.

[정답] **structure**

[해석] 혹자는 산과 도시 자체의 구조는 중요한 천문학적 사건들과 일치했다고 생각하는 반면, 일부는 잉카 태양 신들의 출생지를 찬미하려고 도시가 지어졌다고 주장하고 있습니다.

9.

[정답] **easier**

[해석] 바쁜 엄마시라면, 한번 사용으로 세가지 효과를 내는 Wash-It-Right 세탁용 시트가 여러분의 기도에 대한 응답이 되어드립니다. Wash-It-Right 3-in-1만 있으면 세탁이 이렇게 쉬울 수 없습니다.

10.

[정답] **intrigued**

[해석] 해발 2,340 미터 산마루에 건축된, Machu Picchu의 목적은 고고학자들에게 호기심을 불러일으켰습니다.

11.

[정답] **confined**

[해석] 가톨릭 교회는 Galileo 이론의 출판에 대해 그를 이단 죄로 평결하고 여생 동안 집에 감금시켰습니다.

12.

[정답] **awareness**

[해석] 또한 디지털 전단 및 사회 미디어 사이트를 통해 인식을 높이셔야 합니다. 여러분은 캠퍼스 대표, 학생 동아리 및 지역 언론 매체와 대화하면서 마케팅 기술뿐 아니라 홍보 경력을 쌓게 될 것입니다.

Answer Keys

01. (b) 02. (b) 03. (a) 04. (b) 05. (c) 06. (a)

01.

Dear Customer,

James River Furniture invites you to attend our spring preview sale this weekend. ①**This invitation is going out to our preferred customers only and will give you the opportunity to purchase the latest in home design.** We recently returned from our Milan buying trip and are excited to bring you the best in Italian furniture. Among our items are unique lamps and the finest leather sofas, at prices and quality that cannot be found anywhere else. ② **So be sure to take advantage of this special sale, and you'll also receive a surprise gift with each purchase over $500.** Drop by and see for yourself why James River Furniture is our city's finest interiors store.

Sincerely,
Mary and Daniel Cobb
Owners, James River Furniture

Q: What information does the letter give about the sale?

(a) A gift will be given to all customers.
(b) The sale is not open to the public.
(c) The items will be deeply discounted.
(d) The items will be shipped from Italy.

[Translation]

고객님께,

James River 가구는 이번 주에 열리는 봄 정기 신상품 프리뷰 판매 행사에 여러분을 초대합니다. ①초대장은 오직 저희 우대 고객 분들께만 발송될 예정이며 홈 디자인으로 된 최신상품을 구매하실 수 있는 기회를 제공해 드립니다. 최근 Milan 매입여행에서 돌아와 여러분에게 이탈리아 가구의 최상품들을 보여주게 되어 기쁩니다. 아이템들 중에서 독특한 램프들과 최상의 가죽 쇼파들은 다른 어떤 곳에서도 찾아볼 수 없는 가격과 품질을 자랑합니다. ②그러니 반드시 이 특별 판매행사 기회를 활용하시어, 500달러 이상 구매시 주어지는 깜짝 선물도 받아가실 수 있기를 바랍니다. 왜 James River 가구는 우리 시에서 가장 좋은 인테리어점인지 들러서 직접 눈으로 확인하세요.

마음으로부터,
Mary와 Daniel Cobb
James River 가구 사장

질문: 편지는 세일에 대해 어떤 정보를 제공하는가?

(a) 모든 고객에게 선물이 주어질 것이다.

(b) 판매는 일반에게는 개방되지 않는다.
(c) 판매 상품은 크게 할인되어질 것이다.
(d) 판매 상품은 이탈리아에서 배송될 것이다.

[Joseph's Solution]

편지에서 제공하는 정보를 묻는 문제이다. ①에서 초대장은 오직 우대 고객 분들께만 방송된다고 기술되어 있으므로, 정답은 (b)가 된다. ②에서 구매고객에 한하여 사은품이 주어진다고 했으므로, (a)는 답이 될 수 없으며, (c)와 (d)의 내용은 지문에 언급된 바 없다.

[Vocabulary]

preferred customer 우대 고객
preview n. 시사평, 시사회
opportunity n. 기회
latest a. 최근의
unique a. 독특한, 특이한

02.

Dear Neighbors,

Our neighborhood Independence Day celebration will be held on Saturday, July 4 from 4:00 p.m. onwards, at the playground on the corner of Douglas and Spruce Streets. ①**Like last year's event, it is a potluck buffet, but this year we are also asking for volunteers to organize games for children.** The Neighborhood Association will provide grills and charcoal plus plates, cups and utensils. Please contact Sherry Underwood for the food sign-up sheet or to handle the games. Whatever you decide to bring, remember that it should be enough for around twenty-five people. ②**We also ask that if you have not paid your association dues yet, please do so before June 30.** Your contribution helps make these events possible.

Sincerely,
Bonnie Castelnuovo, President
Spruce Neighborhood Association

Q: What does the letter ask the neighbors to do?

(a) Pick a location for this year's celebration
(b) Pay their association dues before the picnic
(c) Bring grills and charcoal to the celebration
(d) Notify if they will not be able to attend

[Translation]

주민 여러분께,

우리 지역 독립일 기념행사는 7월 4일 토요일 오후 4시부터 Douglas가와 Spruce가 모퉁이에 있는 놀이터에서 열릴 예정입니다. ①작년 행사처럼, 음식을 서로 가져와 뷔페식으로 진행하지만, 올해는 아이들을 위한 게임을 준비해 주실 자원봉사자 또한 요청합니다. 지역 주민 협회는 그릴과 숯은 물론 접시, 컵을 비롯한 조리

도구를 제공해 주실 겁니다. 부디 음식 신청과 게임과 관련해서는 Sherry Underwood에게 연락하십시오. 어떤 것을 가져오시기로 결정하시든, 25인분으로 충분해야 한다는 것을 잊지 마시기 바랍니다. ②또한 아직까지 회비를 내지 않으셨다면, 6월 30일 이전에 납부하여 주시기 바랍니다. 여러분의 참여가 이 행사를 가능하게 만들도록 도와줄 것입니다.

진심으로,
Bonnie Castelnuovo 협회장
Spruce 지역주민협회

질문: 편지는 주민들에게 무엇을 해 달라고 부탁하고 있는가?

(a) 올해 기념행사에 사용할 장소를 선정하기

(b) 야외 행사 전 협회비를 납부하기

(c) 그림과 숯 가져오기

(d) 참석 불가인 경우 알려주기

[Joseph's Solution]

편지에서 요청하고 있는 내용이 무엇인지 묻고 있다. 지역주민협회의 협회장이 주민에게 보내는 이 글은, 독립기념일 기념행사를 위해 주민들에게 ①음식 가져오기와, 아이들을 위한 게임을 준비할 지원하기와 더불어 ②협회비 납부를 요청하고 있다. 따라서, 정답은 (b)가 된다.

[Vocabulary]

celebration n. 기념[축하] 행사

association n. 협회

onwards adv. (특정 시간부터) 계속

potluck n. (여러 사람들이) 각자 음식을 조금씩 가져 와서 나눠 먹는 식사

utensil n. (가정에서 사용하는) 기구

sign-up n. 신청, 서명

due n. 회비, 요금

03.

Dance takes numerous forms, but one of the most unusual styles is Kathakali dance from southern India. **①It combines dance with not only music, but also painting, acting, mime, and literature.** Interestingly, Kathakali is believed to have its origins in a political rivalry. When the ruler of a southern Indian city was refused permission to borrow a neighboring city's dance troupe, he decided to assemble a new group of performers, thus giving birth to Kathakali. **②Originally, Kathakali told 101 different Hindu stories and performances lasted the entire night. ③The modern public does not have the patience or time for these marathon spectacles, so Kathakali today is usually condensed to two to four hours.**

Q: What is special about Kathakali?

(a) It involves choreographed movement and other artistic forms.

(b) Performances take place intermittently throughout the day.

(c) Its themes focus on political satire that mocks current events.

(d) Contemporary audiences are able to see all the stories performed.

[Translation]

춤은 여러 형태를 취하지만, 가장 독특한 스타일 중 Kathakali 라는 남부 인도의 춤이 있습니다. ①이 춤은 춤사위에 음악뿐 아니라 회화, 율동, 마임 및 문학을 결합시킵니다. 흥미롭게도, Kathakali는 정치적인 경쟁의식에 그 발생 기원이 있다고 여겨지고 있습니다. 남부 인도에 있는 한 도시의 통치권자가 인근 도시의 댄스 공연단을 빌려주겠다는 허락이 떨어지지 않게 되었을 때, 그는 새로운 공연자들로 구성된 그룹을 모으기로 작정하여, Kathakali에 탄생하게 되었습니다. ②원래, Kathakali는 101가지의 힌두교 이야기를 들려주고 밤새 공연을 이어나갔습니다. ③현대의 관객들은 그 만한 인내심이나 시간이 없어, 요즘 Kathakali는 대개 2시간에서 4시간으로 압축되어 있습니다.

질문: Kathakali와 관련하여 특별한 점은?

(a) 그것은 짜여진 안무의 움직임과 기타 예술 양식들과 관련이 있다.

(b) 공연은 하루에 간간이 진행된다.

(c) 그것의 주제는 시사를 조롱하는 정치적 풍자에 중점을 두고 있다.

(d) 현대의 관객들은 공연되는 모든 이야기를 볼 수 있다.

[Joseph's Solution]

Kathakali의 특별한 점에 대해 묻고 있다. ①에서 이 춤은 춤사위에 음악뿐 아니라 회화, 율동, 마임 및 문학을 결합시키고 있다고 밝히고 있으므로 정답은 (a)가 된다. 보기 (b)와 (d)는 ③에서 언급된 정보를 잘못 전달하고 있으며, ②에서 Kathakali의 내용은 101가지의 힌두교 이야기로 구성되어 있다고 나와 있기 때문에 (c)는 답이 될 수 없다.

[Vocabulary]

rivalry n. 경쟁 (의식)

troupe n. 공연단, 극단

marathon n. 마라톤 같은[오랜 인내/노력을 요하는] 일

spectacle n. (굉장한) 구경거리[행사]

condense v. (글이나 정보를) 압축하다

choreograph v. 안무를 하다, (쇼 등을) 연출하다

intermittently adv. 간간이, 간헐적으로

satire n. 풍자

mock v. (특히 흉내를 내며) 놀리다[조롱하다]

current events 시사, 시사 문제 연구

04.

Dear Parents,

I'm writing to provide you with an update on the recent outbreak of several contagious diseases on our school campus. As you know, during the winter season everyone is more susceptible to colds and flu. In addition to the usual coughs and fevers we see at this time of the year, five of our students in the elementary school were diagnosed with chicken pox last week and six students in the middle and

high schools have come down with mumps. ①
**We therefore ask you to be especially vigilant
regarding your child's health. ②If your son or
daughter has a fever, or shows any symptoms of
these illnesses, please make an appointment with
your family doctor immediately before returning
to school.**

Sincerely,
Gail Gardner
Director

Q: What does the letter request from parents?

(a) Arrange an appointment with a doctor after school.

**(b) Carefully observe their children for signs of
illness.**

(c) Pay attention to reports about mumps and chicken
pox.

(d) Talk to the school director when a student has a
fever.

[Translation]

학부모님께,
저는 학부모님들께 최근 우리학교 캠퍼스 내 퍼진 전염성 질환의 발
생에 대한 최신 정보를 알려드리고자 글을 올립니다. 아시다시피,
동계기간 동안 누구나 감기며 독감에 걸리기 쉽습니다. 우리가 이맘
때쯤 보게 되는 평소 기침과 발열 외에, 우리 초등학교 학생 5명이
지난 주에 수두 진단을 받았고 중 고등학교 학생 6명이 볼거리에 걸
려 있습니다. ①이런 이유로 저희는 부모님들께서 자녀의 건강에 대
해 각별한 주의를 당부 드리는 바 입니다. ②자녀가 발열이 있거나,
말씀 드린 질병의 증세를 보이면, 학교로 돌려보내시기 전에 부디
즉시 주치의와 상담예약을 해두십시오.

진심으로,
Gail Gardner
학교장

질문: 편지는 학부모들에게 무엇을 하도록 요청하는가?

(a) 방과 후 의사 진찰예약 잡기
(b) 질환의 증후가 있는지 조심스럽게 아동을 관찰하기
(c) 볼거리 및 수두에 대한 보고서에 관심을 가지기
(d) 학생이 열이 날 때 학교장과 면담하기

[Joseph's Solution]

학교장이 보낸 편지에서 학부모에게 요청하고 있는 내용이 무엇인
지 묻고 있다. 서두에서, 학교장은 몇몇 학생들이 유행성 질병에 걸
려있기에 ①각 가정의 부모들은 자녀의 건강에 대해 각별히 주의를
기울이고 ②자녀가 증세를 보이면, 병원에서 먼저 진찰을 받게 하라
고 당부를 하고 있다. 따라서 보기 중 학교장의 요청은 (b)가 된다.

[Vocabulary]

outbreak n. (질병 등의) 발생[발발]

contagious a. 전염되는, 전염성의

be susceptible to ~에 걸리기 쉽다

flu n. 독감

chicken pox n. 수두

come down with ~(전염)병에 걸리다

---

mumps n. 볼거리, 유행성 이하선염

vigilant a. 경계하고 있는, 방심하지 않는

05.

Humans have always had an impact on their
environment. With an increased world population and
continuing development, the effects today are even
more significant. This can be seen in the migratory
patterns of two types of seabirds. Instead of following
the natural patterns of fish in the oceans, these birds
now seek out the fish that people throw away. ①
**Fishermen are inadvertently transforming the
foraging habits of birds by providing them with an
easily available food source.** Human exploitation
of local resources could have serious implications for
the worldwide movements of animals and unexpected
ecological consequences.

**Q: Which of the following is correct according to
the passage?**

(a) Fishing is destroying the seabirds' habitat.
(b) Humans help animals by feeding them scraps.
(c) Animals are becoming reliant on humans for food.
(d) Humans are now consuming less seafood.

[Translation]

인간은 항상 환경에 영향을 주어 왔습니다. 세계 인구 증가 및 지속
적인 개발로 인해, 오늘날 그 결과는 훨씬 더 상당합니다. 이는 두
종의 바닷새 이동 패턴에서도 확인할 수 있습니다. 해양에 있는 어
류의 자연적 패턴을 따르는 대신에, 이 새들은 지금 사람들이 던져
주는 물고기를 찾고 있습니다. ①어부들은 무심코 그들에게 쉽게 구
할 수 있는 먹이 공급처를 제공함으로써 새들의 먹이 채집 방식을
변화시키고 있습니다. 인간의 지역 자원 개발은 세계적으로 나타나
는 동물의 움직임과 예상치 못한 생태학적 결과에 대해 심각하게 관
련이 있을 수 있습니다.

질문: 지문에 따르면, 다음 중 옳은 것은?

(a) 어획은 바닷새들의 서식지를 파괴하고 있다.
(b) 인간은 부스러기를 먹임으로써 동물들을 돕는다.
(c) 동물은 먹이에 대해 인간에게 의존적이 되어간다.
(d) 인간은 이제 수산물을 덜 소비하고 있다.

[Joseph's Solution]

지문은 인간이 항상 환경에 영향을 주는데, 인구증가와 개발로 인해
그 영향은 더욱 지대하다고 하면서, 바닷새의 먹이 습득 패턴 변화
를 예로 들어 예상치 못한 생태학적 결과의 심각성을 알리고 있다.
정답은 자연적인 이동 패턴을 버리고 먹이 습득 방식을 의존적으로
변화되고 있다는 내용의 (c)가 된다.

[Vocabulary]

migratory a. 이주[이동]하는

seabird n. 바닷새, 해조

inadvertently adv. 무심코, 우연히, 부주의로

foraging a. 수렵 채집 (생활)의

exploitation n. 개척, 개발

implication n. 밀접한 관계, 관련

scrap n. 쓰레기, 부스러기

06.

We are currently organizing an exhibition of original photographs by employees. ①**The theme of the exhibition is "places and faces."** We invite all employees who would like to participate to choose two of their favorite photographs that reflect this theme. Photos should not be larger than 24″×36″. Frank's Photos will handle framing and mounting. The opening reception for the exhibition will take place on March 15, with snacks and drinks provided. All employees are welcome to bring up to four guests. During the reception, you will also have the opportunity to vote for your favorite picture. The winner will receive a $100 gift certificate from Frank's Photos.

Q: Which of the following is correct according to the passage?

(a) Photos must be of people.
(b) Guests can submit photos.
(c) The gift certificate is for framing.
(d) The reception is open to the public.

[Translation]

우리는 최근 직원들이 작업한 원본 사진 전시회를 준비하고 있습니다. ①전시회의 주제는 "장소와 얼굴들"입니다. 우리는 이 주제를 반영하는 자신이 가장 좋아하는 사진들 중 두 점을 선정하는데 참여하길 원하는 모든 직원분들을 모십니다. 사진은 24cm x 36cm 보다 커서는 안됩니다. Frank's Photos는 액자 틀을 만들고 끼우는 일을 할 것입니다. 다과와 음료가 제공되는 전시회의 개회 리셉션은 3월 15일에 열립니다. 모든 직원분들은 4명의 손님까지 동반하실 수 있습니다. 리셉션 동안, 자신이 가장 좋아하는 사진에 투표할 기회 역시 주어집니다. 우승하신 분은 Frank's Photos에서 제공하는 100달러 상품권을 받게 되실 겁니다.

질문: 지문에 따르면, 다음 중 옳은 것은?

(a) 사진은 반드시 인물이 들어 있어야 한다.
(b) 손님들은 사진을 제출할 수 있다.
(c) 상품권은 구성을 위한 것이다.
(d) 리셉션은 대중에게 공개된다.

[Joseph's Solution]

주어진 정보에 근거하여 논리적으로 적절한 답을 유추하는 추론 문제이다. ①에서 전시회의 주제는 장소와 얼굴이라고 했으므로, 사진에는 이 두 가지 소재가 모두 포함되어야 한다. 따라서 정답은 (a)가 된다.

[Vocabulary]

mount v. 끼우다[고정시키다]

gift certificate 상품권

exhibition n. 전시회

participate v. 참가하다, 참여하다

framing n. 구성, 틀, 테

Make-up Vocabulary

1.

[정답] latest

[해석] 초대장은 오직 저희 우대 고객 분들께만 방송될 예정이며 홈 디자인으로 된 최신상품을 구매하실 수 있는 기회를 제공해 드립니다.

2.

[정답] effects

[해석] 인간은 항상 환경에 영향을 주어 왔습니다. 세계 인구 증가 및 지속적인 개발로 인해, 오늘날 그 결과는 훨씬 더 상당합니다.

3.

[정답] organize

[해석] 작년 행사처럼, 음식을 서로 가져와 뷔페 식으로 진행하지만, 올해는 아이들을 위한 게임을 준비해 주실 자원봉사자 또한 요청합니다.

4.

[정답] unusual

[해석] 춤은 여러 형태를 취하지만, 가장 특이한 스타일 중 Kathakali 라는 남부 인도의 춤이 있습니다.

5.

[정답] susceptible

[해석] 저는 학부모님들께 최근 우리학교 캠퍼스 내 퍼진 전염성 질환의 발생에 대한 최신 정보를 알려드리고자 글을 올립니다. 아시다시피, 동계기간 동안 누구나가 감기며 독감에 걸리기 쉽습니다.

6.

[정답] patience

[해석] 현대의 관객들은 그 만한 인내심이나 시간이 없어, 요즘 Kathakali 는 대개 2시간에서 4시간으로 압축되어 있습니다.

7.

[정답] exploitation

[해석] 인간의 지역 자원 개발은 세계적으로 나타나는 동물의 움직임과 예상치 못한 생태학적 결과에 대해 심각하게 관련이 있을 수 있습니다.

8.

[정답] illnesses

[해석] 이런 이유로 저희는 부모님들께서 자녀의 건강에 대해 각별한 주의를 당부 드리는 바 입니다. 자녀가 발열이 있거나, 말씀 드린 질병의 증세를 보이면, 학교로 돌려보내시기 전에 부디 즉시 주치의와 상담예약을 해두십시오.

9.

[정답] participate

[해석] 우리는 이 주제를 반영하는 자신이 가장 좋아하는 사진들 중 두 점을 선정하는데 참여하길 원하는 모든 직원분들을 모십니다.

10.

[정답] take place

[해석] 다과와 음료가 제공되는 전시회의 개회 리셉션은 3월 15일에 열립니다.

11.

[정답] transforming

[해석] 어부들은 무심코 그들에게 쉽게 구할 수 있는 먹이 공급처를 제공함으로써 새들의 먹이 먹는 방식을 변화시키고 있습니다.

12.

[정답] unique

[해석] 저희 제품들과 함께 다른 곳에서는 찾을 수 없는 가격과 품질의 독특한 램프며 최상품 가죽 소파들을 선보일 것입니다.

Answer Keys

01. **(c)**　02. **(c)**　03. **(d)**　04. **(a)**　05. **(a)**　06. **(a)**
07. **(b)**　08. **(b)**　09. **(c)**　10. **(d)**

01.

①**With over 100 million players in more than 90 countries, bowling is one of the oldest and most popular games in the world.** Anthropologists in Egypt unearthed what appear to be primitive forms of a bowling ball and pins. The artifacts date back to 3200 BCE making bowling more than 5,000 years old. However, a German historian claims bowling was invented in Germany around 300 CE as a religious ceremony for determining the absence of sin. In England, bowling started in the 1100s and was played by noble members of society. Bowling came to America in the 17th century and was briefly banned due to gambling implications.

Q: What does the passage imply?

(a) The game of bowling is the same worldwide.
(b) England is the true birthplace of bowling.
(c) Bowling was viewed differently across the globe.
(d) Bowling is a modern game with a short history.

[Translation]

①90여 개 이상의 국가들에서 1억만이 넘는 선수 층을 보유한, 볼링은 세계에서 가장 오래되고 대중성 있는 게임 중 하나입니다. 이 집트의 인류학자들은 볼링공과 핀의 원시 형태로 보이는 유물을 발굴해냈습니다. 그 유물은 기원전 3200년까지 거슬러 올라가는데 이는 볼링이 5000년 이상 되었음을 의미합니다. 하지만, 독일의 한 역사학자는 볼링이 무죄를 결정하기 위한 종교의식으로 기원후 300년경 독일에서 발명되었다고 주장하고 있습니다. 영국에서, 볼링은 1100년대에 시작되어 귀족사회 일원들에 의해 행해졌습니다. 볼링은 17세기에 미국에 들어와 사행성 도박에 연루되어 즉시 금지되었습니다.

질문: 지문이 시사하는 바는 무엇인가?

(a) 볼링이란 게임은 세계적으로 동일하다.
(b) 영국은 볼링의 진원지이다.
(c) 볼링은 세계적으로 다르게 여겨졌다.
(d) 볼링은 짧은 역사를 지닌 근대 게임이다.

[Joseph's Solution]

지문은 ①볼링이 전세계 90개국 이상에서 오랫동안 즐겨온 게임인 탓에, 각 국가마다 서로 다른 관점으로 볼링을 이해하고 연구하게 되었다는 내용으로, 이에 관한 예가 문장 ① 이후 전반에 걸쳐 나열되어 있다. 따라서 정답은 (c)가 된다.

[Vocabulary]

anthropologist n. 인류학자
unearth v. 찾다, 밝혀내다
primitive a. (인간, 동물 발달) 초기의, 원시적인 단계의
artifact n. 인공물, 인공 유물
date back to (시기 따위가) ~까지 거슬러 올라가다
BCE 기원전(before the Common Era)의 약어
CE 서력기원(Common Era)의 약어
sin n. (종교, 도덕상의) 죄, 죄악
implication n. 영향[결과] , (범죄에의) 연루

02.

Is moving in your future? Then call U-Drive Movers. ①**We are a moving labor service, offering professional loading and unloading help with vehicles that you provide.** Our goal is to save you money and help you eliminate costs on your final bill. Our highly skilled moving labor crews will carefully load and unload your rental moving truck, moving containers, trailers, and storage units at a fraction of the cost. ②**With typical moving expenses being so high, our service is the way to go. ③We provide the muscle, and you save half the cost of a conventional moving company.**

Q: What can be inferred about this company?

(a) They are more qualified than other movers.
(b) The employees help package all your items.
(c) They use the customer's own transportation.
(d) They help sell items you don't want to keep.

[Translation]

이사 계획이 있으신가요? 그럼 U-Drive Movers로 전화 주십시오. ①저희는 고객께서 조달한 운송차량으로 전문적인 적재와 하역 작업을 제공하는 이사용역 서비스 업체입니다. 저희 목표는 고객의 돈을 절약하고 최종 청구서 내역에 오를 비용을 절감하도록 도움을 드리는 것입니다. 고도로 숙련된 저희 이사 용역 직원들은 비용의 극히 일부만으로 고객님의 임대 이사 트럭, 이사 화물 컨테이너, 견인차 및 물품보관 설비에 조심스럽게 짐을 싣고 내릴 겁니다. ②일반 이사비용이 크게 높아지면서, 저희 서비스는 앞으로 중요해지고 있습니다. ③저희는 인력을 제공하고, 고객께서는 종래의 이사 업체에 지불할 비용의 절반을 절약하게 됩니다.

질문: 해당 업체에 대해서 추론할 수 있는 것은?

(a) 타 이사업체보다 더 실력이 있다.
(b) 직원이 고객의 모든 물품의 포장을 돕는다.
(c) 고객의 운송수단을 이용한다.
(d) 고객이 보유하길 원치 않는 물품들의 매매를 돕는다.

[Joseph's Solution]

업체는 ①고객의 운송차량으로 이사용역 서비스를 제공하고 있어,

②, ③종래 동종 업체들과는 차별성을 보이고 있다고 언급되어 있다. 따라서 정답은 (c)가 된다.

[Vocabulary]

eliminate v. 없애다, 제거[삭제]하다

rental car 임대 자동차

trailer n. 트레일러, 견인용 운송차량

unit n. (특정의 기능을 가진) 장치, 설비, 도구

be the way to go 최선의 선택이 되다, 행동 노선이 되다

conventional a. 전통적인, 종래의

qualified a. 자격(증)이 있는

03.

It has been said that good inventions are the product of necessity, but not all inventions rise out of societal needs. The invention of the potato chip is credited to one man and can be traced back to one fateful day. On August 24, 1853 Chef George Crum was serving French-fried potatoes at his restaurant. ① **One guest found the potatoes too thick, and he sent back his order.** Crum cut and fried a thinner batch, but these too were rejected. ②**Annoyed, Crum cut new potatoes too thin and crisp to be eaten with a fork.** To Crum's dismay, the guest was ecstatic. ③**The chips became a regular item on the restaurant's menu, and eventually their popularity spread worldwide.**

Q: What can be inferred from this passage?

(a) Inventions are always carefully planned out ideas.
(b) Potato chips taste better when they're thick.
(c) Crum enjoyed experimenting with new foods.
(d) The potato chip was invented by accident.

[Translation]

위대한 발명품은 필요의 산물이라고 하지만, 모든 발명품이 사회적 요구에서 발원된 것은 아닙니다. 포테이토칩 발명은 한 개인의 공이라 여겨지며 어느 운명의 날로 거슬러 가볼수 있습니다. 1853년 8월 24일 George Crum주방장은 자신의 식당에서 프랑스식 감자튀김을 대접하고 있었습니다. ①**손님 중 한 분이 감자가 너무 두껍다는 걸 발견하여, 주문 음식을 되돌려 보냈습니다.** Crum은 더 얇아진 1인분 용을 썰어 튀겨냈지만, 거듭 퇴짜를 맞게 되었습니다. ②**화가 난, Crum은 감자를 너무 얇고 바삭거려 포크로는 먹을 수 없게 잘랐습니다.** Crum에게는 당황스럽게도, 그 손님은 뛸 듯이 열광했습니다. ③**이 칩이 식당 메뉴에 고정 품목이 되었고, 결국 그 인기는 전세계로 퍼져나갔습니다.**

질문: 지문에서 추론할 수 있는 것은?

(a) 발명은 언제나 신중함으로 완벽히 계획되어 세워진 아이디어를 말한다.
(b) 포테이토칩은 두꺼워야 맛이 더 좋다.
(c) Crum은 새로운 음식으로 실험하는 것을 즐겼다.
(d) 포테이토칩은 우연히 발명되었다.

[Joseph's Solution]

지문에 언급된 사실을 바탕으로 추론 가능한 내용을 보기에서 고르는 문제유형이다. 어느 날 ①손님 한 분의 거듭된 요구에 ②화가 난 주방장이 분풀이로 만들었던 튀김이 ③식당의 고정 메뉴가 되었음은 물론, 포테이토칩이란 이름으로 전세계인이 즐기는 위대한 발명품으로 자리매김하게 되었다는 내용이다. 즉, 일화를 통해 예기치 않은 상황에서 위대한 발명이 탄생하기도 한다는 추론이 가능하므로, 정답은 (d)가 된다.

[Vocabulary]

societal needs 사회적 욕구[요구], 사회환경 변화에 부합해 달라지는 욕구

batch n. 1회분, 한 묶음

crisp a. (음식물이) 파삭파삭한

dismay n. 당황, 어찌할 바를 모름, 놀람

ecstatic a. 희열에 넘친, 완전히 마음이 팔린

04.

Come take a look at a beautiful 4 bedroom house in a quiet, safe neighborhood! The home was built in the 1940s and has plenty of old charm. ①**It is located at the end of a secluded cul-de-sac which ensures little traffic.** ②**A large backyard is securely fenced for children and pets and includes a swing set.** Additionally, two parks are located close by. ③**The home is in a good school district and is within walking distance of a downtown area that has restaurants and an award-winning children's museum.**

Q: What does the real estate listing emphasize?

(a) The home's family-friendly nature
(b) The home's modern touches
(c) The home's eco-friendly aspects
(d) The home's trendy location

[Translation]

오셔서 조용하고 안전한 동네에 자리한 고상한 멋이 있는 침실 네 개짜리 주택을 구경해 보세요! 이 집은 1940년대에 지어져 예스러운 매력을 담뿍 머금고 있습니다. ①**이 집은 적은 교통량을 보장하는 한적한 쿨데삭 도로 끝에 위치해 있습니다.** ②**널찍한 뒷마당은 아이들과 애완동물을 위해 울타리가 단단히 쳐져 있고 그네 세트가 있습니다.** 게다가, 인근에 공원이 두 개가 있습니다. ③**이 집은 좋은 학군에 속해있고 음식점을 비롯해 수상 경력이 있는 어린이 박물관이 있는 도심지와는 도보로 걸을 수 있는 거리에 있습니다.**

질문: 부동산 정보에서 강조된 것은?

(a) 집의 가족친화적 특성
(b) 집의 현대적 요소
(c) 집의 자연친화적 측면
(d) 집의 최신 유행 장소

[Joseph's Solution]

부동산 정보가 담긴 광고성 지문에서 글쓴이가 강조하는 것이 무엇인지 묻고 있다. 지문은 한적한 동네에 자리한 고풍스런 주택을 소개하고 있다. ①지역 내 교통안전 설계, ②아동과 애완동물의 안전

을 고려한 주택 내 시설물과 ③인근지역 교육 및 오락 시설에 대한 설명을 가미하여, 외진 지역임에도 가족을 배려하는 환경이 제공되고 있다는 점이 강조되고 있다. 따라서 정답은 (a)가 된다.

[Vocabulary]

secluded a. 한적한, 외딴

cul-de-sac 쿨데삭(막다른 골목을 뜻하는 카탈로니아어 단어로, 최근에는 교통소음 차단을 목적으로 주거단지의 출입구를 한 곳에만 개방하는 도시설계 방식을 의미)

ensure v. 반드시 ~하게[이게] 하다, 보장하다

securely adv. 단단하게, 안정감 있게

swing set 스윙 세트(그네와 미끄럼틀 등으로 이뤄진 아이들 놀이 기구)

school district 학군

walking distance 편하게 걸어갈 수 있는 거리

award-winning a. 상을 받은

real estate listing 부동산 정보

family-friendly a. 가족친화적

modern touch 현대적 요소

eco-friendly a. 자연친화적

05.

Dear "Ask Annie,"

I am a homebuilder and can fix just about anything. ①**What do I do with friends who call and ask for free advice, but then hire a complete stranger when they have a big project?** At first, the company gives them a better price, but once the project starts, the company introduces hidden fees. This has happened with three "good" friends who love to call until it is time to hire someone. ②**This free advice is starving me.** ③**It is becoming difficult to maintain friendships when this is how I'm being treated!**

From,
Used Friend

Q: What can be inferred about "Used Friend" from his request for advice?

(a) He would like his friends to hire him for their projects.

(b) He is currently overwhelmed with various housing jobs.

(c) He hopes to spend more time talking with his friends.

(d) He wonders if he is being too harsh with his friends.

[Translation]
"Ask Annie" 씨,
저는 주택 건설업자라 무엇이든 고칠 수 있습니다. ①제게 친구들이 좀 있는데, 전화로 무료 상담을 하고는 큰 프로젝트가 있을 때면 생판 모르는 건설회사에 의뢰하곤 하는데 제가 어찌해야 하나요? 처음엔, 회사가 더 나은 가격을 제시하지만, 일단 프로젝트가 시작되면, 숨겨져 있던 추가 비용을 안내해 주거든요. 이런 일이 사람을 고용해야 하는 시기 바로 전 까지 제게 전화를 마다 않던 소위 세 명의 "좋은" 친구들과 일어났습니다. ②이 무료 상담이라는 게 저만 굶주

리게 하고 있어요. ③이게 제가 받고 있는 대접이라 할 때 우정을 지속시키기는 어려워져요!

"이용 당한"
친구로부터

질문: 지문의 "이용 당한 친구"에 관해 추론할 수 있는 것은?

(a) 그는 친구들이 프로젝트에 자신을 고용하길 원한다.

(b) 그는 최근 다양한 주택건설 의뢰 건으로 어쩔 줄 몰라 한다.

(c) 그는 더 많은 시간을 친구들과 대화하는 데 쓰고 싶어한다.

(d) 그는 자신이 친구들에게 너무 가혹한 건 아닌지 고심하고 있다.

[Joseph's Solution]

지문에 언급된 사실을 바탕으로 추론 가능한 내용을 고르는 문제유형이다. 지문은 신문의 조언 칼럼(advice column)에 실릴 법한 인생 고민 상담으로, "Used friend" 라는 익명의 사람으로부터 "Ask Annie"라는 필명의 조언가에게 보낸 조언을 요청하는 편지 글이다. 고민은 ①친구들이 자신의 직업과 관련된 무료상담을 요청하지만 정작 그에 따르는 보상이 없고, 나아가 ②사업이 안 되는 원인으로 생각되어 ③우정까지 위태롭다는 내용이다. 즉, 상담 의뢰자는 친구들의 프로젝트를 자신이 수행하지 못해 속상해 하고 있다는 추론이 가능하므로, 정답은 (a)가 된다.

[Vocabulary]

homebuilder n. 주택 건설 업자[회사]

hidden fee 명시하지 않은 수수료

starve v. 굶기다, 굶겨 죽이다

overwhelm v. (너무 많은 일 등으로) 어쩔 줄 모르게 만들다

harsh a. 가혹한, 냉혹한

06.

Agatha Christie, the best-selling novelist of all time, was given the title "Queen of Crime" for her eighty detective novels that sold over 2 billion copies. ①**Despite her impressive accomplishments, new evidence in her novels suggests Christie suffered from Alzheimer's disease. ②Compared to a novel she wrote at 63, one she wrote at 81 had 30% fewer word types, 18% more repeated phrases and three times as many indefinite words such as "something," "thing," and "anything." ③ This loss of vocabulary is a common symptom of Alzheimer's.** Notably, the title of the work is Elephants Can Remember, which could be a potential clue that Christie was defensive about her declining mental powers.

Q: What can be inferred from the passage?

(a) Word choice trends can reveal an author's mental state.

(b) Christie stopped writing in her old age due to Alzheimer's.

(c) Christie never received the recognition she deserved.

(d) Authors' novels often get better later in their careers.

[Translation]

시대를 불문한 베스트 셀러 작가인 Agatha Christie는 20억권 이상 팔린 그녀의 80권의 탐정 소설들로 인해 "범죄 소설 계의 여왕"이라는 별칭을 받게 되었습니다. ①그녀의 뛰어난 성과에도 불구하고, 그녀의 소설에서 새로이 발견된 흔적은 그녀가 치매를 앓았다는 것을 시사하고 있습니다. ②그녀가 63세에 쓴 책과 비교해서, 81살에 쓴 소설은 30% 적어진 어휘 수를 비롯해 반복 구문을 18% 더 사용하고 "something," "thing" 및 "anything" 등과 같은 부정 명사를 세배나 더 썼습니다. ③이러한 어휘 감소는 치매의 전형적인 증상입니다. 특히, '코끼리는 기억한다'는 제목의 책이 있는데, 이 제목은 Christie가 자신의 쇠약해지는 정신력에 대해 방어적인 태도를 보였다는 가능성 있는 단서가 될 수 있습니다.

질문: 지문에서 추론할 수 있는 것은?

(a) 어휘 선택 경향은 작가의 정신 상태를 드러낼 수 있다.
(b) Christie는 치매 때문에 나이 들어 지필을 중단했다.
(c) Christie는 마땅히 받았어야 할 세간의 인정을 받은 적이 없다.
(d) 작가의 소설은 종종 경력이 쌓이고 나서 더 나아진다.

[Joseph's Solution]

당대에는 물론 현재도 인정받는 범죄 소설계의 여왕인 Agatha Christie가 ①사실 말년에 치매를 앓고 있었다는 견해를 소개하고, 그 증거로써 ②그녀 책에서 드러난 어휘 수 감소를 들고 있는데, ③이러한 어휘 손실은 치매의 전형적 증상이라고 기술하고 있다. 즉, Christie의 경우에서처럼 작품에 드러난 어휘사용 변화로 작가의 인지기능상태를 추측해볼 수 있다는 추론이 가능하므로, 정답은 (a)가 된다.

[Vocabulary]

word type 단어 수
repeated phrase 반복 어구
infinite word[pronoun] 부정 (대)명사
notably adv. 특히, 그 중에서도

07.

For decades, people with chronic fatigue syndrome, or CFS, struggled to convince their doctors, employers and even family members that their suffering was real. The syndrome is now acknowledged as a genuine illness, although doctors are still unsure of its origins. ①**First identified in the early 1980s, CFS afflicts more women than men and causes severe symptoms that adversely affect a person's quality of life.** Studies have shown that people with the syndrome experience abnormalities in the nervous systems, in the immune system, and with other major biological functions. ②**Researchers believe that there are probably multiple causes behind the syndrome, including genetic predisposition, exposure to microbial agents and toxins, and other physical and emotional traumas.**

Q: Which of the following can be inferred from the passage?

(a) Women are more susceptible to stress and therefore predisposed to CFS.
(b) **The genetic component of CFS may reveal why more women suffer from it.**
(c) CFS is a complicated illness that will never be completely understood.
(d) CFS affected more people before the 1980s than it does now.

[Translation]

지난 수십 년간, 만성 피로 증후군(CFS)을 앓아온 사람들은 자신의 의사, 고용주 및 가족들에게 자신들의 고통은 진짜라는 것을 설득시키려고 몸부림쳤습니다. 비록 의사들은 여전히 그 발생원인에 대해서는 확신하지 못하지만, 그 증상은 최근 진짜 통증이라고 인정되고 있습니다. ①1980년대 초기에 최초로 확인된, CFS는 남성보다는 여성에게 더 나타나며 개인의 삶의 질에 악영향을 미치는 심각한 증상들을 일으킵니다. 연구들은 그러한 증상이 있는 사람들은 신경계 및 면역계 내 그리고 다른 주요 생물학적 기능에서 이상을 경험한다고 보고해오고 있습니다. ②연구자들은 이 증상의 이면에는 아마도 유전적인 소인, 미생물의 작용 및 독소에 대한 노출을 비롯해 기타 신체적이며 정서적인 트라우마 등을 포함한 다종의 원인들이 있을 거라 생각하고 있습니다.

질문: 다음 중 지문에서 추론할 수 있는 것은?

(a) 여성은 스트레스에 더 취약하기에 CFS에 잘 걸린다.
(b) CFS의 유전적 요소는 왜 보다 많은 여성들이 그것으로 고통 받는지를 알려줄 수도 있다.
(c) CFS는 절대 완전히 이해될 수 없는 복잡한 질환이다.
(d) CFS는 지금보다는 1980년대 이전에 더 많은 사람들에게 영향을 미쳤다.

[Joseph's Solution]

서두에서, 여전히 그 발생원인이 확실하지 않은 CFS는 ①남성보다는 여성에게 더 나타난다고 보고되었는데, ②연구자들은 이들 증상의 이면에는 아마도 유전적인 소인, 미생물의 작용 및 독소에 대한 노출을 비롯해 기타 신체적이며 정서적인 트라우마 등을 포함한 복합적인 원인들이 있을 거라 생각하고 있다라고 기술되어 있다. 보기 (a)는 여성이 남성보다 스트레스에 더 취약하다는 근거를 지문에서 찾을 수 없고, 보기(c)는 ②에서 원인이 복합적이라고 기술되어 있지만 병이 결코 치료될 수 없을 것이라고 암시하고 있지 않으며, (d)의 경우도 제시된 바 없는 발병 환자수에 대한 비교가 언급되고 있어, 세가지 보기 모두 지문의 정보를 확대 해석한 경우로 볼 수 있다. 유전적 소인은 ②에서 언급된, 증상을 설명할 수 있는 복합적인 원인들 중 하나이므로, 정답은 지문의 사실을 바탕으로 추론한 (b)가 가장 적절하다.

[Vocabulary]

chronic fatigue syndrome(= CFS) [병리] 만성 피로 증후군
acknowledge v. (사실로) 인정하다
afflict v. 괴롭히다, 피해를 입히다
abnormality n. 비정상적인 것, 이상
genetic predisposition 유전적인 소인
microbial a. 미생물의, 세균의, 세균에 의한
toxin n. 독소
trauma n. [심리] 정신적 외상, 트라우마

predispose v. (특정한 질병에) 취약하게 하다

adversely adv. 부정적으로

08.

There is much debate today about climate change and its effects on the planet. But an unusual discovery has been made on the east coast of the U.S. After monitoring the growth rate of a variety of hardwood trees, a forest ecologist has determined that some trees are actually growing faster now than in the past 225 years. Some scientists believe that increasing amounts of carbon dioxide in the air and longer periods of warm weather and rain, due to global warming, are accelerating tree growth rather than destroying forests. ①**However, it will take many more years of careful study using innovative methods to determine the way climate change is affecting trees.**

Q: Which discussion is likely to immediately follow the passage?

(a) How fast trees grew 225 years ago
(b) How scientists are conducting this research
(c) How global warming is affecting other plants
(d) How people can protect tropical forests

[Translation]

오늘날 기후 변화 및 그 변화가 지구에 미치는 영향에 대한 많은 논의가 있습니다. 그런데 한 이례적인 발견이 미국의 동부 해안가에서 있었습니다. 다양한 활엽수 나무들의 성장 속도를 추적 관찰 한 후, 한 산림 생태학자는 어떤 나무들이 실제로 225년 전보다 현재 더 빨리 자라고 있다는 것을 알아냈습니다. 일부 과학자들은 지구 온난화로 인해, 이산화탄소 양의 공기 중 증가하는 양과 온화한 기후 및 강우 기간의 연장은 산림을 파괴하기 보다는 나무의 성장을 가속화시키고 있다고 생각합니다. ①하지만, 기온 변화가 나무에 영향을 미치는 방식을 알아내기 위해서는 혁신적인 방법을 사용하면서 수년간의 조심스런 연구가 필요할 것입니다.

질문: 다음 중 지문의 바로 뒤에 올 수 있는 것은?

(a) 225년 전에는 나무가 얼마나 빨리 자랐는가
(b) 과학자들은 어떻게 이런 연구를 수행하고 있는가
(c) 지구 온난화는 다른 식물에게 어떤 영향을 주고 있는가
(d) 사람들은 어떻게 열대림을 보호할 수 있는가

[Joseph's Solution]

지문의 흐름을 파악해서 뒤에 올 수 있는 내용을 묻고 있다. 지문은 기후 변화와 이것이 지구에 미치는 영향에 대한 최근 논의와는 상반된, 미국 동부 해안가 나무의 성장 속도 연구결과는 지구 온난화로 인한 변화가 나무 성장을 가속화시킨다는 추측까지 낳게 하였는데, ①하지만, 역시 결론을 내기 위해서는 혁신적인 연구방법 및 장기간에 걸친 철저한 연구가 필요하다는 내용이다. 따라서 지문 뒤에 올 수 있는 내용으로, 보기 중 (b)가 가장 적절하다.

[Vocabulary]

hardwood n. 견목, 경재(활엽수에서 얻은 단단한 목재)

monitor v. 추적 관찰하다

forest ecologist 산림 생태(환경)학자

debate n. 토론, 논쟁

unusual a. 특이한, 색다른

accelerate v. 가속화되다, 속도를 높이다

innovative a. 획기적인

09.

①**Working from home can be liberating - you set your own schedule and there are no more boring meetings or irritating co - workers.** But what if you live in a house full of clutter? Can't find that important fax? Printer just ran out of toner? That's where Home Office Helpers can step in. For a reasonable fee, we help you set up your own home office. We have our own line of ergonomic chairs and desks and a range of organizational systems, from small filing cabinets to ceiling-to-floor shelving units. For offices big or small, we provide the solutions that fit your work habits and help you be more productive. We even offer feng shui services, to give you the tranquility you need to do your best work.

Q: Who is the most likely target of this advertisement?

(a) Unemployed people
(b) Stay-at-home moms
(c) Independent business owners
(d) Organized people

[Translation]

①재택 근무는 자유로울 수 있습니다 — 여러분 자신이 일정을 세우고 지겨운 회의나 짜증나게 하는 동료가 더 이상 없으니까요. 그러나 만일 여러분이 잡동사니로 가득 찬 집에서 산다면요? 중요한 팩스를 못 찾는다면? 프린터 토너가 딱 떨어졌다면? 바로 그런 때에 Home Office Helpers가 도와드릴 수 있습니다. 합리적인 가격으로, 저희는 여러분이 자신만의 재택 장소를 세우는데 도움을 드립니다. 저희는 인체 공학적 의자와 책상 및 소규모 정리 캐비닛부터 전면 선반세트에 이르기까지 다양한 유기적 구조의 시스템을 만드는 고유 조립 공정을 완비하고 있습니다. 크거나 작은 사무실에, 여러분의 업무 습관에 맞는 해결책을 제공하여 보다 생산적이 되도록 여러분을 도와드립니다. 저희는 최상의 업무를 하는데 필요한 평정심을 드리기 위해 풍수 서비스도 제공합니다.

질문: 이 광고의 대상으로 가장 적합한 사람은?

(a) 실직자들
(b) 전업 주부들
(c) 자영업자들
(d) 조직화된 사람들

[Joseph's Solution]

지문의 광고가 어떤 사람을 대상으로 하는지 묻고 있다. 서두에서부터, 광고의 대상인 ①재택 근무자에 대한 편의성을 열거하고 있다 따라서 정답은 자신의 사업을 직접 경영하는 이들을 일컫고 있는 (c)가 된다.

[Vocabulary]

liberate v. 자유롭게[벗어나게] 해주다

clutter n. 잡동사니, 어수선함

step in (합의 도출 · 문제 해결을 위해) 돕고 나서다[개입하다]

ergonomic a. 인체 공학의

line n. (공장의) 작업 라인[조립 공정]

organizational a. 조직(상)의, 유기적 구조의

shelving unit 선반 조립 세트

feng shui 풍수

tranquility n. 평온, 고요함, 평정

stay-at-home a. (자녀 양육을 위해 직장에 다니지 않고) 집에 있는

independent business owner 자영업자

10.

Before getting started, you will need certain tools, such as a flat head screwdriver, pliers, sharp scissors, a chisel, adhesive glue, a staple gun, and tacks. You may also want to wear work gloves. ①**Remove the covering from the frame to reveal the padding. Remove the old material and padding carefully** as you will need it to make a pattern. ②**Place the new foam padding over the frame, leaving a half-inch overlapping all the way around.** Glue in place. Use the old material to cut out the new fabric. ③**Then, begin to attach it to the frame with staple gun, keeping it smooth and tight all the way around.**

Q: Who are these instructions most likely intended for?

(a) A cook

(b) An engineer

(c) An electrician

(d) A furniture maker

[Translation]

시작에 앞서, 일자 드라이버, 집게, 날카로운 가위, 끌, 접착제, 스테이플 건 및 압정과 같은 특정 도구들이 필요하실 겁니다. 또한, 작업용 장갑을 착용하고 싶으실 수도 있습니다. ①충전재가 보이도록 뼈대에서 외피를 제거하세요. 패턴을 만드실 때 필요하므로 낡은 재료 및 충전재를 조심해서 제거하세요. ②전체 1/2인치 겹치도록 두고 새 발포 충전재를 뼈대에 올리세요. 그 위치에 풀칠하세요. 새 천을 잘라내기 위해 오래된 재료를 사용하세요. ③그리고 나서 전체를 부드럽고 팽팽하게 유지하면서, 스테이플 건을 사용하여 뼈대에다 붙이기 시작하세요.

질문: 이 지시사항은 누구를 대상으로 삼은 것인가?

(a) 요리사

(b) 기술자

(c) 전기공

(d) 가구 제조업자

[Joseph's Solution]

지문의 정보에 근거하여 답을 유추하는 문제로, 지문의 지시사항을 따르게 되는 사람이 누구인지 묻고 있다. 지문의 내용에서, ①뼈대

(frame)에서 외피(covering)를 제거한 후, ②새 충전재를 얹고서 ③새 천을 끊어서 마감하는 과정을 순서대로 나열하고 있다. 이는 소파 등의 헌 가구에 충전재를 갈아 씌우는 천 갈이 과정이므로, 정답은 (d)가 된다.

[Vocabulary]

flat head screwdriver 일자 드라이버

plier n. 집게, 펜치

chisel n. 끌

tack n. 압정

frame n. (가구, 건물, 차량 등의) 뼈대[프레임]

overlap v. 겹치다

attach v. 붙이다

Make-up Vocabulary

1.

[정답] **primitive**

[해석] 이집트의 인류학자들은 볼링공과 핀의 원시 형태로 보이는 유물을 발굴해냈습니다. 그 유물은 기원전 3200년까지 거슬러 올라가는데 이는 볼링이 5000년 이상 되었음을 의미합니다.

2.

[정답] **eliminate**

[해석] 저희는 고객께서 조달한 운송차량으로 전문적인 적재와 하역 작업을 제공하는 이사용역 서비스 업체입니다. 저희 목표는 고객의 돈을 절약하고 최종 청구서 내역에 오를 비용을 절감하도록 도움을 드리는 것입니다.

3.

[정답] **necessity**

[해석] 위대한 발명품은 필요의 산물이라고 하지만, 모든 발명품이 사회적 요구에서 발원된 것은 아닙니다. 포테이토칩 발명은 한 개인의 공이라 여기어 어느 운명의 날로 거슬러 가 볼 수 있습니다.

4.

[정답] **secluded**

[해석] 이 집은 적은 교통량을 보장하는 한적한 쿨데삭 도로 끝에 위치해 있습니다. 널찍한 뒷마당은 아이들과 애완동물을 위해 울타리가 단단히 쳐져 있고 그네 세트가 있습니다. 게다가, 인근에 공원이 두 개가 있습니다.

5.

[정답] **evidence**

[해석] 그녀의 뛰어난 성과에도 불구하고, 그녀의 소설에서 새로이 발견된 흔적은 그녀가 치매를 앓았다는 것을 시사하고 있습니다.

6.

[정답] **struggled**

[해석] 지난 수십 년간, 만성 피로 증후군(CFS)을 앓아온 사람들은

자신의 의사, 고용주 및 가족들에게 자신들의 고통은 진짜
라는 것을 설득시키려고 몸부림쳤습니다.

7.

[정답] **multiple**

[해석] 연구자들은 이 증상의 이면에는 아마도 유전적인 소인, 미
생물의 작용 및 독소에 대한 노출을 비롯해 기타 신체적이
며 정서적인 트라우마 등을 포함한 다종의 원인들이 있을
거라 생각하고 있습니다.

8.

[정답] **determine**

[해석] 하지만, 기온 변화가 나무에 영향을 미치는 방식을 알아내
기 위해서는 혁신적인 방법을 사용하면서 수년간의 조심스
런 연구가 필요할 것입니다.

9.

[정답] **debate**

[해석] 오늘날 기후 변화 및 그 변화가 지구에 미치는 영향에 대한
많은 논의가 있습니다. 그런데 한 이례적인 발견이 미국의
동부 해안가에서 있었습니다.

10.

[정답] **reasonable**

[해석] 합리적인 가격으로, 저희는 여러분이 자신만의 재택 사무실
을 세우는데 도움을 드립니다. 저희는 인체 공학적 의자와
책상 및 소규모 정리 캐비닛부터 전면 선반세트에 이르기
까지 다양한 유기적 구조의 시스템을 만드는 고유 조립 공
정을 완비하고 있습니다.

11.

[정답] **attach**

[해석] 새 천을 잘라내기 위해 오래된 재료를 사용하세요. 그리고
나서 전체를 부드럽고 팽팽하게 유지하면서, 스테이플 건을
사용하여 뼈대에다 붙이기 시작하세요.

12.

[정답] **district**

[해석] 이 집은 좋은 학군에 속해있고 음식점을 비롯해 수상 경력
이 있는 어린이 박물관이 있는 도심지와는 도보로 걸을 수
있는 거리에 있습니다.

Answer Keys

01. **(d)** 02. **(b)** 03. **(a)** 04. **(c)** 05. **(c)** 06. **(b)**
07. **(a)** 08. **(c)** 09. **(d)** 10. **(b)** 11. **(c)** 12. **(b)**

01.

Feeling tense or scared before an important exam or big presentation is a normal bodily reaction to a stressful situation, but some people have irrational or excessive anxiety that classifies as a disorder. (a) Anxiety disorders manifest differently from person to person, but they are all out of proportion with the situation. (b) When anxiety interferes with a person's relationships and activities, it is a sign that it has crossed the line from normal anxiety to a disorder. (c) Signs of anxiety disorders include both emotional symptoms, such as restlessness, and physical symptoms, like a pounding heart. **(d) Normal anxiety can have positive effects such as motivating people to stay alert or inciting them to action.**

[Translation]
중요한 시험 혹은 중대한 발표 전 긴장을 하거나 겁을 먹는 것은 스트레스 상황에 대한 정상적인 신체 반응이지만 어떤 이들은 장애로 분류되는 비이성적이거나 과도한 불안을 느끼기도 합니다. (a) 불안 장애는 사람마다 다르게 나타나지만, 모두 처한 상황과는 어울리지 않습니다. (b) 불안감으로 개인의 관계 및 활동을 방해 받는다면 정상적인 불안에서 장애로 가는 경계선을 넘었다는 징후입니다. (c) 불안장애의 징후는 불안감과 같은 정서적 증상 및 가슴 두근거림 같은 신체적 증상이 포함됩니다. **(d) 정상 범주의 불안은 정신이 바짝 들게 하는 원인이 되거나 조처를 취하도록 고무하는 긍정적인 효과를 가질 수 있습니다.**

[Joseph's Solution]
지문을 읽고 전체 흐름을 파악하여 문맥상 어색한 문장을 고르는 문제유형이다. 불안장애는 정상범주를 넘어서 (a)상황과 관계없이 비이성적인 불안감을 느끼는 증상을 갖는 경우를 일컫는데, (b)불안감으로 인해 일상생활이 힘들다면 불안장애의 증후로 볼 수 있으며, (c)그 증후에는 정서적, 신체적 증상이 수반된다는 내용이 유기적으로 연결되어 있는데, (d)는 정상적인 불안이 갖는 긍정적 측면에 대해 예를 들고 있다. 따라서 정답은 주제와 무관하며, 글의 흐름을 방해하고 있는 문장은 (d)이다.

[Vocabulary]
tense a. 사람이 긴장한, 신경이 날카로운

bodily a. 신체[육체]상의, 몸의

irrational a. 비이성[비논리]적인

anxiety n. 불안(감)

disorder n. (신체 기능의) 장애[이상]

manifest v. 나타내다[드러내 보이다]

out of proportion with ~과 균형이 잡히지 않는(부적절한)

restlessness n. 침착하지 못함, 불안

incite v. 선동[조장]하다

02.

Beatrix Potter became one of the world's most successful children's authors after the publication of *The Tale of Peter Rabbit*, but she had overcome many obstacles before getting there. (a) Growing up, Beatrix's parents appointed her as their housekeeper and discouraged any intellectual development. **(b) Beatrix got inspiration for her stories from the variety of pets she had growing up.** (c) When her uncle attempted to enroll her as a student at the Royal Botanic Gardens, she was rejected because she was a woman. (d) Later, Beatrix sent her stories about Peter Rabbit to six publishers, but she was turned down by all of them. The book was eventually published, and to date has sold over 45 million copies.

[Translation]
Beatrix Potter는 *The Tale of Peter Rabbit*(피터 래빗 이야기)의 출판 이후 세계에서 가장 성공한 어린이책 작가가 되었지만, 그 자리에 오르기까지 수 많은 난관을 극복했습니다. (a) 성장하면서, Beatrix의 부모는 그녀를 가정부로 일하게 하여 어떠한 지적 발달에 대한 열의도 좌절시켰습니다. **(b) Beatrix는 자신이 기르던 여러 종의 애완동물들로부터 자신의 책에 대한 영감을 얻었습니다.** (c) Beatrix의 작은 아버지께서 그녀를 왕립 식물원에 학생으로 입학시키려 하셨을 때, 그녀가 여성이란 이유로 입학이 거부되었습니다. (d) 이후, Beatrix가 Peter Rabbit에 관한 자신의 소설 원고를 출판사 6군데에 보냈지만, 모든 곳에서 거절당했습니다. 책은 결국 출판되었고, 지금까지 4천 5백만 부 이상이 팔렸습니다.

[Joseph's Solution]
Peter Rabbit의 저자 Beatrix Potter에 관한 지문을 읽고 글 전체의 흐름과 부합되지 않는 문장을 고르는 문제이다. 서두에서 Beatrix가 누구인지 소개하며 그녀의 인생 여정이 순탄치 않았다고 기술하고 있는데, 앞으로 나올 내용에서 그녀의 인생의 고난사가 이어져야 자연스럽다. 따라서 Beatrix의 고난사가 아닌 지필 소재에 대해 언급되어 있는 (b)가 답이 된다.

[Vocabulary]
Royal Botanic Gardens 왕립 식물원

turn down ~을 거절[거부]하다

to date 지금까지

obstacle n. 장애, 장애물

inspiration n. 영감, 감화를 주는 것(사람)

03.

Scientists know lightning is the result of electrically

charged thunderclouds, but they do not yet know what causes the cloud particles to become charged. **(a) Evaporation and condensations are the first steps in the formation of lightning.** (b) The charges created by atmospheric disturbances such as wind, humidity and friction are some probable causes of lightening. (c) In addition, the flow of charged particles in solar wind may build up the charge inside clouds. (d) New developments reveal that when water particles freeze inside clouds, they separate the cloud's positive and negative electrons, resulting in an electrical charge.

[Translation]
과학자들은 번개란 전기가 흐르는 뇌운에 의한 현상이라는 것은 알지만, 아직까지 무엇이 구름입자가 전기를 띄도록 만드는지 알지 못합니다. **(a) 증발 및 응결은 번개 형성과정의 첫 번째 단계입니다.** (b) 바람, 습도 및 마찰과 같은 공전방해에 의해 만들어진 전하는 다소 개연성 있는 번개 발생의 원인입니다. (c) 더욱이, 태양풍에서의 구름 입자의 이동은 구름 내부의 전하를 높일 수 있습니다. (d) 신개발품은 물 입자가 구름 내부에서 얼 때, 구름의 양전자와 음전자를 분리하여, 전기적 전하를 발생시킨다는 것을 보여주고 있습니다.

[Joseph's Solution]
뇌운에 의해 발생되는 번개에 관한 글로, 글 전체의 흐름상 어색한 문장을 고르는 문제이다. 서두에서 번개발생의 원인은 아직 명확히 규명되지 않고 있다고 언급하면서, 'some probable causes', 'may build up' 등의 다소 확신 없는(tentative) 어조로 그간 밝혀진 사실을 기술하고 있다. 문장 (a)의 내용만이 아직 알려지지 않은 형성과정의 단계를 설명하고 있으므로, 정답으로 적절하다. 문장 (d)에서 신개발품으로 물 입자가 어는 경우 전하의 발생을 밝혀내었다고 기술하고는 있지만, 여전히 모든 경우를 설명하지는 못하므로 서두의 내용과 같은 맥락에 있다.

[Vocabulary]
lightning n. 번개, 번갯불, 전광
charge v. 충전하다, 전기를 띠다
thundercloud n. 뇌운, 번개
cloud particle [기상학] 구름 입자
evaporation n. 증발 (작용), 발산
condensation n. (차가운 표면에 생기는) 물방울, (기체의) 응결
atmospheric disturbance (=atmospherics) [물리] 공전방해, 대기 중에 생기는 전자기파의 방해
friction n. 마찰, 마찰 저항
solar wind [천문] 태양풍
build up (~이 되도록) 점점 커지다, 강력해지다
development n. (신제품의) 개발, 신개발품

04.

Although many people fear spiders, they are actually fascinating creatures that provide many benefits to other animal species. (a) Hummingbirds form their nests by using silk from spider webs to weave together sticks. (b) Spiders help control insect populations by eating more insects than birds and bats combined. **(c) Spiders liquefy their food before eating by injecting their prey with digestive fluids.** (d) In addition, the silk spiders produce is used in many optical devices including laboratory instruments.

[Translation]
많은 사람들이 거미에 공포를 느끼지만, 거미는 사실 다른 동물 종에게 여러 이점을 주는 매력적인 생명체입니다. (a) 벌새는 둥지를 만들때 거미줄에서 얻은 섬유를 이용해 나뭇가지들을 엮습니다. (b) 거미는 새와 박쥐가 먹는 수를 합친 것 보다 더 많이 곤충을 먹고 있어 곤충의 개체 수를 유지하는데 도움을 줍니다. **(c) 거미는 먹이감을 먹기 전 피식자에게 소화액을 주입하여 액화시킵니다.** (d) 더욱이, 거미가 만들어내는 거미줄 섬유는 실험실용 기기를 포함한 다양한 광학 기구에 사용됩니다.

[Joseph's Solution]
지문 전체의 흐름을 파악하여 설명하는 내용과 어울리지 않는 문장을 고르는 문제이다. 인간에게는 거미가 공포의 대상이지만 다른 동물종, 특히 (a)벌새, (b)곤충 및 (d)인간에게 조차 보탬이 되는 존재라는 내용이 언급되어 있는데, 문장 (c)는 거미의 먹이 먹는 방식을 설명하고 있다. 따라서 정답은 (c)가 된다.

[Vocabulary]
fascinating a. 대단히 흥미로운, 매력적인
hummingbird n. 벌새
(spider) silk (=gossamer) n. 거미로부터 나오는 단백질 섬유
weave v. 짜다[엮다], 짜서[엮어서] 만들다
liquefy v. 액화되다[시키다]
prey n. (잡아먹는) 먹이, 피식자
digestive fluid 소화액
optical a. 시력을 보완하는, 광학의

05.

When kids get restless, one fun way to entertain them is by making homemade play dough. The recipe consists of 2 cups flour and water, 1 cup salt, 2 tablespoons oil, and 1 tablespoon of cream of tartar. (a) Combine the ingredients in a pot and stir over low heat until the dough concentrates in the center. (b) After cooling, knead the dough until it develops a smooth texture. **(c) Parents can also make homemade modeling clay with their kids using salt, cornstarch and water.** (d) To make colored play dough, add a few drops of food coloring, and knead until the color looks uniform.

[Translation]
아이들이 가만히 못 있을 때, 즐겁게 해주는 재미있는 방법 하나는 집에서 공작 놀이용 점토 반죽을 직접 만들어 보는 것입니다. 만들기 재료는 밀가루 2컵과 물, 소금 1컵, 기름 2큰 술과 탈타르 크림 1큰 술로 구성됩니다. (a) 재료를 냄비에 넣어 합친 다음 반죽이 가운데로 모아질 때까지 낮은 불에서 저어줍니다. (b) 열을 식히고 난 후, 부드러운 질감이 날 때까지 반죽을 치대어 줍니다. **(c) 부모님께**

서는 아이들과 같이 소금, 옥수수 전분 및 물을 사용해서 모형 제작용 점토도 만드실 수 있습니다. (d) 색상이 가미된 점토 반죽을 만드시려면, 식용 착색제 몇 방울 떨어트리시고, 색상이 균일해 보일 때까지 반죽을 치대 줍니다.

[Joseph's Solution]
문맥상 어색한 문장을 고르는 문제로, 가정에서 활용 가능한 공작 놀이용 점토반죽을 만드는 방법에 관한 내용이다. 문장 (a), (b), (d) 모두 점토반죽을 만드는 순서에 따라 방법을 기술하고 있지만, 문장 (c)는 집에서 활용해 볼 수 있는 또 다른 종류의 점토 반죽(즉, 모형 제작용 점토)에 대해 언급하고 있다. 따라서 정답은 (c)가 된다.

[Vocabulary]
restless a. (따분해서) 가만히 못 있는
homemade a. 집에서 만든, 손수 만든, 자가제의
play dough(= plasticine) 어린이 공작용 점토
recipe n. 조리[요리]법
cream of tartar(= potassium hydrogen tartrate, potassium bitartrate) 탈타르 크림; 와인 주조 부산물로, 요리 재료로 사용됨
ingredient n. (특히 요리 등의) 재료[성분]
concentrate v. (한 곳에) 모으다[집중시키다]
knead v. (반죽·찰흙 등을) 이기다[치대다]
modeling clay 모형 제작용 점토
cornstarch(= corn flour) n. 옥수수 녹말[전분]
food coloring 식품 착색제, 식용 색소

06.

Great athletes often say that they started training when they were very young; however, this shouldn't make you think you are too old or out of shape to make your dream of becoming an elite athlete come true. In fact, the oldest Olympic medalist was 72! (a) The first step is to assess your physical condition, which will help you select your best sport and your training program. **(b) Older athletes tend to do better at "mental" sports, such as archery, fencing and sailing.** (c) After choosing a sport, find a coach and start participating in competitions at the club level. (d) Once you are ready to train full-time, you need to obtain financing, like a corporate sponsorship for example.

[Translation]
위대한 운동선수들은 종종 자신은 아주 어릴 적부터 훈련을 시작했다고 말하는데, 그렇다고 여러분이 엘리트 선수가 되고픈 자신의 꿈을 실현하기에 너무 늦었다거나 신체적으로 좋은 조건이 아니라고 생각하지 마세요. 사실, 올림픽 메달리스트 중 가장 나이가 많았던 선수는 72세였습니다! (a) 첫 번째 단계는 자신의 건강상태를 가늠하는 것인데, 이는 여러분 자신에게 최적인 운동 종목과 훈련 프로그램을 선택하는데 도움을 줄 것입니다. **(b) 나이든 선수들은 양궁, 펜싱 및 요트 등의 "정신적"스포츠에 더 뛰어난 경향이 있습니다.** (c) 종목을 정하고 나면, 코치를 구하고 동호회 수준의 경기대회에 참가해 보세요. (d) 풀타임으로 훈련 받으실 준비가 되셨다면, 기업 스폰서 같은 훈련비 지원을 얻으셔야 합니다.

[Joseph's Solution]
문맥상 어색한 문장을 고르는 문제로, 지문은 엘리트 운동선수가 목표인 청장년층 아마추어들에게 꿈을 이루기 위한 과정을 단계별로 설명하고 있다. 연배가 있는 선수들이 두뇌 스포츠에 더 강점을 보인다고 한 (b)의 내용은 신체 상태를 파악해 종목을 선정하라고 조언한 (a)의 내용과 대치되며, 주제와도 무관하다. 따라서 정답은 (b)가 된다.

[Vocabulary]
athlete n. (운동)선수
be out of shape 몸 상태가 좋지 않다
assess v. (특성, 자질 등을) 재다[가늠하다]
archery n. 양궁
sailing n. 요트
mental sport 두뇌 스포츠
tend v. 경향이 있다, 하기 쉽다[잘 하다]

07.

Gothic fiction is a genre of literature popular in the late 1700s that combined horror and romance. **(a) Gothic literature is closely associated with the Gothic Revival architecture also prevalent in that era.** (b) The literary style combined Romantic ideas of the past with an interest in violence and the supernatural. (c) Gothic literature often featured mystery, secrets, madness, death, and characters in physically and mentally terrifying situations. (d) Magicians, vampires, werewolves, monsters, and ghosts were stereotypical characters present in the works.

[Translation]
고딕소설은 공포와 낭만적 정서를 결합한 1700년대 후기에 유행한 문학 장르입니다. **(a) 고딕문학은 그 시대에 역시 널리 퍼져 있었던 고딕건축의 부흥과 긴밀한 관련이 있습니다.** (b) 이 문학 양식은 과거 낭만주의 성향에 폭력과 초자연적 현상에 대한 흥미를 결합시켰습니다. (c) 고딕문학작품은 미스터리, 음모, 광기, 죽음 및 정신적, 육체적으로 공포스런 환경에 처한 등장인물들을 특징으로 삼았습니다. (d) 주술사, 흡혈귀, 늑대인간, 괴물 및 유령들은 고딕 문학작품에 나타나는 전형적인 등장인물들이었습니다.

[Joseph's Solution]
지문은 'Gothic novels' 로도 불리는 18세기 유럽의 문학장르였던 고딕소설에 관한 내용으로, (b)당시 작품들은 낭만적이면서도 폭력과 초자연적 현상이 주는 공포의 색채를 띄고 있어 (c)그와 관련된 소재 및 (d)등장인물들로 특징을 지울 수 있다고 기술하고 있다. 문장 (a)는 고딕문학과 고딕건축의 부흥과의 관계에 대해 언급하고 있어, 문맥상 어울리지 않다. 따라서 정답은 (a)가 된다.

[Vocabulary]
associate v. 연상하다, 결부[연관]짓다
Gothic Revival architecture 고딕 건축의 부흥
prevalent a. 일반적인[널리 퍼져 있는]
literary a. 문학의
supernatural n. 초자연적인 현상
feature v. 특별히 포함하다, 특징으로 삼다

werewolf n. 늑대 인간
stereotypical a. 판에 박은, 진부한

08.

In ancient Roman society, voting power was dependent on class, with citizens enrolled in distinct voting "tribes". (a) Tribes of the richer classes had fewer members than those of the poorer classes. (b) The entire proletarii class, comprised of citizens without any property, was enrolled in a single tribe. **(c) Citizens of different classes were not allowed to intermarry.** (d) Voting was done in class order and stopped when the majority of tribes had been reached, so the poorer classes were frequently cut out of voting.

[Translation]
고대 로마 사회에서는, 참정권이 계급에 의해 좌우되었는데, 이 계급은 개별 투표 종족들에 입적된 시민들로 이루어졌습니다. (a) 재력이 더 있던 계급의 종족은 그렇지 못한 계급의 종족에 비해 적은 사람들로 구성되어 있었습니다. (b) 재산이 전혀 없는 시민들로 구성된, 모든 무산계급은 한 개의 종족으로 등록되었습니다. **(c) 다른 계급간 시민들의 결혼은 허용되지 않았습니다.** (d) 투표는 계급 순서에 따라 행해졌고 종족의 과반수에 다다랐을 때 중지되어서, 빈곤층은 종종 투표에서 제외되었습니다.

[Joseph's Solution]
지문은 고대 로마 사회에서 계급에 의해 시민들에게 투표권이 부여했는데, (a)재력이 있는 계급은 종족 당 적은 구성원으로 이뤄져 많은 종족이 존재했고, (b)하위 계급은 하나의 종족으로 등록되어 있어 (d)계급 순으로 투표를 행사했던 규칙에 의해 종종 투표에서 제외가 되었다고 언급하고 있다. 지문은 고대 로마사회의 투표권과 관련해 계급차별이 있었다는 내용으로, 정답은 지문과 무관하게 다른 계급의 결혼가능 여부를 설명하고 있는 문장 (c)가 된다.

[Vocabulary]
enroll v. 명부에 올리다, 입학[입회]시키다
tribe n. (고대 그리스의) 종족(phyle); 혈연 기반의 정치 군사적 단위의 행정 조직
proletarii(= proletariat) n. 무산자(無産者) 계급(하위 계급)
intermarry v. (신분 계급이 다른 사람들이[사람과]) 결혼[교혼]하다

09.

The Siege of Yorktown in 1781 was the turning point in the American Revolutionary War. The Americans, under the command of George Washington and supported by their French allies, were able to defeat the British in the war's last land battle. (a) Earlier, almost 6,000 French soldiers arrived from Rhode Island to join the Americans in their fight. (b) The Americans and the French surrounded the British at Yorktown, blocking them from receiving reinforcements. (c) Yorktown was a decisive victory that forced the British army to negotiate an end to the conflict. **(d) The British continued fighting because their demands were not met.**

[Translation]
1781년 Yorktown 포위전은 미국 독립전쟁에 있어 전환점이 되었습니다. George Washington의 지휘 하에 프랑스 동맹군의 지원을 받던, 미국인들은 전쟁의 최후 지상전투에서 영국을 패배시킬 수 있었습니다. (a) 그 보다 일찍, 대략 프랑스 병사 6천여 명이 전투에서 미국인들과 합세하기 위해 Rhode섬에서 도착했습니다. (b) 미국인들과 프랑스군은 영국군이 증원 부대를 얻는 것을 막으면서 Yorktown에서 그들을 포위했습니다. (c) Yorktown은 갈등의 종지부를 찍도록 영국군을 밀어붙였던 결정적인 승리였습니다. **(d) 영국은 자신들의 요구가 충족되지 않았기에 싸움을 지속시켰습니다.**

[Joseph's Solution]
서두에서, Yorktown 포위전은 미국 독립전쟁에 있어 전환점이 되었는데, (a)미리 포진해 있던 프랑스 동맹군의 원조로 (b)미국 독립군은 Yorktown에서 영국군을 포위할 수 있었고, (c)그로 인해, 미국은 영국군을 압박해 갈등을 종식시키는 결정적인 승리를 얻게 되었다고 기술되어 있다. 영국이 싸움을 지속시켰다라고 언급한 문장 (d)는 앞서의 내용과 어울리지 않으므로, 정답은 (d)가 된다.

[Vocabulary]
Siege of Yorktown 요크타운 포위전
ally n. 동맹국
reinforcements n. 증원 부대[함대], 지원병
decisive a. 결정적인, 중대한

10.

There is no doubt that physical activity is necessary for good health, especially as we get older. (a) For younger people, whether they are athletic or sedentary, exercise does not make much difference to the DNA of their cells. **(b) The DNA contained in our chromosomes determines our basic genetic make-up.** (c) However, many middle-aged athletes look much younger than their inactive peers. (d) There are numerous unanswered questions about how and why activity affects DNA and cells, but scientists think activity may prevent the delicate DNA strands from disintegrating, which can affect the aging process.

[Translation]
특히, 나이가 들면서, 신체 활동이 건강을 누리는데 필수적이라는 것은 의심의 여지가 없습니다. (a) 젊은 사람들에게는, 활동적이거나 비활동적이건 간에, 운동이 세포의 DNA에는 많은 차이를 가져다주지 않습니다. **(b) 우리 몸의 염색체에 들어있는 DNA는 우리의 기본적인 유전적 구성요소를 결정합니다.** (c) 하지만, 대다수 중년기의 활동적인 사람들은 활동적이지 않은 동년배들보다 훨씬 더 젊어 보입니다. (d) 어떻게 그리고 왜 활동이 DNA와 세포에 영향을 주는지에 관한 수많은 풀리지 않은 질문들이 있지만, 과학자들은 활동이 정교한 DNA 가닥을 붕괴로부터 보호할는지 모른다고 하는데, 이 붕괴는 노화 과정에 영향을 줄 수 있습니다.

[Vocabulary]

extinction n. 멸종, 절멸

undoubtedly adv. 의심할 여지없이, 확실히

catastrophic a. 대변동의, 파멸의

plunge v. (기온 등이) 급락하다

astronomer n. 천문학자

comet n. 혜성

high-powered a. 고마력(고성능)의

asteroid n. 소행성

nucleus n. (원자)핵

atypical a. 이례적인

12.

People often go through life with fixed beliefs about themselves, called life scripts, which affect their actions and attitudes in all areas of personal relationships. (a) Our life scripts, which we follow much the way an actor follows a director, are established when we are children and are often influenced by our caregivers. **(b) Psychologists use life scripts to manipulate their patients.** (c) These pre-conceived notions can be dangerous if they are negative and we allow them to control all situations and their outcomes. (d) That is why learning to change your life script is an important step towards taking control of your own destiny.

[Translation]
사람들은 종종 자기 자신에 대한 고정된 신념을 가지고 살아가는데, 생활 각본이라 불리는 이것은 대인 관계의 모든 영역에서 행동 및 태도에 영향을 미칩니다. (a) 연기자가 감독을 따르는 식으로 우리가 많이 따르는 생활 각본은 어린시절에 만들어지며, 종종 양육자에 의해 영향을 받습니다. **(b) 심리학자들은 자신들의 환자들을 다루기 위해 생활 각본을 교묘히 사용합니다.** (c) 사전에 형성된 이러한 생각들이 만일 부정적으로 형성되었고 우리의 모든 상황과 결과를 그대로 통제한다면, 매우 위험할 수 있습니다. (d) 이는 생활 각본의 변경을 배우는 것이 왜 여러분 자신의 운명을 장악하는 중요한 움직임이 되는가를 말해줍니다.

[Joseph's Solution]
서두에서, 사람은 생활 각본이라는 고정된 신념을 가지고 있어 그것이 대인 관계에서의 행동 및 태도에 영향을 주는데, 이는 (a)유년기에 양육자의 영향을 받아 형성되므로 (c)부정적인 영향으로 형성된 각본이 모든 상황과 결과를 통제하는 경우, 위험해질 수 있어 (d)각본을 변경하는 것을 배우는 것은 자신을 삶의 주인으로 만드는 방법이라고 기술하고 있다. 심리학자들의 상담 중에 생활각본을 활용하는 내용을 다룬 문장 (b)는 문맥상 어울리지 않다. 따라서 정답은 (b)가 된다.

[Vocabulary]

life script 생활 각본

caregiver n. (아이들을) 돌보는 사람

manipulate v. 교묘하게 다루다, 조종하다

[Joseph's Solution]
신체 활동은 건강한 삶을 영위하는데 중요하다고 알려져 있지만, (a)사실, 운동을 하는것과 안하는것이 젊은 사람들에게는 DNA상 큰 차이를 보이지 않는데 비해 (c)중년기의 사람들에서는 육안으로도 그 차이를 느낄 수 있는데, 그러나 (d)아직까지는 운동이 DNA와 세포에 영향을 주는 원인과 그 과정은 밝혀지지 않았고, 과학자들 마저 노화 과정과의 관계에 대해 추측을 할 뿐이라는 내용의 글이다. 즉, 지문은 운동이 DNA와 세포에 주는 영향에 관한 글로, 정답은 DNA의 정의에 대한 언급하고 있는 문장 (b)가 된다.

[Vocabulary]

physical activity [영양학] 신체 활동

athletic a. 강건한, 발랄한

sedentary a. 주로 앉아서 하는

chromosome n. [생물] 염색체

make-up n. 구성 (요소, 방식)

inactive a. 활동하지 않는, 활발하지 않은

delicate a. 다치기[부서지기] 쉬운, 섬세한

strand n. 가닥[올/줄]

disintegrate v. 해체[분해]되다, 산산조각 나다

11.

What caused the extinction of dinosaurs is an intriguing topic. Undoubtedly, there was some type of catastrophic event that caused the rapid disappearance of hundreds of species and plunged the Earth into an ice age. (a) Astronomers now think they have the answer in the discovery of a new type of comet. (b) Discovered with a hig-powered telescope, the comet appears to be a combination of two asteroids, and unlike other comets, this one's nucleus is not attached to its tail. **(c) Scientists believe that the Earth's average temperatures were higher when the dinosaurs became extinct.** (d) It is likely that this type of powerful and atypical comet struck the Earth millions of years ago.

[Translation]
무엇이 공룡의 멸종을 유발했는지는 흥미로운 주제입니다. 확실히, 수백 종들을 급속히 사라지게 만들고 지구를 빙하 시대로 급 하강시켰던 재앙적인 사건은 있었습니다. (a) 천문학자들은 최근 발견된 새로운 형태의 혜성에 그 해답이 있다고 생각합니다. (b) 고성능 망원경으로 발견된, 그 혜성은 두 개의 소행성의 조합으로 보이며, 다른 혜성과는 다르게, 이 혜성의 핵은 꼬리에 붙어있지 않습니다. **(c) 과학자들은 공룡이 멸종되었을 때 지구의 평균 기온이 더 높았을 것이라고 생각합니다.** (d) 이렇게 강력하고 정형적이지 않은 혜성이 수백만 전 지구와 부딪었을 수 있습니다.

[Joseph's Solution]
(a)천문학자들은 최근 발견된 새로운 형태의 혜성에서 공룡의 멸종을 유발했던 원인을 얻을 수 있다고 믿고 있는데, (b)고성능 망원경으로, 행성의 특이성을 확인하고서 (d)그러한 비정형적인 혜성과 지구와의 충돌이 그 해답일 수 있다는 추측 때문이라고 언급하고 있다. 공룡 멸종 시점의 지구 평균 기온에 대해 언급한 문장 (c)는 전

preconceived a. (견해 등이) 사전에 형성된
notion n. 개념, 관념, 생각
destiny n. (사람 등의) 운명

Make-up Vocabulary

1.

[정답] **interfere**

[해석] 불안감으로 개인의 관계 및 활동을 방해 받는다면 정상적인
불안에서 장애로 가는 경계선을 넘었다는 징후입니다.

2.

[정답] **inspiration**

[해석] 성장하면서 Beatrix의 부모는 그녀를 가정부로 일하게 하여
어떠한 지적 발달에 대한 열의도 좌절시켰습니다. Beatrix는
자신이 기르던 여러 종의 애완동물들로부터 자신의 책에 대
한 영감을 얻었습니다.

3.

[정답] **reveal**

[해석] 신개발품은 물 입자가 구름 내부에서 얼 때, 구름의 양전자
와 음전자를 분리하여, 전기적 전하를 발생시킨다는 것을
보여주고 있습니다.

4.

[정답] **fascinating**

[해석] 많은 이들이 거미에 공포를 느끼지만, 거미는 사실 다른 동
물 종에게 여러 이점을 주는 매력적인 생명체입니다.

5.

[정답] **consists**

[해석] 아이들이 가만히 못 있을 때, 즐겁게 해주는 재미난 방법 하
나는 집에서 공작 놀이용 점토 반죽을 직접 만들어 보는 것
입니다. 만들기 재료는 밀가루 2컵 과 물, 소금 1컵, 기름 2
큰 술과 탈타르 크림 1큰 술로 구성됩니다.

6.

[정답] **condition**

[해석] 첫 번째 단계는 자신의 건강상태를 가늠하는 것인데, 이는
여러분 자신에게 최적인 운동 종목과 훈련 프로그램을 선택
하는데 도움을 줄 것입니다.

7.

[정답] **combined**

[해석] 고딕 소설은 공포와 낭만적 정서가 뒤섞여 있었던 1700년대
후기에 유행한 문학 장르입니다.

8.

[정답] **majority**

[해석] 투표는 계급 순서에 따라 행해졌고 종족의 과반수에 다다
랐을 때 중지되어서, 빈곤층은 종종 투표에서 제외되었습
니다.

9.

[정답] **defeat**

[해석] 1781년 요크타운 포위전은 미국 독립전쟁에 있어 전환점이
되었습니다. George Washington의 지휘 하에 프랑스 동
맹군의 지원을 받던, 미국인들은 전쟁의 최후 지상전투에서
영국을 패배시킬 수 있었습니다.

10.

[정답] **prevent**

[해석] 어떻게 그리고 왜 활동이 DNA와 세포에 영향을 주는지에
관한 수많은 풀리지 않은 질문들이 있지만, 과학자들은 활
동이 정교한 DNA 가닥을 붕괴로부터 보호할지 모른다고
하는데, 이 붕괴는 노화 과정에 영향을 줄 수 있습니다.

11.

[정답] **intriguing**

[해석] 무엇이 공룡의 멸종을 유발했는지는 흥미로운 주제입니다.
확실히, 수백 종들을 급속히 사라지게 만들고 지구를 빙하
시대로 급 하강 시켰던 재앙적인 사건은 있었습니다.

12.

[정답] **affect**

[해석] 사람들은 종종 자기 자신에 대한 고정된 신념을 가지고 살
아가는 데, 생활 각본이라 불리는 이것은 대인 관계의 모든
영역에서 행동 및 태도에 영향을 미칩니다.